# 国内MBA 研究計画書の書き方
## －大学院別対策と合格実例集－

ウインドミル・エデュケイションズ株式会社
飯野 一
佐々木 信吾

中央経済社

# はしがき

　近年，日本の経済環境は激変を続けている。経済のマイナス成長，規制緩和によるメガコンペティションの進行，少子高齢化によるデモグラフィックの変化，目覚しい進歩を続ける情報技術革新など，枚挙にいとまがない。市場環境，競争環境，技術環境の変化は，これまでの日本の経済成長に大きく貢献してきた日本的経営システムの抜本的な変更を要請している。ところが，多くの日本企業は経済環境の変化に対応した経営改革を成し遂げることができずにいる。このままの状態を続け，日本企業が経営革新の手を打つことができなければ，日本の経済が再び勢いを取り戻す日は遠いのではないだろうか。今まさに，新しい波が時代を呑み込み，旧い秩序の崩壊が進行しているのである。

　これまで，日本企業が成長を続けることができた背景には，経済の安定成長というマクロ要因があった。市場は成長し続け，競争というのは市場の成長に吸収されてきた。このような成長市場の環境下では，効率性の追求が最も強みを発揮する。トヨタの改善（TOYOTA PRODUCTION SYSTEM）に代表されるように，日本人は与えられたものを効率的にこなすことに関しては，非常に高い能力を持っている。この効率性（efficiency）の極限化が日本の大きな武器となり，経済大国日本を作り上げたのである。

　しかし，現在のようなマイナス成長，ゼロ成長の時代には，効率性はそれほど重要な成功要因ではない。市場が成熟し，新たな競合企業が日々出現する経営環境においては，潜在的な市場のニーズを読みとり，競合企業に打ち勝つための「効果（effectiveness）のある」打ち手が要求されるのである。「効果ある」とは，満たされていないニーズを見つけてそれを満たす提供物をクリエイトすることである。モノが売れない時代に効率的に物作りを行ったとしても，後に残るのは在庫の山である。企業が成長するための要因は，効率性から効果性へと変化したのである。

　ところが，効果ある打ち手を追求するということは，日本人にとって最も苦手なことである。人と違った考えを持ち，それを実行に移すことが効果を生み

出す方法である。「出る杭は打たれる」的な思想が浸透し，個人の個性，クリエイティビティ，イノベーションを押し殺すことが奨励されてきた日本の社会では，なかなか効果的な打ち手は見いだせない。しかし，それを「しょうがない」で片づけていては，日本に未来はない。今こそ，日本の企業や企業人には，真剣に考えていただきたい。これまでのように，効率性を追求するだけで，本当に新しいものが生み出せるのか，ということを。

このような現状の中で，MBAを目指し，本書を手に取った方は，将来の日本に対して危惧の念を抱き，改革・変革に対して前向きに考えを持った方であろう。MBAは，そんな皆さんの改革・変革への想いを実現するために，最適な教育を提供してくれる場である。すばらしい教育を提供するMBAを，1人でも多くの日本人の方に経験していただきたいとの想いから，われわれは本書の執筆を決意した。

本書は，MBAの入試の際に提出する研究計画書の書き方を解説した本である。研究計画書の良し悪しで入学試験の結果は決定されると言われるほど，研究計画書は入試において重要な位置を占めている。本書を手に取った方が，MBAに合格できる研究計画書を書くことができるように，大学院別に詳細に解説をした。本書を活用し，1日も早くMBA合格通知を皆様が手にすることを祈っている。合格してからが，皆様のクリエイティブな人生のスタートなのである。

本書の第1章のインタビューにご協力いただいた早稲田大学大学院アジア太平洋研究科の西山茂 助教授には，筆者が在学中から非常にお世話になったばかりか，今回は本書への多大ご協力を頂戴した。この場を借りて感謝の意を表したい。

本書の執筆にあたって，企画段階からさまざまな相談に乗っていただいた早稲田大学大学院アジア太平洋研究科の仲間たちに感謝したい。その仲間とは，小出浩平さん，高原哲さん，飯田高志さん，鈴木敦也さん，真鍋誠一さん，日向宏一さん，宮田和幸さん，浅尾貴之さん，小関尚紀さん，John Kammさん，石井このみさん，扇強太さん，大塚泰之さん，柏木仁さん，塚本良太さん，冨田和代さん，中島一樹さん，青山愼さん，植木康守さん，小磯武さん，対間裕

はしがき

之さんである。さらに，執筆にあたって貴重なアドバイスをいただいた青山学院大学大学院国際マネジメント研究科の山本卓さん，樋口舞さん，慶應義塾大学大学院経営管理研究科の片山良宏さん，新井豪一郎さん，宮崎幸司さん，小川元也さん，神戸大学大学院経営学研究科の水野学さん，産能大学大学院経営情報学研究科の立脇謙吾さん，筑波大学大学院ビジネス科学研究科の土屋仁さん，日本大学大学院グローバル・ビジネス研究科の田尻祥一さん，一橋大学大学院商学研究科経営学修士コースの野田令さん，藤間正順さん，法政大学大学院社会科学研究科経営学専攻の忠平潔さん，立教大学大学院ビジネスデザイン研究科の吉村太一さんにも感謝の意を表したい。

また，筆者とともに校正をしてくださった飯野寿美子さん，飯島京子さん，大石敦子さんにも感謝の意を表したい。

本書の内容で中心的な位置付けをなすのは，いうまでもなく研究計画書の実例である。これらを提供してくださった各ビジネススクール（経営大学院）の方々に，深く感謝申し上げたい。

最後に，中央経済社の林正愛さんには本書を執筆する機会を与えていただいたこと，さらに執筆過程での適切できめ細かく丁寧なアドバイスをしていただいたことに対して，心より感謝するものである。

今後，日本企業が再生するためには，MBAで学ぶこと，さらに，学んだことを社会にフィードバックすることが重要である。日本でも欧米のように，MBAホルダーが社会をリードするときが来ることを願っている。また，本書を読まれた方がMBAに合格し，将来，日本企業のリーダーとなることを願っている。皆様の当面のゴールはMBA合格である。本書が皆様のMBA合格への一助となれば，筆者としては望外の喜びである。

新しい時代の波は，日本の夜明けを待っている…。

2003年6月

ウインドミル・エデュケイションズ株式会社
飯野　一
佐々木信吾

はしがき

## 第1章　　　　　　　　　　1
## MBAで学ぶ価値

［インタビュー］　早稲田大学大学院アジア太平洋研究科
　　　　　　　　　（早稲田大学ビジネススクール）
　　　　　　　　　西山茂 助教授に聞く ………………………… 1

## 第2章　　　　　　　　　　7
## 研究計画書を書く前に

1　MBAの授業 ………………………………………………… 8
2　MBAのゼミ ………………………………………………… 18
3　キャリアゴールの設定と自己分析 ……………………… 34

## 第3章　　　　　　　　　　43
## 合格する研究計画書とは

1　研究計画書の基本構造 ………………………………… 43
2　評価する側（大学側）の7つの視点 …………………… 46
3　合格のためにキーとなる科目 …………………………… 50

## 第4章　57

## 大学院別**研究計画書**作成上のポイント

1　青山学院大学大学院　　国際マネジメント研究科 …………… 57
2　慶應義塾大学大学院　　経営管理研究科 ………………………… 59
3　神戸大学大学院　　　　経営学研究科 …………………………… 66
4　筑波大学大学院　　　　ビジネス科学研究科 …………………… 74
5　日本大学大学院　　　　グローバル・ビジネス研究科 ………… 76
6　一橋大学大学院　　　　商学研究科　経営学修士コース ……… 77
7　法政大学大学院　　　　社会科学研究科　経営学専攻 ………… 79
8　立教大学大学院　　　　ビジネスデザイン研究科　ビジネスデザイン
　　　　　　　　　　　　　専攻・ホスピタリティデザイン専攻 …… 80
9　早稲田大学大学院　　　アジア太平洋研究科　国際経営学専攻 … 84
10　参考文献の記載の仕方 ………………………………………………… 87

## 第5章　89

## 合格者の**研究計画書**実例

1　青山学院大学大学院　　国際マネジメント研究科 …………… 90
　★ 2001年入学・男性・41歳・不動産鑑定士 …………………… 90
　★ 2001年入学・男性・33歳・専門商社出身 …………………… 93
　★ 2002年入学・男性・38歳・化学メーカー出身 ……………… 96
2　慶應義塾大学大学院　　経営管理研究科 ……………………… 99
　★ 2001年入学・男性・25歳・地方公務員 ……………………… 99
　★ 2002年入学・女性・33歳・コンサルティング業界出身 … 103
　★ 2002年入学・女性・30歳・食品メーカー出身 …………… 108
　★ 2002年入学・男性・31歳・商社出身 ……………………… 114
　★ 2002年入学・男性・28歳・エンターテインメント業界出身 … 118

目次

  ★ 2002年入学・男性・26歳・商社出身 ……………… 125
  ★ 2002年入学・女性・34歳・電力業界出身 ………… 131
  ★ 2002年入学・男性・25歳・製造業出身 …………… 137
  ★ 2002年入学・女性・29歳・保険業界出身 ………… 142
  ★ 2002年入学・男性・29歳・ソフトウエア業界出身 … 149

3 神戸大学大学院　経営学研究科 ……………………… 155
  ★ 2000年入学・男性・30歳・IT業界出身 …………… 155
  ★ 2000年入学・男性・50歳・医薬品業界出身 ……… 158
  ★ 2001年入学・男性・30歳・医薬品メーカー出身 … 159
  ★ 2002年入学・男性・44歳・製薬業界出身 ………… 163
  ★ 2002年入学・男性・37歳・機械製造業出身 ……… 167
  ★ 2002年入学・男性・35歳・食品製造業出身 ……… 170

  ● 神戸大学 MBA Café からのお知らせ　175

4 産能大学大学院　経営情報学研究科 ………………… 176
  ★ 2002年入学・男性・36歳・人事コンサルティング業界出身 … 176
  ★ 2002年入学・男性・42歳・小売業界出身 ………… 178
  ★ 2002年入学・男性・34歳・電機業界出身 ………… 180

5 筑波大学大学院　ビジネス科学研究科 ……………… 183
  ★ 2001年入学・男性・30歳・生保系シンクタンク出身 ……… 183
  ★ 2001年入学・女性・32歳・人材派遣業界出身 …… 189
  ★ 2001年入学・男性・40歳・外資系ソフトウエアベンダー出身 … 192
  ★ 2001年入学・男性・38歳・電機業界出身 ………… 200

6 日本大学大学院　グローバル・ビジネス研究科 …… 205
  ★ 2002年入学・男性・37歳・外資系エンターテインメント業界出身 … 205
  ★ 2002年入学・男性・27歳・製造業出身 …………… 206

7 一橋大学大学院　商学研究科　経営学修士コース ……… 209
  ★ 野田令さん
   2001年入学・男性・32歳・株式会社デンショク勤務 ……… 209

- ★ 2001年入学・男性・26歳・医療機関出身 ……………… 212
- ★ 2001年入学・男性・27歳・金融業界出身 ……………… 215
- ★ 2001年入学・男性・26歳・自動車業界出身 …………… 217
- ★ 2001年入学・男性・31歳・金融業界出身 ……………… 220
- ★ 2001年入学・男性・27歳・損害保険業界出身 ………… 223
- ★ 2001年入学・男性・31歳・食品メーカー出身 ………… 226
- ★ 2003年入学・男性・29歳・教育業界出身 ……………… 229
- ★ 2002年入学・男性・27歳・外資系食品メーカー出身 … 231
- ★ 2002年入学・男性・24歳・新卒 ………………………… 233

8 法政大学大学院　社会科学研究科　経営学専攻 ………… 236
- ★ 2001年入学・男性・45歳・独立系シンクタンク出身 … 236
- ★ 2001年入学・男性・36歳・情報通信機器商社出身 …… 238
- ★ 2001年入学・男性・42歳・証券会社出身 ……………… 240

9 立教大学大学院　ビジネスデザイン研究科 ……………… 243
- ★ 2002年入学・男性・28歳・出版業界出身
  （ビジネスデザイン専攻）………………………………… 243
- ★ 2002年入学・男性・30歳・通信業界出身
  （ビジネスデザイン専攻）………………………………… 255
- ★ 2002年入学・女性・40歳代・医療業界出身
  （ホスピタリティデザイン専攻）………………………… 266
- ★ 2002年入学・女性・20歳代・商社出身
  （ビジネスデザイン専攻）………………………………… 274

10 早稲田大学大学院　アジア太平洋研究科　国際経営学専攻 …… 285
- ★ 2001年入学・男性・37歳・建設業界出身 ……………… 285
- ★ 2001年入学・男性・28歳・運輸業界出身 ……………… 287
- ★ 2001年入学・男性・27歳・金融業界出身 ……………… 289
- ★ 2001年入学・男性・40歳・ソフトウエアサービス業界出身 … 291
- ★ 2001年入学・男性・28歳・保険業界出身 ……………… 293
- ★ 2001年入学・男性・30歳・製造業出身 ………………… 295
- ★ 2001年入学・男性・31歳・製造業出身 ………………… 298

目　次

- ★ 2002年入学・男性・31歳・小売業出身 ……………………… 300
- ★ 2002年入学・男性・35歳・製薬業界出身 …………………… 304
- ★ 2002年入学・女性・36歳・投資顧問会社出身 ……………… 307
- ★ 2002年入学・男性・28歳・エレクトロニクス業界出身 …… 308

## 第6章　　　　　　　311
推薦図書

1　組織行動学・組織論 ……………………………………………… 311
2　マーケティング …………………………………………………… 313
3　アカウンティング ………………………………………………… 314
4　ファイナンス ……………………………………………………… 316
5　経営戦略 …………………………………………………………… 317
6　統　計　学 ………………………………………………………… 318
7　リサーチの方法論 ………………………………………………… 319
8　そ　の　他 ………………………………………………………… 321

- ● Japan MBA Network について　　323
- ● ウインドミル・エデュケイションズ講座のご案内
　　［プロフェッショナルになって，自己実現しませんか？］　　324

# MBAで学ぶ価値

**インタビュー**

早稲田大学大学院アジア太平洋研究科
**西山茂 助教授に聞く**

第1章

　最近，MBAコースを開設する大学の数が年々増加しており，学生の数も増加の一途をたどっている。そこで，「MBAで学ぶ価値」というテーマで西山茂助教授にインタビューを行った。

◆インタビューイー◆

**西山茂 助教授**（早稲田大学大学院アジア太平洋研究科［MBA：ビジネススクール］）
米国ペンシルバニア大学ウォートンスクール経営学修士課程（MBA）修了。早稲田大学ビジネススクールではファイナンス，アカウンティングを担当。著書に『企業分析シナリオ』『戦略財務会計』『戦略管理会計』などがある。

◆インタビューアー◆

飯野　一（早稲田大学大学院アジア太平洋研究科2003年修了）

## 第1章　MBAで学ぶ価値

**飯野**：本日はお忙しい中ありがとうございます。さっそくですが，現在，日本においてMBAは非常に注目を集めています。そこで，「今，この時代にMBAで学ぶ価値は何か？」について，お話いただきたいと思います。

**西山**：そうですね。ビジネススクール（MBA）というのは，経営のエッセンスを学ぶところですので，ビジネスの世界で生きていく中で成功するための定石を，一定期間で効率よく習得できるという点で価値があるといえます。

たしかに，実際のビジネスの現場での経験からも，多くのことを学ぶことができます。しかし，それだけですと，自分の経験した分野に関しては詳しくなりますが，企業経営全般に関して，一通りの知識や考え方を身につけるためには，非常に長い時間がかかってしまいます。ビジネススクールでは，ビジネスマンとして必要な経営管理のためのツールや考え方を効率よく学ぶことができますので，それによって，企業の経営がどのように行われているのか，またどう行うべきなのかという視点が持てるようになります。また，経営管理の定石を押さえることによって，早めに考えるべき点を考えて整理し，正解に近いと思われる結論に到達することができるようになります。

例えば，4P，5forcesといったマーケティングや経営戦略のフレームワークを利用することによって，考えるべきポイントが整理されたり，それをアカウンティングやファイナンス理論を活用して，数字に落とし込んでシミュレーションし，ブラッシュアップすることによって，ビジネスをかなり練り上げることが可能です。その結果として，ビジネスを行うにあたって考えるべきことを一通り考えたことになり，ダウンサイドリスク（失敗するリスク）をヘッジできる可能性が高くなり，結果として「大失敗」する確率は減るといえるのではないでしょうか。最終的な結果は想定した通りになるかどうかはわかりませんが，ビジネススクールで経営学を学ぶことにより，このような大失敗を減らすことはできると私は考えています。

ところで，私の場合は，ビジネススクールを卒業してから13年がたちます。10年前に学んだことは非常に意味がありましたが，あまり使わないと忘れたりすることもありますし，新しい考え方が次々に出てきますので，その後のブラッシュアップ，フォローアップが重要だと感じています。一方で，ビジネススクールへ行くことによってできた「ネットワーク」は，年数を追うごとに，よ

[インタビュー] 西山茂 助教授に聞く

り意味を持ってくると感じています。実際に，今までも，同じ学校に同じ時期にいた友人や，学校が違ってもMBAを取得することによって得た共通言語を持った知人というネットワークに，いろいろな場面で助けられてきました。卒業した時点では学んだこと自体の意味が大きいのですが，年数が経過すると，学んだこと自体よりも，このネットワークのバリューが大きくなってくると思いますね。

　例えば，所属している企業は違っても電話1本でいろいろ聞けるような友人，知人をかなり持てるようになる，この価値が大きいと思いますね。私もいろいろな友達がいますが，特にビジネススクールに行ってできた友達というのは，比較的同じ世界にいるんですよね。また，卒業後もすごく接点が多いんです。ですから，結果として，近いところにいる人が多いため，ネットワークが生きてくるんです。

　私自身は，現在でも，日本人のみならず海外の友人ともクリスマスカードのやりとりなどをしています。日本人同士で何人かで集まって食事に行くこともありますし，飲み会もありますね。ビジネスではいろいろ教えてもらったり，逆に私が情報提供することもあります。同じ経験をシェアしたということで，その後もずっと良い関係を保てているケースが多いように思います。

　おそらく，日本のMBAでもそういうことになる，いや，もうすでになっていると思います。それが今後，貴重な財産になってくると思います。

＊

**飯野**： ありがとうございます。MBAというと，海外のビジネススクールをイメージする方が多いと思われます。では，海外のMBAと日本のMBAを比較して，それぞれの特徴や意義をお話しいただけますでしょうか。

**西山**： アメリカへ行くことの意味は，まず，言葉（英語）のトレーニングができるということ，アメリカのカルチャーにふれることができるということではないでしょうか。あと，アメリカでのMBAでは，学校にもよりますが，平均的にはアメリカ人の学生が7割，留学生が3割という構成です。かなりクロスカルチャルな環境の中で勉強できるという意味も大きいと思いますし，世界のビジネスマンの幹部候補が集まって来ていますので，将来グローバルにビジネスをやろうと思っている人にとっては，非常に意義があると思います。また，

第1章　MBAで学ぶ価値

経営学の理論の面では比較的アメリカがリードしている分野が多いですから，第一線の先生方と接点を持てる可能性があるという意味でも，意義があると思います。

特にアメリカの歴史のあるビジネススクールでは，卒業生のネットワークがすでにできあがっている点もメリットですね。ビジネスの現場で活躍している卒業生のCEOなどが講演などを行うケースも多く，ビジネスの現場との接点が非常に多いという点もメリットでしょうね。

一方で，日本のMBAの良さは，まず「日本をベースにしたビジネス」を意識した授業や研究が行われているということにあると思います。日本企業をベースにしながら教員も考えていますし，ケースや事例でのディスカッションも日本企業をベースに行われるケースが多いと思いますので，日本をベースにビジネス展開するという意味では，かえってアメリカよりも得られる点が多いと思います。

具体的に，MBAでの学習内容について考えると，数字の世界は日本もアメリカもあまり違わないのですが，マーケティングや人的資源管理などでは，アメリカベースで話が進みますので，カルチャーなどの点で日本の企業になじまないということもありえます。例えば，私がアメリカに行っていたのは10年くらい前なのですが，労働組合の問題などがけっこうケースの中に出てきて，日本企業の御用組合みたいな労働組合とのギャップを非常に感じたこともありました。また，マーケティングでも日本の顧客とアメリカの顧客では，かなりスタンスが違うわけですから，アメリカをベースに考えた結論と日本をベースに考えた結論では違いが出てくると思います。このように考えると，日本をベースに経営学を学びたいのなら，日本のビジネススクールのほうがよいのではないでしょうか。これは選択の問題で，どちらがよいとはいえないですが。

あとは学校にもよりますが，一部の日本のビジネススクールでは，アジアを中心に海外からの留学生もかなり来ていますので，アジアをベースにしてビジネスをやりたいという場合は，かえって日本の方が集積度が高く，メリットがあることが多いと思います。

最後に，言葉の面で日本人は，英語について若干ハードルがあるケースが多いのではないでしょうか。内容が直接吸収しやすいという面からは，日本語で

学ぶメリットも大きいともいえますね。

\*

飯野　：　最後に，日本のMBAを目指す人へのメッセージをお願いします。

西山　：　自分が今どういう状態なのかということ，すなわち，大学や企業，社会でどんなことをやってきて，現在どのようなスキルが身についてどういう状態にあるのかということをよく整理してみることが出発点だと思います。そのうえで，将来どうなりたいのかをよく考えることが重要ではないでしょうか。個人のビジョンみたいなものですね。これは明確な方もいれば，漠然とした方もいらっしゃると思います。また，年齢だとか経験によって違ってくると思います。そのうえで現在の状況とビジョンの間のギャップを埋めるために，ビジネススクールで学ぶことの意義がどの程度あるのかを，よく考えることが重要だと思います。将来的に，ビジネスマンとしてステップアップしたい，起業したい，といった夢はあっても，ビジネスについては断片的な経験や知識などしかなく，このままでは展望が開けてきそうもない，ビジネスを一通り学び，またネットワークも作って，次のステージへ進みたいというような場合に，まさにビジネススクールで学ぶ意義が出てくるのではないでしょうか。

　一方で，会計の専門家になるとか，法律の専門家になるというような場合は，進路は別にあるかもしれません。法律を学ぶのであればロースクール，会計ならアカウンティングの専門コースに行ったほうがよいかもしれません。ビジネスマンとして，専門家というのではなく，経営者，管理者として生きていきたい方，または専門家になろうと思っていてもマネージャーとしての視点も持った，いわゆるT字型人材になろうと考えている方などにとっては，MBAはすごく意味があると思います。

　最後に，キャリアの面からは，ビジネススクールに行くことによって，必ずしもどのような仕事にも就けるというわけではありませんが，かなりチャンスは広がる可能性はあると思います。ある一定の経験を積んできて，もう少しキャリアの面からストレッチというか選択肢を広げたいという場合に，ビジネススクールは1つの有力な選択肢になるのではないでしょうか。

飯野　：　本日は，お忙しい中ありがとうございました。

# 研究計画書
## Study Plan Sheet
### を書く前に

**第2章**

　研究計画書の書き方を説明する前に，MBAでは，何を学ぶのか，について説明する。ここでは，通常の授業とゼミの2つに分けて，日本のMBAの内容について説明する。皆さんは，これから研究計画書を書くわけだが，MBAの授業やゼミを知ることは，相手を知ることにつながり，研究計画書を書くうえでのヒントを得ることになるはずである。なお，MBAの授業紹介に関しては，できるだけ実際の授業の雰囲気を伝えたいため，授業で行われたケーススタディなどを積極的に紹介していく。

　次に，皆さんに，自己分析を行うためのツールを紹介する。そして，自ら自己分析を行ってもらう。この自己分析の目的は，MBAへの志望理由や何を中心に研究をしたいか，という点を明らかにするためである。この自己分析は，研究計画書作成にあたっての基礎を築くための作業であるので，しっかりやっていただきたい。

第2章 研究計画書を書く前に

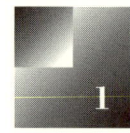
## MBAの授業

　MBAに進学する目的は，ビジネスを行っていくためのマネジメントを身につけることである。よって，MBAで学ぶ内容は，経営実務に役立つ，かなり実践的な内容である。また，授業の形態もケーススタディやグループワークなど，従来の日本的な一方通行の授業とは大きく異なっている。日本のMBAでも，欧米のMBAの授業スタイルが完全とはいえないが再現される形となっている。とはいえ，日本のMBAは慶應ビジネススクール以外，歴史が浅く，先生が足りないために他学部から引っ張られた先生も多く存在し，欧米のMBAと比較すると，ビジネス教育という視点で考えた場合，発展途上という感は否めない。

　では，筆者自身の早稲田大学MBAや一橋大学MBAでの経験と友人たちからの情報をもとに，日本のMBAではどんなことが学べるのかを述べていく。

　MBAは，「ビジネスをいかにマネジメントするか？」を学ぶ場である。ビジネスを行うには，まず，カネが必要である。そのカネをもとに，モノを調達して，ヒトが製品やサービスを作り出し，それをヒトが販売することで企業にカネが入ってくる，という流れがビジネスである。よって，経営資源としての「ヒト，モノ，カネ」がビジネスの基本である。ここでは，上述の3つの経営資源，すなわち，「ヒト，モノ，カネ」を切り口に，MBAの授業について説明する。

● **ヒトに関する科目：組織論**

　組織論は，組織全体を1つの単位として分析するものである。組織論は，組織で働く個々の従業員について学ぶものではなく，個々の従業員の集合体としての組織に関して学ぶものである。よって，組織に対するマクロ的なアプローチといえる。具体的には，組織設計，組織構造，組織文化などについて，過去の先行研究から理論化された理論をケーススタディを通じて学ぶ。

　では，この組織論を学ぶ価値はいったい何だろうか？　一例をあげて説明し

てみよう。

　日本の金融機関を取り巻く環境は，20年前と現在とでは大きく変化した。20年前には大蔵省の護送船団方式によって，どの金融機関も保護されていた。そのため，金融機関を取り巻く環境はきわめて安定的な状態にあり，不確実性は少なかった。しかし，現在，金融機関は自由競争の時代に入っている。政府の規制による保護がなくなり，非常に不確実性の高い状況となっている。このような環境変化に対して，企業はどのように対応したらよいのだろうか？

　組織論のアプローチでは，組織構造の公式性の度合いと従業員に対する統制の程度を加減することによって，環境変化に対応しようというのである(Daft, 2001)。企業の外部環境と組織のシステムには，関係があるのである(Burns & Stalker, 1961)。外部環境が安定しているとき，内部の組織は多くの規制や手続きを備え，明白な階層構造を特徴としていた。これを機械的システムという。一方，急速に変化する環境においては，内部組織がゆるやかで，情報が自由に流れ，外部環境への適応性が高かった。明文化された規制や決まりが少なく，あっても無視されていた。

　Burns & Stalkerの研究をもとに考えると，環境が変化したならば，組織も変化しなければならないことを物語っている。この理論を用いると，企業を取り巻く環境が変化した場合の対応策は明らかである。組織のシステムを変えることである。組織論を知ることによって，過去の先行研究からの理論をベースに組織を考える視点を持つことができるのである。日本の金融機関がはたして，これらの組織システムの変革を行っているかははなはだ疑問であるが，組織理論をベースに，組織はどうあるべきかという知識を，MBAの組織論の授業では身につけることができるのである。

● **ヒトに関する科目：組織行動学**

　組織行動学は，組織の個人のレベルに分析の焦点を置くもので，組織に対するミクロ的なアプローチである（Daft, 2001）。組織行動学は，個人のモチベーションとか仕事満足，仕事の成果，性格といった概念を研究し，学ぶものである。

　具体例をあげて説明してみよう。従業員のモチベーションや仕事満足，仕事

第 2 章　研究計画書を書く前に

の成果を高めるためには，いったい何が必要なのだろうか。そこにはさまざまな要素が含まれている。例えば，上司のリーダーシップであり，リーダーシップをさらにセグメントし，上司のコミュニケーションだったり，インセンティブシステムであったり，組織構造や組織文化との相性であったりと，さまざまな要素が考えられる。このようなさまざまな要素に関して学び，従業員のモチベーションや仕事満足，仕事の成果を高めるための理論を学んでいくのである。これが組織行動学である。

　企業を経営し，企業が成長していくには，従業員の高いモチベーションや高い仕事満足，高い仕事の成果が必要になる。仕事満足の低いやる気のない従業員ばかりの会社は，活気がなく，会社のパフォーマンスも低くなりかねない。そうならないために，組織行動学を学び，個々の従業員のモチベーション，仕事満足，仕事の成果を高めるための理論を習得する必要がある。組織行動学を学び，それをビジネスの現場で実践することによって，生き生きした従業員でいっぱいの会社を作るための理論を習得することが可能になる。

## ● モノに関する科目：マーケティング

　マーケティングとは，企業が顧客を創造し，顧客を維持していく仕組みのことである。MBAの授業では，いかにして顧客を創造するか，また，いかにして顧客を維持するかという点を，ケーススタディや講義を通じて習得することになる。

　では，授業の一例を紹介しよう。顧客の創造と維持が企業に成長をもたらすことを考えると，企業は顧客のニーズを的確に把握し，顧客が満足する商品やサービスを提供していくことが必要になる。では，その場合の顧客とは，いったい誰なのか？

　例えば，「しまむら」の衣料品と「グッチ」の衣料品では，顧客は当然，異なっている。しまむらの衣料品は，安くてもある程度質の良い服がほしいという顧客のニーズを満たすものであり，グッチの衣料品は，グッチを着ているというステイタスを得たいという顧客のニーズを満たすものである。しまむらとグッチでは，満たすべき顧客のニーズが異なっているのである。しまむらもグッチもすべての衣料品市場をターゲットとするのではなく，市場をセグメント

（細分化）して，全市場の一部にターゲットをフォーカスしているのである。
➡第1図

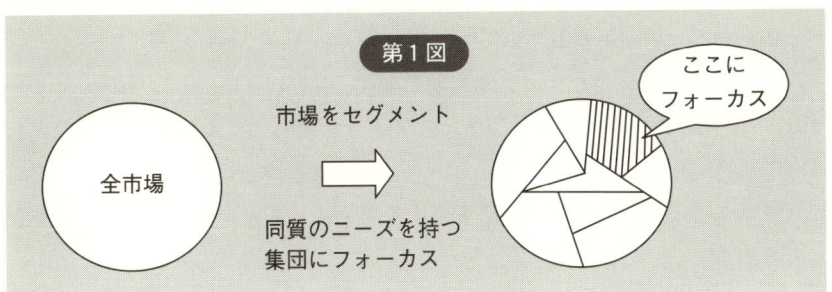

　このセグメントによって，企業は経営資源を効率的に使うことができ，顧客へのきめこまかい対応も可能になるのである。きめ細かい顧客への対応は，顧客の創造と維持に大きく貢献できるのである。
　セグメントによってターゲット市場が決定されたら，具体的に価格や広告宣伝，販売場所などを決定する。Product（製品），Price（価格），Promotion（広告宣伝），Place（チャネル）の4Pを決定することである。この4つのPの間には，**第2図**のように整合性がなければならない。

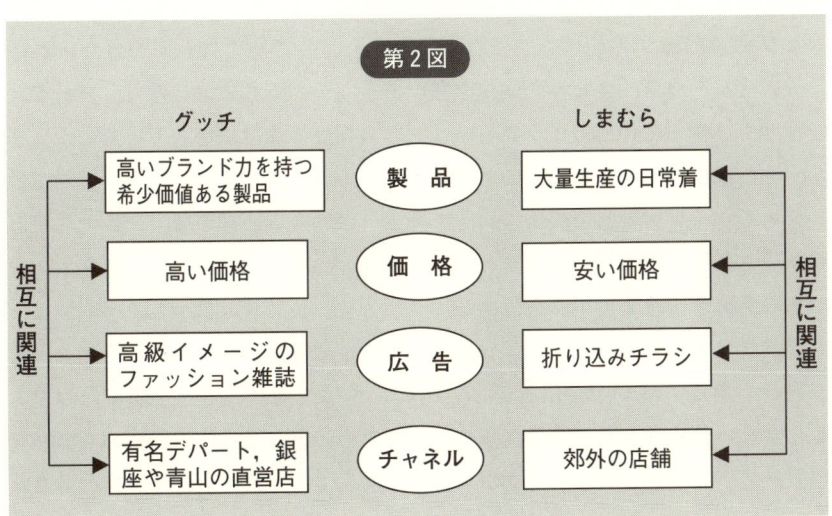

この整合性のある4つのPによって，顧客は納得し，ロイヤリティを高めていく。これがばらばらであったら，顧客満足は低くなるだろう。例えば，グッチの衣料品をしまむらのような折り込み広告で宣伝した場合，どうだろうか。グッチの顧客はきっと離れていってしまうだろう。

以上，ここでは極端なケースで説明したが，MBAの授業では，「花王対ライオン」や「コクヨ対アスクル」などのケースを使って，企業が顧客を創造し，顧客を維持していく仕組みを学んでいく。ケースを使った学習によって，実際のビジネスでマーケティング戦略を考える際の考え方を身につけることができるのである。

## ● カネに関する科目：会計学

会計学は，ビジネスに関する共通言語であり，「ビジネス語」を学ぶための科目である。企業の活動が，売上をあげて利益をあげることにあるとすれば，その活動のすべてを金銭の出入りで表しているのが，企業の財務諸表である。金銭の出入りで，出ていく金額より入ってくる金額が大きければ，その企業は黒字であり，その逆の場合は，赤字である。黒字なら，実際にいくら黒字なのか，赤字なら実際にいくら赤字なのかが，数字ではっきり示される。よって，財務諸表は，企業の成績表のようなものである。

ビジネスパーソンとして，この財務諸表を読みこなすことができなければ，自分の会社の成績，すなわち業績を理解できないということになり，自社がどの程度もうかっているのか，あるいは，どの程度の赤字になっているのか，また，その原因は何か，ということを理解できないということになる。これでは，ビジネスパーソンとして失格の烙印を押されかねない。そこで，学生たちが財務諸表を読みこなすことができるようになるために，MBAでは，ビジネス語である会計学を教えているのである。

会計学は大きく分けて2つに分類できる。1つは財務会計で，もう1つは管理会計である。MBAで会計を学ぶ目的の1つは，会社の現状を知るためである。会社の現状を知り，意思決定や改善のために自ら活用するための会計が管理会計で，株主などのステークホルダーに公表するための会計が財務会計である。

財務会計は，ステークホルダーへの報告のために行う会計，すなわち，外向きの会計である。それに対し，管理会計は，自らの経営に役立てるために行う会計，すなわち，内向きの会計である。

　財務会計では，貸借対照表，損益計算書，キャッシュフロー計算書の基本的な仕組みを学ぶ。基本的な仕組みを学んだ後，さまざまな企業の有価証券報告書を活用して，企業の財務分析を行う。ROA，ROEをはじめとして，売上高経常利益率，総資産回転率，自己資本比率，インスタントカバレッジレシオなどの比率分析を，有価証券報告書をもとに学生は行っていく。ダイエーとイトーヨーカ堂の比率分析の比較も授業の中で行われたが，優良企業であるヨーカ堂と負債漬けのダイエーでは，各指標に大きな差が見受けられた。

　管理会計では，財務会計で学んだ財務諸表に関する基礎知識を生かして，損益分岐点分析，ABC（活動基準原価計算：Activity Based Costing），付加価値分析などを，講義とケーススタディによって身につけるような授業内容になっている。

　早稲田ビジネススクールの授業から，損益分岐点分析を取り上げ，管理会計の一端を紹介してみる。

　「X社は，来期の売上が，不況と市場の競争激化によって1,200,000千円まで低下することが予想されている。しかし，利益は現在よりも多い60,000千万円を確保して増益を達成することが目標である。したがって，目標利益を達成するためにはコスト削減が必要になるが，これを固定費の削減あるいは売上高変動比率の削減によって達成しようとすると，それぞれどの程度の削減をおこなう必要があるか。」

　このケースとX社の財務諸表を学生たちは事前に渡され，問題を解いてから授業に臨むことになる。現在のような売上自体の伸びがあまり期待できない時代には，損益分岐点分析によるコスト削減計画は重要である。

　財務会計，管理会計はビジネスの共通言語であることから，どこのMBAでも必須科目になっている。

## ● カネに関する科目：ファイナンス

　すべての企業の活動は，まず投資を行い，そこから売上をあげて投資を回収

し，さらに超過利潤を生んでもうけていくということの繰り返しである。投資すべき対象が複数あった場合は，投資に対するリターンやリスクの評価をすることによって，どの事業に投資することがベストかの判断を下す必要がある。MBAのファイナンスの授業では，投資とリターンとリスクの関係を，DCF（Discounted Cash Flow）法やIRR（Internal Rate of Return）法という方法を用いて評価する。そして，その評価結果をもとに，投資における意思決定をすることになる。これらの評価手法をマスターすることによって，実際のビジネスで複数の投資案件がある場合の，投資案件選択の意思決定ができるようになるのである。

早稲田ビジネススクールの授業から，具体例を紹介してみる。

「以下の2つの投資案件について，どちらが有利か，下記の3つの方法で考えなさい」

| | 投資額 | 1年目リターン | 2年目リターン | 3年目リターン | 4年目リターン | 5年目リターン |
|---|---|---|---|---|---|---|
| プロジェクトX | 1,000 | 350 | 350 | 350 | 350 | 350 |
| プロジェクトY | 1,000 | 100 | 200 | 400 | 600 | 600 |

(単位：千円)

(1) DCF法
(2) IRR法
(3) ペイバック法

以上のようなケースが事前に配布され，学生は予習をしてから授業に臨むことになる。そして，授業は，学生たちが侃侃諤諤の議論を行うのである。皆さんは，現時点では，わからないかもしれないが，それは問題ではない。入学後に学び，理解すればよいのである。ここで，上記の例をあえて出したのは，MBAの授業のイメージを少しでも持っていただきたいからである。

● **総合的な科目：経営戦略**

これまで説明した科目が，ヒト，モノ，カネという企業活動に必要な3つの経営資源を切り口としたMBA必須科目である。これら3つの経営資源を統合して，競合他社に対して競争優位を築き，高い収益を上げていくための戦略が

企業には必要である。これを経営戦略と呼んでいる。マーケティングの1つとして，莫大な広告宣伝費用を使えば商品の認知は向上し，売上は伸びるかもしれないが，企業にカネがなければ不可能である。また，マーケティングによって顧客ニーズを把握したとしても，そのニーズを具現化し開発できるヒトがいなければ，商品化することはできない。このように，戦略を策定するには，経営資源であるヒト，モノ，カネの3つの要素と戦略の間に整合性がなければならないのである。整合性を持ったうえで，競合他社に打ち勝ち，高収益を享受できるための戦略，それが経営戦略である。

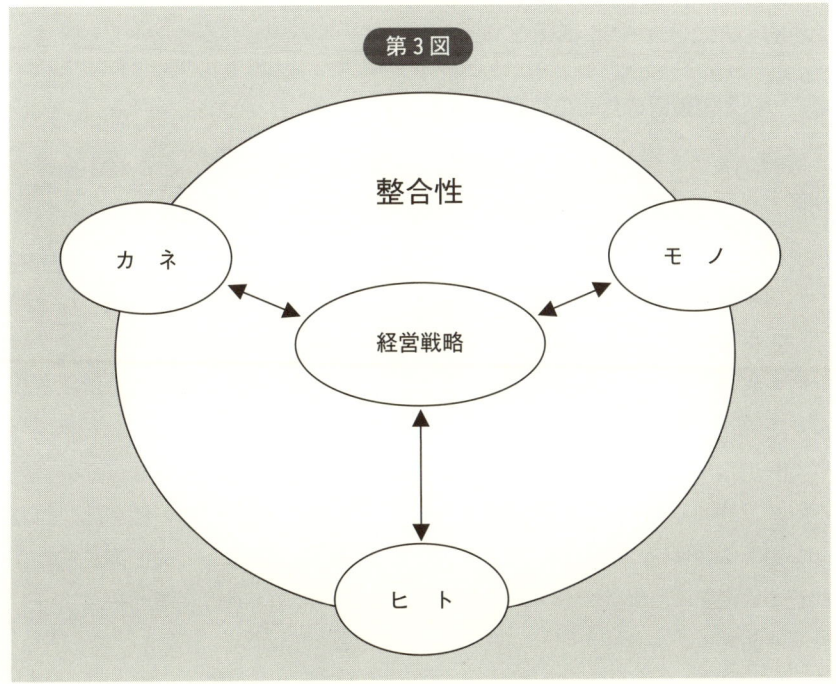

第3図

早稲田ビジネススクールの経営戦略の授業から一例を紹介してみよう。

昭和60年代に，住宅アルミサッシ部門の市場シェアで，トーヨーサッシがYKKを追い抜いた。トーヨーサッシの逆転の理由を300ページ以上のケースを読んで考えなければならない。300ページのケースの内容は，ヒト，モノ，カネに関する情報でいっぱいである。組織論や組織行動学の視点からヒトに関し

第2章 研究計画書を書く前に

て考え，有価証券報告書からカネに関して考え，マーケティングからモノについて考え，これらを統合して，トーヨーサッシが採った戦略が，なぜ，YKKのシェアを抜く結果になったのかを考えるのである。

そのための分析には，これまで説明した科目で学んだことをすべて総動員して行われる。マーケティングで学んだマクロ環境分析，市場分析，競合分析，会計学で学んだ財務比率分析，ファイナンスで学んだ投資の意思決定手法，組織論や組織行動学で学んだ組織構造やリーダーシップなどを使って，ケースを解いていくのである。

ここで学ぶことは，企業の経営企画部や経営戦略課，起業家やコンサルタントを志す人にとっては，即ビジネスで使える大きな武器となるスキルである。

● 分析知識習得のための科目：統計学

MBAの授業では，統計解析は頻繁に登場する。そのため，どこのMBAでも統計の授業が行われ，SPSSやSASという統計解析ソフトを使用して，分析をする課題が出される。MBAで統計を学ぶ目的は，変数間の関係を定量的に表し，因果関係を見いだすことである。

ちょっとわかりにくいので，具体例で説明しよう。

ある企業の売上高を効率的に伸ばしたいというコンサルティングを依頼されたとする。その場合，まず，売上高に影響を及ぼしていると考えられる要因をピックアップする。その要因として，例えば，マクロ環境（GDP），企業の広告の量，特売などのセールスプロモーションの実施，営業マンの顧客訪問回数などがあると仮定しよう。ここでは，この4つの要因によって売上高が左右されると仮定する。このそれぞれの要因のことを統計学では，変数と呼ぶ。

➡第4図

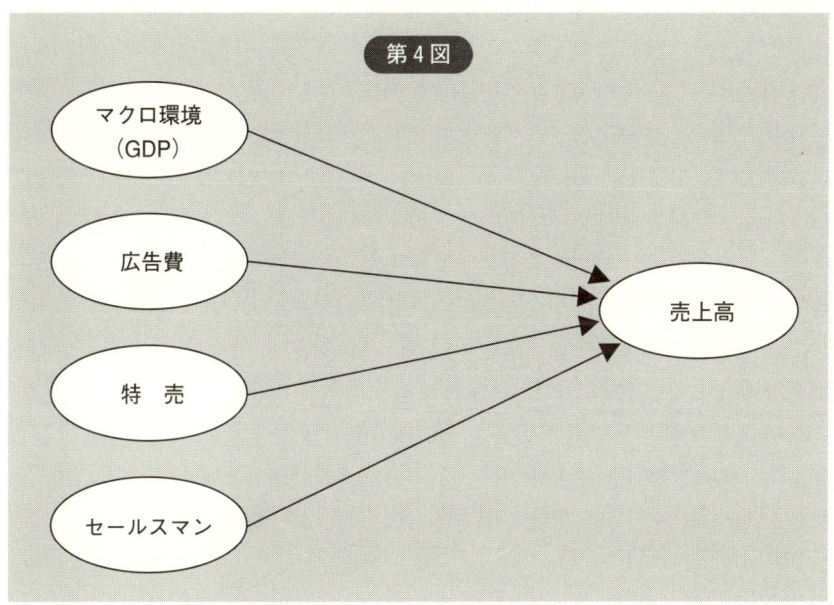

　時系列で，5つの変数に関するデータを収集する。そして，収集されたデータをSPSSやSASを使って，多変量解析（この例では，多変量解析のうち，重回帰分析という手法を使う）を行って，各変数が，売上高にどの程度影響しているかを分析するのである。この分析は，SPSSやSASにデータを入力すれば，あとは，クリックするだけで定量的な影響度が出力される。この結果をもとに，最も影響が強い変数に企業が力を注げば，売上は伸びるということになるのである。

　ちなみに，もし，上記の例で，マクロ環境が売上に最も強い影響を及ぼし，他の変数は，売上に対して影響をほとんど及ぼさないという結果になったとしたら，その企業は，マクロ環境，すなわち，景気によってかなり強い影響を受けることになり，自力で広告を打とうが，セールスを行おうが，あまり効果はないということを意味する。この場合，マクロ環境の変化が原因で，売上が結果という因果関係になる。また，広告費が売上に最も強く影響しているという結果が出た場合は，売上を伸ばすためには広告費を増加させることが効果的であることを示している。この場合，原因は広告費であり，売上が結果という因

果関係になる。

　このように，統計学を使うことによって，変数間の関係を定量的に表すことが可能になり，因果関係を見いだすことができる。ここでは，売上と広告費などのわかりやすい例をあげたが，トップマネジメントのリーダーシップと従業員のモチベーションの関係や，上司のコミュニケーションスキルと部下のモチベーションの関係などの因果関係を定量的に検証したいときも，統計学は役に立つ。日本の場合，ビジネスの世界では，個人の経験やカンで意思決定が行われている場合が多い。そんなときに，統計解析を身につけていれば，経験やカンだけでなく，科学的な意思決定をすることができる。科学的な意思決定の手法を学ぶことは，日本ではMBA以外の機会はあまりないので，付加価値の高い人材になりたいと考えるならば，MBAで統計手法を身につけることは必須である。また，修士論文作成では，多くの学生が統計解析を行うため，修士論文作成のためにも，統計学は必須である。なお，修士論文については，後述する。

## MBAのゼミ

　MBAのゼミでは，主に修士論文の作成指導が行われる。本項では，修士論文作成の目的，修士論文作成の意義，修士論文の作成にあたっての研究方法などについて説明する。修士論文の作成によって，MBAのゼミではどのようなことを，何のために学ぶのか，を理解していただきたい。

　なお，MBAでの修士論文には，さまざまな形態があるが，本書では，筆者のMBA経験の中で，「MBAの修士論文は，こうあるべきだ」という筆者の見解を述べることにする。筆者の主張に対して賛成するも反対するも，皆さんしだいである。よって，本項での内容は，MBAの修士論文の1つの形態であるということであり，本項の内容がMBA修士論文のすべてではないことを，あらかじめ申し上げておく。

## ● MBAでの修士論文作成の目的

　修士論文はMBAでの学習の中でも非常に大きなウエイトを占める。修士論文作成の目的は，一言でいって「自らのキャリアゴールへ近づくための手段」ということになる。キャリアゴールを目指す手段として，さまざまな選択肢がある中，あえてMBAを選択した以上，MBAでしか実現できない価値ある修士論文を作成しなければ，時間と金のムダである。

　では，MBAでしか実現できない価値ある修士論文とは何だろうか。

　MBAの修士論文では，これまでの学術研究に，自分自身の何か新しい知識を付け加えなければならない。いわゆるサムシングニュー（something new）を見いださねばならない。すべてが完全なオリジナルの知識である必要はないが，ひとかけらでも自分自身のオリジナルの要素を既存の研究に付け加えることが要求されている。MBAでの修士論文は，新しい知識を生産（創造）するという知的生産のための訓練なのである。

　既存の研究のつぎはぎによって論文を書く学生もいるが，このような論文は，既存の研究に新たな知識を付け加えてはいない。要するに，既存の研究から前進していないのである。よって，このような研究は，新たな知識の創造という点において，コントリビューション（貢献）はないのである。既存の研究に何か新しい知識を加え，知的生産を2年間で行い，人の模倣ではない，自分自身のオリジナルを生産（創造）する。この行程を自ら実践することによって，創造のための方法論を習得するのである。

　MBAの修士論文作成によって習得できる創造のための方法論とは，「理論構築あるいは，理論の追試の方法論」である。実社会で働くことは，経験を積む機会ではあるが，理論を構築したり，理論を追試するという機会はない。また，これまでの日本の教育は，理論を教えることはしていても，「いかにして理論を作るか」という方法論は教えてこなかった。多くの日本人は，創造のための方法論を知らないために，物事の創造ができないのである。人のマネはうまくても，自分で何かを作り上げることが苦手なのが，日本人ではないだろうか。MBAのゼミは，創造の方法論を学ぶことができる日本では稀な機会なのである。これが，他の機会では得られないMBAであるがゆえの最大の価値である

第2章 研究計画書を書く前に

と筆者は考えている。

　2年間という時間を自分の判断で，さらには，自分の責任で自由に使って，修士論文を書くのである。そして，最終的には，「理論構築あるいは，理論の追試」ができる方法論を習得して卒業するのである。よって，MBAでの修士論文作成の目的は，「理論構築あるいは，理論の追試の方法論を身につけ，それによって，自分のキャリアゴールへ近づくこと」と言い換えることができる。

　以下，「理論構築あるいは理論の追試」とはどのようなものなのか，その方法論とはどのようなものか，それを身につけることがどのようにキャリアゴール達成にプラスになるのか，を説明していく。

● **理論とは何か**

　まず，理論とは何か，という点から説明する。

　Kerlinger (1979) は，理論を，「変数間の関係を特定することによって，現象の系統だった見解を表す，一連の相互に関係のある概念」と定義している。

　上記の定義では，理論とは何か，ということがピンとこないと思われるので，飯野 (2002) の研究を用いて具体例で説明する。なお，ここで紹介する飯野の論文の事例は，皆さんにわかりやすく説明するために，内容を簡略化したものであることを，あらかじめ申し上げておく。

　飯野 (2002) は，人（従業員）と組織のフィットが，従業員の仕事満足や仕事の成果にどのような影響を及ぼすか，を調査した。人と組織のフィットとは，人の価値観と組織自体が持つ価値観（すなわち，組織文化）が，どの程度フィットしているか，ということである。これに関しては，かなりの先行研究が欧米で行われており，人と組織のフィットが高いほど，人の仕事満足や仕事の成果は高いということが明らかになっている。飯野の研究は，人と組織のフィットが高まれば，人の仕事満足や仕事の成果が高まるということが，日本企業においてもあてはまるかを調査したものである。

　この研究には，3つの変数が含まれている。それは，人と組織のフィット，仕事満足，仕事の成果の3つである。変数間の関係を図示すると**第5図**のようになる。なお，変数とは，変化する値のことである（高根，1979）。人と組織のフィットは，組織内の人によって異なっている。ある人は組織とのフィット

の程度は高いが，ある人は低いというように，人と組織のフィットというのは，人によって，異なる値をとるものである。よって，変数と呼ぶのである。これは，仕事満足や仕事の成果に関しても同様である。

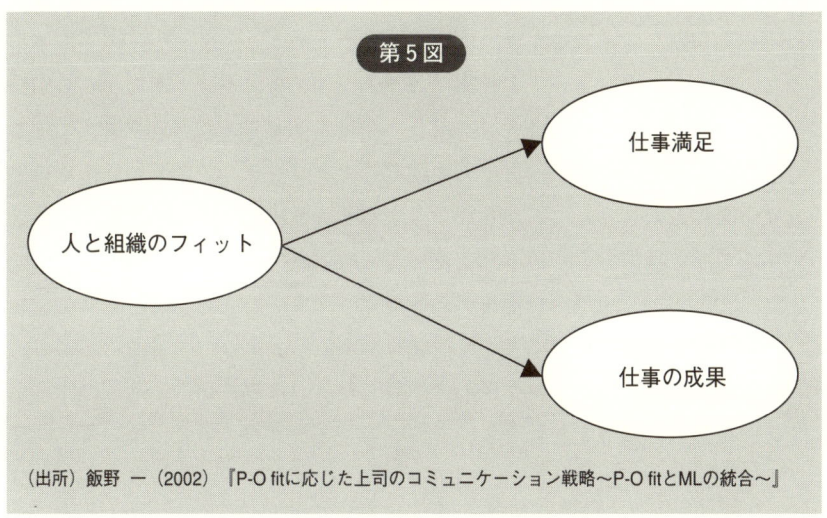

第5図

（出所）飯野 一（2002）『P-O fitに応じた上司のコミュニケーション戦略〜P-O fitとMLの統合〜』

　仕事満足や仕事の成果（結果）に影響を及ぼす変数として，人と組織のフィット（原因）をあげており，変数間の関係を特定し，因果関係が明確になっている。しかし，この因果関係を主張するためには，それを裏づけるデータが必要である。データの裏づけによって，「人と組織のフィットが高い従業員ほど，仕事満足が高い」「人と組織のフィットが高い従業員ほど，仕事の成果が高い」という因果関係を証明できるのである。欧米では，このことがデータによって証明されているが，まだ，日本では，データによる証明がなされていない。そこで，飯野が，日本でデータを収集して，上記の因果関係を証明しようとしたのである。

　上記の変数の構成体が表しているものは，「人と組織のフィットが高い従業員ほど，仕事満足が高い」「人と組織のフィットが高い従業員ほど，仕事の成果が高い」ということである。

　よって，理論とは何かを簡単にいえば，「Aが起これば，Bが起こる」という変数間の因果関係を，データによる裏付けをもって，表したものなのである。

第2章 研究計画書を書く前に

● 理論構築と理論の追試とは

理論構築（Theory Building）とは，何もない状態から理論を作りあげていくこと，あるいは既存の理論によって，多くの部分が明らかになっている事柄に対しても，新しく，新鮮な物の見方を得ることである。よって，理論構築を行う場合というのは，まだ，先行研究のない未知の分野を研究する，あるいは先行研究があったとしても，さらに新しい発見がありそうな分野を研究することである。小出（2002）の例を用いて説明しよう。なお，ここで紹介する小出の論文の事例は，皆さんにわかりやすく説明するために，内容を簡略化したものであることを，あらかじめ申し上げておく。

小出（2002）は，地域（自治体）の活性化に関する研究をした。そして，地域（自治体）の活性化に関する先行研究を調査し，コトラー（1993）による地域（自治体）のマーケティング理論に注目した。コトラーによる地域のマーケティング理論は，地域を訪れるものを"顧客"という視点で考えている。同理論によると，地域（自治体）には明確なビジョンが必要であり，魅力的なビジョンを掲げる地域には"新しい市民"や"新しいビジネス"が引き寄せられ，それによって地域は成長するという考え方である。これを図で表すと，**第6図**のようになる。

小出がコトラーの理論に興味を持った背景は，日本の地域（自治体）には，

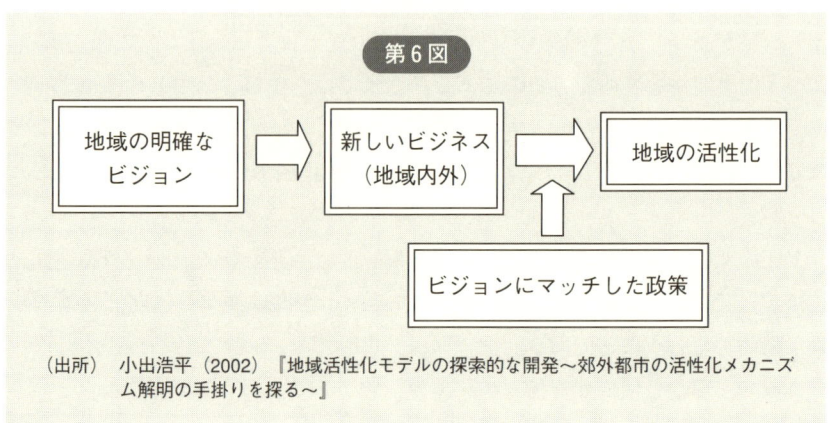

第6図

（出所）　小出浩平（2002）『地域活性化モデルの探索的な開発〜郊外都市の活性化メカニズム解明の手掛りを探る〜』

コトラーが提唱するマーケット感覚，すなわち明確なビジョンを定めてターゲットとなる顧客へのサービス提供という感覚が欠如していると考えたからである。

しかし，コトラーの理論は，一般論や事例研究としては参考になるが，活性化を目指そうとする地域（自治体）に対して，具体的なマネジメントに関する示唆を与えるようなものになっていない。そこで，小出は，コトラーの理論をベースにしながら，より具体的で実践的な理論を作り上げようとしたのである。これが理論構築である。この理論構築の方法として，質的方法（Qualitative Approaches）が用いられる場合が多い（Creswell, 1994）。

それに対して，理論の追試（Theory Testing）とは，理論構築によって，すでに存在する理論を別の地域でもこの理論が成立するか，あるいは，違った時代でもこの理論が成立するかを検証することである。よって，理論の追試をする場合は，先行研究によって構築された理論があることが前提となる。先の飯野（2002）の例は，理論の追試に該当する。欧米ですでに研究されている人と組織のフィットと仕事満足，仕事の成果の関係が，日本という別の地域でもその理論が成り立つかということを，データを収集することによって検証したものである。理論の追試の方法として，量的方法（Quantitative Approaches）が用いられる場合が多い（Creswell, 1994）。

● **量的方法と質的方法**

では次に，方法論の話に移ろう。

量的方法の代表的なものとしてサーベイがある。サーベイは，サンプルから母集団への一般化を意図して，質問票（Questionnaires，アンケートの用紙のこと）や構造的インタビュー（Structured Interviews）によってデータを収集する方法である（Babbie, 1990）。少しわかりにくいと思われるので，以下，具体例を用いて説明する。

飯野（2002）は，質問票を用いてサーベイを行った。次のページに飯野の研究で使用した質問票の一部を掲載した。この質問項目は従業員の仕事の成果を測定するための質問項目である。

第2章 研究計画書を書く前に

|   | | 全く同意できない | どちらともいえない | 強く同意できる |
|---|---|---|---|---|
| | あなたの仕事の成果に関してお尋ねします。自分で自分の仕事の成果を評価してください。そして、あなたにとって最も適切であると思われる回答の□欄に1つチェックしてください。 | | | |
| 1 | 私は，現在，最も高い成果水準で働いている。 | □1 □2 | □3 | □4 □5 |
| 2 | すべての有給休暇を使うことは，私の権利である。 | □1 □2 | □3 | □4 □5 |
| 3 | 従業員は，生活するのに十分なだけ働けばよい。 | □1 □2 | □3 | □4 □5 |
| 4 | 私は，できるだけよく働こうとする。 | □1 □2 | □3 | □4 □5 |
| 5 | 私は，私がしている仕事では，最高水準のうちの1人である。 | □1 □2 | □3 | □4 □5 |
| 6 | 私は，私がしている仕事では，最も不振なうちの1人である。 | □1 □2 | □3 | □4 □5 |
| 7 | 私は，仕事に対して，とても高い目標をおいている。 | □1 □2 | □3 | □4 □5 |
| 8 | 私の仕事は，いつもハイクオリティである。 | □1 □2 | □3 | □4 □5 |
| 9 | 私は，自分の仕事の成果に誇りを持っている。 | □1 □2 | □3 | □4 □5 |

（出所）飯野 —（2002）『P-O fitに応じた上司のコミュニケーション戦略〜P-O fitとMLの統合〜』

　質問票によるサーベイというのは，上記のような質問票を作り，それを調査対象者に郵送し，記入後返信してもらうという形でデータを収集するものである（郵送以外にも電話やファックスやメールを利用する場合もある）。

　構造的インタビューによるサーベイとは，上記のような質問票を作り，調査対象者と会って各項目ごとにインタビューをしながら，チェックしていく方法である。このようなインタビューの形態は，質問すべき項目が上記の質問票のようにガッチリ構造化されているため，構造的インタビューという。

　質問票や構造的インタビューによるサーベイが量的方法といわれる理由は，測定結果を数値化して量的に表すことができるからである。上記の質問票では，1から5までの数値で結果を表すことができ，この量的データは，統計を用い

た数学的な手法によって分析される。

　量的方法であるサーベイは，理論の追試で用いられる場合が多く，先行研究による理論が存在することが前提となる。先行研究によって構築され，洗練されてきた理論を，別の地域でも成り立つか，時代が違っても成り立つか，などをサーベイによって追試するのである。そのため，サーベイでは，先行研究をもとに仮説を構築し，仮説を検証するために質問票や構造的インタビューによってデータを収集し，統計を用いた数学的な手法によって分析する。そして，最終的に，仮説が指示されるか，あるいは棄却されるかという形で検証を行うのである。

　飯野の研究では，「人と組織のフィットが高まれば，従業員の仕事満足や仕事の成果が高まる」とする，欧米でさかんに研究され，理論化されてきたものを，日本でもその理論が成り立つかを追試しようというものである。よって，仮説は，「日本企業において，人と組織のフィットが高まれば，従業員の仕事満足や仕事の成果が高まる」となる。

　仮説を図で表すと，**第7図**のようになる。なお，影響を与える（原因となっている）変数を独立変数といい，影響を受ける（結果となっている）変数を従属変数という。そして，追試しようとしている独立変数と従属変数の関係を図で表したものをモデルという。下図の飯野のモデルでは，独立変数は人と組織のフィットであり，従属変数は2つあり，仕事満足と仕事の成果である。

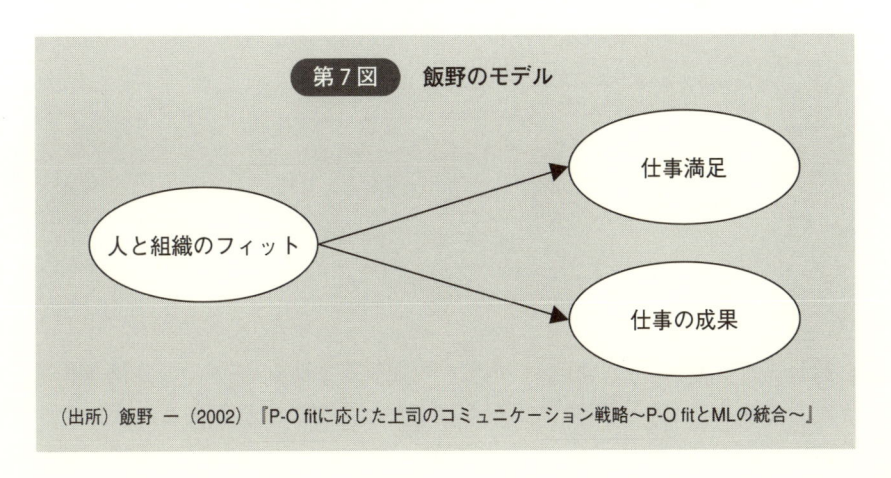

**第7図　飯野のモデル**

人と組織のフィット → 仕事満足
人と組織のフィット → 仕事の成果

（出所）飯野 一（2002）『P-O fitに応じた上司のコミュニケーション戦略～P-O fitとMLの統合～』

第2章 研究計画書を書く前に

　このようにモデルを作ることができるのは，先行研究によって，人と組織のフィットと仕事満足，仕事の成果という変数間の関係が明らかになっているからである。変数が明らかになっていなければ，仕事満足に影響を及ぼす変数は，いったい何なのか，を探索するための研究が必要になる。変数間の関係が先行研究によって，明らかになっているがゆえに，質問票を作り，変数間の因果関係が成り立つかどうかを追試できるのである。

　この量的方法は，サンプル（標本）から母集団を推測することによって，理論を一般化（generalization）しようという目的で行われる。飯野（2002）の研究は，上場しているIT企業の営業職を対象に行ったものである。しかし，上場しているIT企業200社の営業職の全員に質問票を送付することは，不可能に近い。そこで，各社2名ずつに質問票を送付した。この直接の調査対象者をサンプル（標本）という。研究では，データを収集した相手は，サンプルのみであるので，IT系の上場企業で働く営業職のごく一部である。しかし，ごく一部のサンプルから収集したデータをもとに，IT系上場企業の営業職全体のことを推測しようというのが，推測統計を用いた数学的処理である（➡**第8図**）。これはSPSSやSASといった統計解析ソフトウエアを使うことによって，比較的簡単に行うことができる。

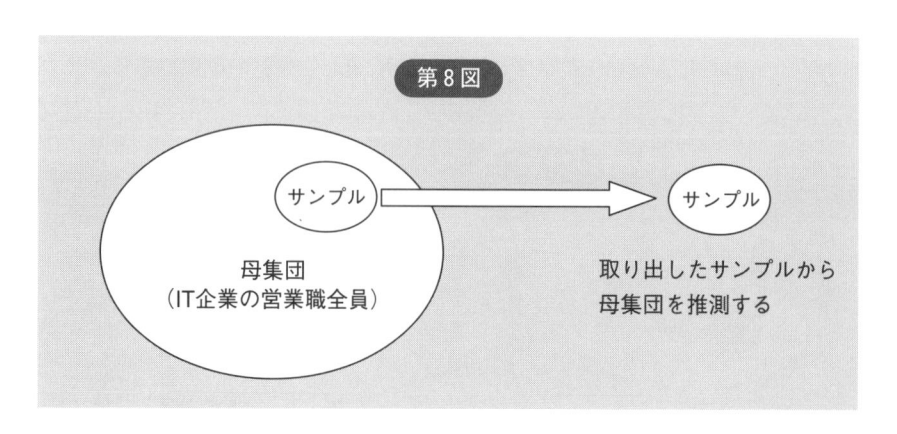

第8図

サンプル → サンプル

母集団
（IT企業の営業職全員）

取り出したサンプルから
母集団を推測する

　推測統計を使うことによって，飯野の仮説（人と組織のフィットが高まれば，従業員の仕事満足や仕事の成果が高まる）は，データを収集したサンプル（IT系上場企業の営業職の一部）だけではなく，母集団（IT系上場企業の営業

職全体）に適用できるかどうかを検証することができる。統計解析によって，仮説が支持されれば，母集団に適用できることになる。このように，データを収集した一部（サンプル）から全体（母集団）に仮説が適用されることを一般化（generalization）という。理論を一般化すること，これこそが量的方法の目的なのである。

では次に，質的方法について説明する。質的方法は，まだほとんど知られていないような現象について，その背後にある何かを明らかにし，そして理解することが可能な方法である（Strauss & Corbin, 1990）。すでにかなり多くの部分が明らかになっている事柄についても，新しく，新鮮な物の見方を得るために利用できる。さらに，質的方法は，量的方法では伝えることが難しい，現象の持つ複雑で難解な中身を詳細に記述することも可能である（Strauss & Corbin, 1990）。質的方法には，さまざまな方法があるが，ここではケーススタディ（Case Study）を取り上げ，説明する。

量的方法は，変数間の関係について検証することに関心が向けられていた。それとは対照的に，質的方法を用いた研究では，変数間の関係の検証よりもむしろ，重要な変数を新しく作り上げていくことに関心が向けられている。

では，ケーススタディを先の小出の例をもとに説明しよう。小出の研究は，コトラーの理論によるモデルから出発している。コトラーの理論から導き出されたモデルであるので，これを理論モデルと名づけよう。➡第9図

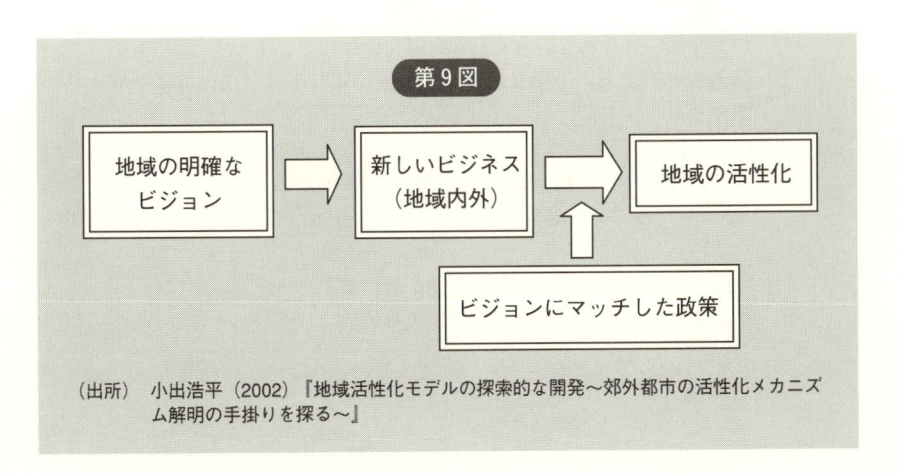

第9図

地域の明確なビジョン → 新しいビジネス（地域内外） → 地域の活性化
ビジョンにマッチした政策 ↑

（出所）　小出浩平（2002）『地域活性化モデルの探索的な開発～郊外都市の活性化メカニズム解明の手掛かりを探る～』

## 第2章 研究計画書を書く前に

　しかし，この理論モデルは，先に述べたとおり，一般論や事例研究としては参考になるが，活性化を目指そうとする地域（自治体）に対して，具体的なマネジメントに関する示唆を与えるようなものにはなっていない。そこで，小出はケーススタディを行い，質的なデータを収集し，上記の理論モデルを再構築するというリモデリングを行った。ケーススタディとは，事例を研究するということで，小出は東京都の福生市をケース（事例）として取り上げ，福生市内で事業を営む経営者やポリシーメーカー（行政や商工会のメンバー）11人にインタビューし，質的なデータを収集した。小出が用いたインタビューガイドは以下のものである。

---

1) 現在のお仕事
　① 月にどの程度，商工会のお仕事に割いていますでしょうか？
　② 行政とのコミュニケーションは，定期的に持っておられるのでしょうか？
2) 福生の活性化について
　① 活性化について，まずイメージするところはどんなものでしょう（商工業，コミュニティ，中心市街地など）。
3) 過去の行政や商工会の政策
　① これから過去の話です。過去よかったなという時期はありましたでしょうか？
　② 現状となった遠因というのは何かありますでしょうか？
　③ 過去の政策で，これはヒットしたよ，というのはどうでしょうか。
4) 既存企業と新規企業
　① 政策を使い分けるということはお考えにならないでしょうか？
　② 経営者の方でも，不満を持っている方に対してはどのようにお考えですか？
5) 今後の方向性（ビジョン）
　① 現在の地域のビジョンに対してどう思いますか？
　　（不満を持っている場合　欧米の地域のビジョンに対してどう感じますか？）
　② 今後どのような街になったらよいと思いますか？
　③ どのような人たちに期待していますか？

---

（出所）　小出浩平（2002）『地域活性化モデルの探索的な開発～郊外都市の活性化メカニズム解明の手掛かりを探る～』

　小出のインタビューガイドを見ると，先の飯野の質問票とは大きく異なるこ

とが理解できるのではないだろうか。飯野の質問票はガッチリと構造化され，回答が1から5の数字に置き換えることができた。よって，量的データと呼ばれるが，小出のインタビューに対する回答は，数字に置き換えられるものではない。例えば，インタビューガイドの1）の①「月にどの程度，商工会のお仕事に割いてますでしょうか」という質問に対しては，「気持ちはあるのですが，現状では時間がないという感じです」とか「目に見える形でプランができれば，できる範囲で協力してもよい」といった回答が返ってくる。これは数字に置き換えることは難しい。よって質的データと呼ぶのである。

　小出は福生市でのインタビューからこれまでの先行研究で示されていない新たな発見をした。その発見とは，福生市の経営者は，地域の活性化というフレームで考えると，およそ4つに分類できるのではないかということである。

　4つの分類とは，**第10図**のとおりである。

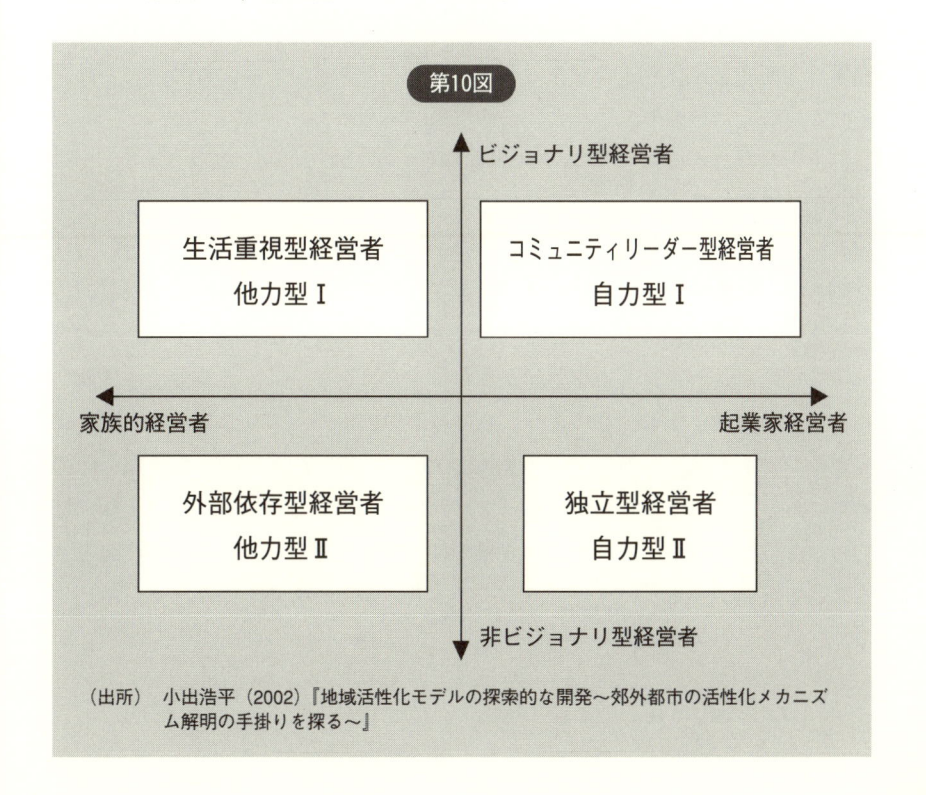

**第10図**

|  | ビジョナリ型経営者 |  |
|---|---|---|
| 生活重視型経営者<br>他力型Ⅰ |  | コミュニティリーダー型経営者<br>自力型Ⅰ |
| 家族的経営者 ←→ |  | 起業家経営者 |
| 外部依存型経営者<br>他力型Ⅱ |  | 独立型経営者<br>自力型Ⅱ |
|  | 非ビジョナリ型経営者 |  |

（出所）　小出浩平（2002）『地域活性化モデルの探索的な開発〜郊外都市の活性化メカニズム解明の手掛りを探る〜』

第2章 研究計画書を書く前に

　では，小出が発見した**第10図**の4つの分類について簡単に説明しよう。

　まず，第1象限のコミュニティリーダー型経営者（自力型Ⅰ）であるが，このタイプの経営者は，自らビジョンを持つとともに地域に対してコオペレーション（協力）する。また，厳しい外部環境に対して，能動的に思考する。

　第2象限の生活重視型経営者（他力型Ⅰ）は，現状の生活を重視する。こうあるべきというビジョン的な発想は持っているものの，厳しい外部環境に対しては，耐える傾向にある。また，受動的な側面はあるが，地域活動への参加の意欲は高い。

　第3象限の外部依存型経営者（他力型Ⅱ）は，外部に身を委ねる傾向が強い。また，行政や諸団体の活動に参加はするものの，その活動は受動的である。厳しい外部環境に対する不満は大きい。

　第4象限の独立型経営者（自力型Ⅱ）は，ビジネスに対して起業家的に前向きに思考する。第1象限のコミュニティリーダー型経営者と同様に，厳しい外部環境を前向きに捉えるのである。ただし，このタイプの経営者は，ビジョン志向ではなく，目標や成果を大切にするのである。

　以上の発見をもとに，理論モデルを修正し，リモデリングを行った。なお，質的データの分析手法については，インタビュー結果をコーディングという手法を用いて分析するが，コーディングの手法を説明することが本書の目的ではないので，この手法に関しては別の機会に説明することにする。小出が質的データをコーディングによって分析し作り上げたモデルを**第11図**に示す。小出のモデルを見ると，さまざまな変数が理論モデルに追加され，地域の活性化のためには，どのような人がどのように動けばよいのかが，より具体的に提示されている。ここでは，このモデルの具体的説明は，本項の主旨とは関係ないので省略するが，ここで皆さんが理解しなければならないことは，質的方法は，量的方法では伝えることが難しい，現象の持つ複雑で難解な中身を詳細に記述することを可能にするという点である。つまり，新たな変数を作り出す（創造する）ということである。

2　MBAのゼミ

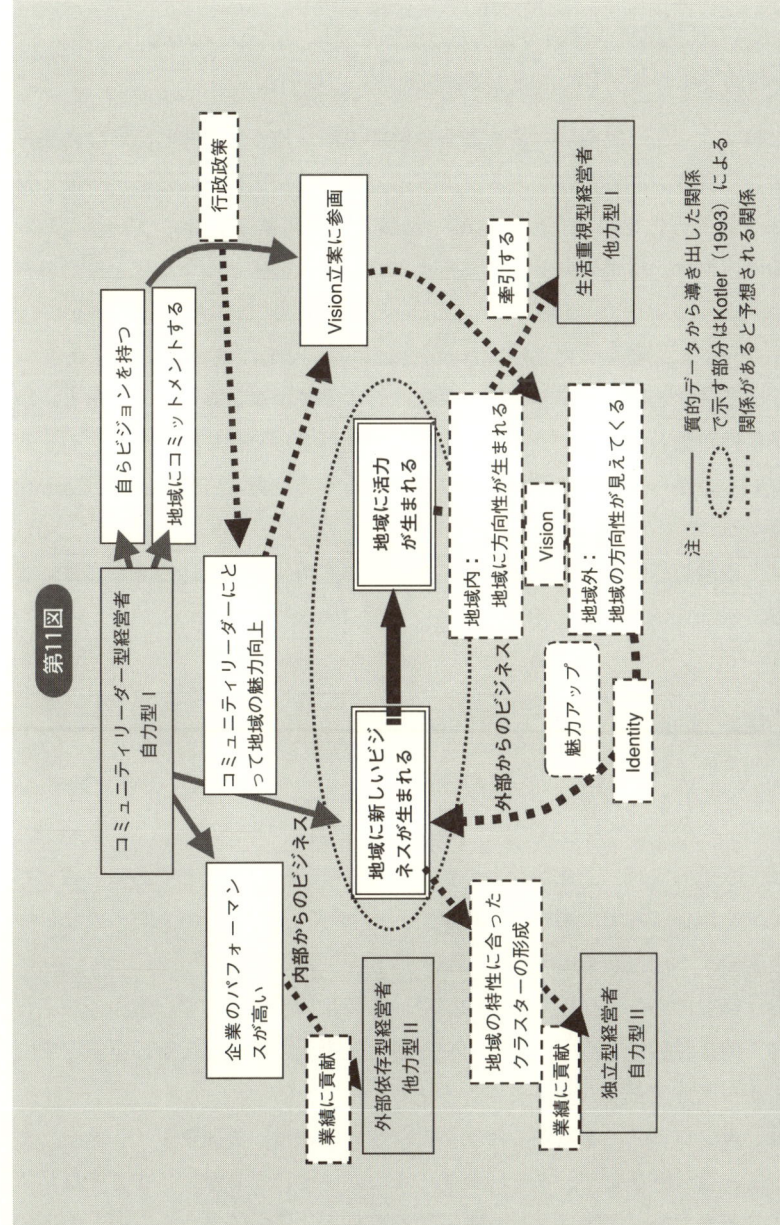

第11図

（出所）小出浩平（2002）『地域活性化モデルの探索的な開発～郊外都市の活性化メカニズム解明の手掛りを探る～』

注：──　質的データから導き出した関係
　　　〇　で示す部分はKotler（1993）による
　　　　　関係があると予想される関係
　　　‥‥‥　関係があると予想される関係

第2章 研究計画書を書く前に

## ● MBAで理論構築や理論の追試の方法論を身につけることの意味
～理論的感受性（Theoretical Sensitivity）とは～

　修士論文は，先に説明した量的方法や質的方法を使って調査し，その結果を論文として書き上げるわけである。よって，修士論文を書くことによって，量的方法や質的方法を用いた理論構築や理論追試の方法論が身につくのである。方法論の習得は，将来のキャリアゴールに対して，一体どんな意味を持つのだろうか。

　キーワードは，理論的感受性（Theoretical Sensitivity）である。

　理論的感受性とは，データの持つ意味に対する鋭敏な意識のことである。理論的感受性が備わることによって，洞察力，理解力，そして，適切なものをそうでないものから区分する能力を持つようになるのである（Strauss & Corbin, 1990）。

　では，**理論的感受性の源泉**は何なのだろうか。理論的感受性の源泉には，4つある（Strauss & Corbin, 1990）。

❶　文　　献
❷　職業上の経験
❸　個人的な経験
❹　分析プロセス

　❶は文献であるが，これは過去のさまざまな先行研究のことである。さまざまな文献を読むことで，洞察力や理解力，そして，適切なものをそうでないものから区分する能力が形成される。

　❷❸は経験である。経験も理論的感受性の源泉の1つである。過去の職業経験や個人的な経験によって，洞察力や理解力，そして，適切なものをそうでないものから区分する能力が形成される。

　❹は分析プロセスであるが，修士論文作成の際には，質問票やインタビューによって，自分自身でデータを収集することが必要になるが，さまざまな現象に対する洞察力や理解力は，データとの相互作用によって豊かなものとなっていくのである。

これまで多くの日本人は，適切なものとそうでないものとを区別する際の源泉は，❷❸の経験であったのではないだろうか。例えば，皆さんの上司が皆さんに指示を出すときのことを考えてみてほしい。「このようにしろ」と指示する際に，その根拠となっていることは，その上司の経験ではないだろうか。「過去にこのようにやってきたから，今回もこのように行うように」というような経験ベースの指示が多いのではないだろうか。

　これは，非常に危険なことである。なぜなら，企業を取り囲んでいる環境は常に変化しているからである。10年前までの日本は，一個人の経験ベースで思考していてもそれほど問題はなかった。なぜなら，環境変化が現在のように激しくなかったからである。しかし，現在は，まったく様相が変わった。マイナス成長，グローバル化，情報技術革新によって，将来のことが予測しにくい時代になっている。このような時代にあっては，一個人の経験をベースに意思決定していては，非常に危険である。そこで，必要なのが過去の経験にデータをプラスして思考することである。データを収集するということは，多くの人の経験や考えを収集し，その中から一定の法則性，すなわち理論を見いだそうというものである。

　データの収集・分析によって，一定の法則性（理論）を見いだし，それを経営上の意思決定に取り入れることが，これからの不確実性が高い時代には有効である。これまでの経験ベースの思考にデータから導き出された理論を加えることによって，より合理的な意思決定ができるようになるのである。

　以上のように，これからの時代には，経験だけでなくデータに基づいた思考，すなわち，理論的感受性の高い思考が求められるのである。MBAの修士論文は，質的方法や量的方法を用いて，データに基づいた理論構築や理論追試をすることを要求される。よって，修士論文を書くことによって，データに基づいた理論構築スキルや理論の追試スキルが身につくのである。そのスキルを習得することによって，データに基づいた思考，すなわち，理論的感受性の高い思考が可能になるのである。

　これからの時代，さまざまな分野において，理論的感受性の高い思考が要求される。理論的感受性の高い思考は，将来のキャリアゴールがどのような分野であれ，分野に関係なく，適用できるのである。なぜなら，マーケティングで

第 2 章　研究計画書を書く前に

あれ，戦略であれ，組織や人材であれ，データから一定の法則性を見いだし，それを経営上の意思決定に活用することが，たんなる経験ベースの意思決定よりも，より合理的であるからである。

皆さんも，MBAではデータに基づいた理論構築スキルや理論追試スキルの習得を通して，理論感受性を高めるためのトレーニングをしていただきたい。これこそが，2年間MBAに金と時間をかける価値であると筆者は考える。

## 3　キャリアゴールの設定と自己分析

ここでは，皆さんに自分のキャリアゴールを設定してもらい，そのキャリアゴールをもとに自己分析をしてもらう。この分析によって，現状の自分のスキルとキャリアゴール達成時点でのスキルとのギャップを明確にするのである。このギャップを埋め，少しでも自らのキャリアゴールに近づくために，皆さんはMBAに進学するのである。MBA進学によってこのギャップを埋めることができないのであれば，MBA進学はやめたほうがよいということになってしまう。よって，ここでの分析は，MBA進学の志望動機は何かを導き出す重要な分析なのである。

キャリアゴールの設定と自己分析を行うことによって，以下の点が明確になる。

- MBAの志望理由
- MBAでは，何を中心に学び，研究するのか？
- 研究計画書作成にあたって，どの分野の先行研究を読むべきか？

上記の3点は，研究計画書作成にあたっての根幹をなす部分であるので，これから説明する作業をしっかりやっていただきたい。

これから行う分析の全体構造は，第12図のようになる。

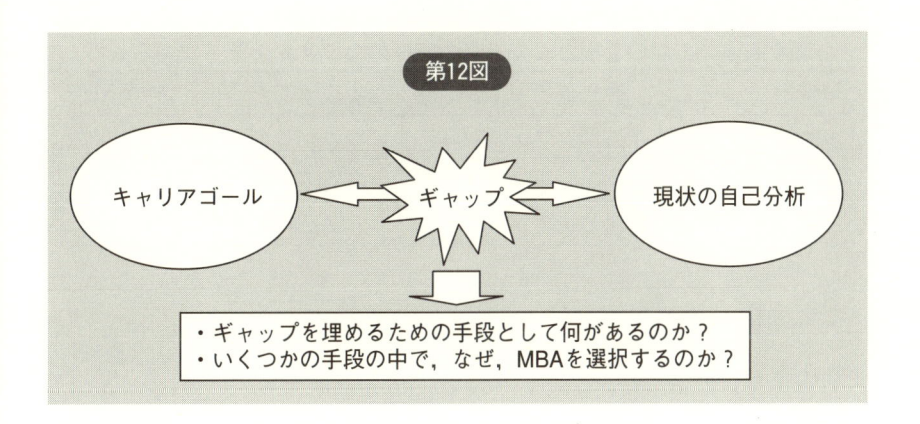

3 キャリアゴールの設定と自己分析

**第12図**

キャリアゴール ←── ギャップ ──→ 現状の自己分析

・ギャップを埋めるための手段として何があるのか？
・いくつかの手段の中で，なぜ，MBAを選択するのか？

## ● Step 1：キャリアゴールの設定

　まず，キャリアゴールの設定をしていただきたい。キャリアゴールの設定とは，「自分が将来，どの分野で，どんな仕事をしていきたいか」を決定することである。キャリアゴールを設定したら，次になぜ，そのキャリアゴールを設定したのか，という理由を考えていただきたい。
　以下に，具体例を示す。

### ★Aさんのキャリアゴール

　私のキャリアゴールは，人材マネジメントの分野において，既存の組織・人材マネジメントを変革し，環境に柔軟に対応できる組織・人材マネジメントの仕組みを作るプロフェッショナルになることである。さらに，プロフェッショナルとしてグローバルに活躍できる人材になることである。

### ★Aさんのキャリアゴール設定の理由

　私は，自分の経験から，日本企業の組織・人材マネジメントは非常に官僚的であることを知った。しかし，この官僚的なマネジメントは，現在のような革新性が求められる経営環境においては不適切であり，日本企業の低迷の1つの要因として，この官僚的なマネジメントがあると考

> 企業の低迷の1つの要因として，この官僚的なマネジメントがあると考えられる。そこで，脱官僚的マネジメントを実現するために，組織・人材マネジメント変革のプロフェッショナルになり，このような問題に直面している企業の再生と発展に寄与したいと考える。以上が，私のキャリアゴール設定の理由である。

では，皆さんもキャリアゴールを設定してみよう。

## ★私のキャリアゴール

## ★私のキャリアゴール設定の理由

## ● Step 2：自己の現状分析

　キャリアゴールの設定ができたら，それを達成するために何をどうするのか，ということを考えなければならない。何をどうするかを考えるためには，現状の自分を知らなければならない。何をどうするかを決定するのは，現状の自分

を知ったうえでの話である。よって，ここでは，現状の自分自身を分析する。

分析の仕方は，自分の強み（<u>S</u>trength）と弱み（<u>W</u>eakness）を考えることである。これをSW分析という。そして，キャリアゴールと自分の強み・弱みを対比させ，どの強みはさらに強化し，どの弱みは克服していく必要があるのかを明確にするのである。この分析によって，キャリアゴール達成に向けて，何を強化し，何が欠けているかを把握するのである。

ここでの自己分析は，先のAさんの例を継続して使用する。

## ★Aさんの現状分析

●強み
① 10年以上，官僚的な日本企業で働いてきたため，官僚的企業の組織・人材マネジメント上の問題点を理解している。
② 人事部で，採用，教育，インセンティブシステムの設計などの経験がある。
③ 営業経験もあり顧客満足を追求する姿勢がある。
④ 学生時代にラグビー部の主将をやっていてリーダーシップと体力には自身がある。

●弱み
① 人事部経験はあるが，組織・人材マネジメントの変革をプロデュースしたことはない。
② 経験ベースで意思決定をしてきたため，理論をベースに論理的に考えることに慣れていない。
③ グローバルに活躍するには英語力に不安がある。

以上が強み・弱みとしてあげられるとしよう。この強み・弱み分析の結果をキャリアゴールと対比させ，自分の欠けている点を明らかにするのである。

まず，組織・人材マネジメント変革のプロフェッショナルになるためには，①の弱みはどうしようもないが，なんらかの形で克服できないかを考える必要がある。②③の弱みは克服することが可能である。どのようにして克服するかを考える必要がある。

強みに関しては，①②の強みは，組織・人材マネジメント変革のプロフェッショナルになるには，大きな武器になる。この①②の経験にさらに磨きをかける方法はないか，を考えなければならない。③④も組織・人材マネジメント変革のプロフェッショナルへ直結する強みではないが，間接的な影響度は大きい。

では，組織・人材のプロフェッショナルに向けてAさんに欠けている点をまとめてみよう。

克服可能な弱みとしては，「理論ベースの論理的思考力」「英語力」である。完全な克服は難しいが，何らかの方法で克服しなければならない弱みとして，「組織・人材マネジメントの変革の未経験」がある。そして，磨きをかけるべき強みとして，「官僚的マネジメントが行われている企業の人材マネジメントの知識と経験」「人事制度の構築力」である。

では，皆さんに強み・弱み分析をやっていただこう。

## ★私の現状分析

●強み

●弱み

★強み・弱み分析のまとめ（何を強化し，何を克服するか）

## ● Step 3：代替案の評価

　では，Step 2の分析結果による弱みを克服し，強みを伸ばす機会は，何があるのかを次に考えるのである。

　キャリアゴールである「組織・人材マネジメント変革のプロフェッショナルとしてグローバルに活躍する」ことを実現させるために，Aさんは，「理論ベースの論理的思考力」「英語力」を克服して，「官僚的マネジメントが行われている企業の人材マネジメントの知識と経験」「人事制度の構築力」に磨きをかける必要がある。また，何らかの方法で克服したい弱みとして，「組織・人材マネジメントの変革の未経験」がある。以上を実現する機会として，どんな機会があるのかを考えるのである。Aさんの場合，代替案として，次のようなものが考えられる。

### ★Aさんの代替案

| ① | 外資系事業会社への転職 |
|---|---|
| ② | MBAへの進学 |
| ③ | 人材コンサルティング会社で入社可能なところに入社する |

　まず，「現状の会社にとどまる」という選択肢は最初から削除した。その理由は，現状の組織は，非常に官僚的であるが，それを改革していこうという意思がまったくないため，Aさんのキャリアゴールへの到達の可能性はほとんどないと思われるからである。

　そうすると，とりあえず，上記の3つぐらいが考えられる。そこで，上記の3つの選択肢のうちで，Aさんのキャリアゴールを達成するために，ベストなものを選択するということになる。

　①は，外資系事業会社への転職であるが，これは「英語力」というAさんの弱みを克服する機会はあるが，「理論ベースの論理的思考力」という弱みを克服するという点では，少々問題がある。また，転職後に人事関係の仕事に就けるかどうかは疑問であるため，Aさんの強みを伸ばすという点でも問題がある。なんらかの方法で克服したい弱みとして，「組織・人材マネジメントの変革の

## 第2章　研究計画書を書く前に

未経験」があったが，外資系企業への就職では，未経験である以上，組織・人材マネジメントの変革を行う部署に配属される可能性は少ないということがいえる。よって，①の選択肢には問題がある。

②は，MBAへの進学であるが，MBAでは，基本的に理論ベースの論理的思考力が強く要求されるため，「理論ベースの論理的思考力」という弱みの克服につながる。さらに，MBAでは，大量の原書を読まされるため，英語力も自然に身につく。Aさんの強みである「日本企業の人材マネジメントの知識と経験」「人事制度の構築力」も，さまざまなバックグラウンドを持つ学生と接することや，授業でのプレゼンテーションによって磨きがかかっていくと考えられる。また，MBAでは，「組織・人材マネジメントの変革の未経験」という弱みの間接的な克服の機会がある。それは，理論ベースで論理的に考えるスキルを身につけることによって，変革の理論や論理を身につけることができるのである。よって，②の代替案はAさんに適しているということになる。

③は，妥協案である。Aさんは，グローバル企業で働くというキャリアゴールを設定しているので，どこのコンサルティング会社でもOKというわけではない。現在のAさんの英語力を考えると，グローバルに展開するコンサルティング会社への就職は困難といえる。そのため，③の代替案は削除することになる。

よって，Aさんはキャリアゴールを達成するためには，②のMBAに進学することがベストな選択になる。

では，皆さんも代替案を考え，その代替案を評価してみよう。とりあえず，5つの代替案のスペースを用意した。自分でじっくり考えてみよう。

## ★私の代替案

①

②

③

④

⑤

　代替案の評価によって，MBAが最もキャリアゴールを達成するために有効であるとなったならば，迷わずMBAに進学してほしい。

　ここで紹介した流れを踏むことによって，MBAへの志望理由，研究分野が明確になるだろう。それは，Aさんの事例を見れば明らかである。MBAの入試では必ず面接がある。そこで，志望理由や研究テーマなどに関しては，意地悪なくらいしつこく質問される。その質問に論理的に答えることができるかどうかが合否を左右することになる。ここで紹介した自己分析の手法を使って分析をしておけば，面接時の意地悪な質問に十分に耐えうる論理的な説明が可能になる。筆者も入学試験の面接では，志望理由などは，かなり詳細に質問された。筆者の経験を踏まえて，この程度準備しておけば合格するだろうと思われる基準がある。その基準を満たすために行うのが，ここで紹介した分析である。ですから，皆さんは，ここでしっかり分析を行ってほしい。そうすることによって，MBA合格を手にすることができるであろう。

## 第2章 研究計画書を書く前に

◆参考文献◆

1) 飯野一（2002）『P-O fitに応じた上司のコミュニケーション戦略〜P-O fitとMLの統合〜』（修士論文）
2) 大滝精一他（1997）『経営戦略』有斐閣アルマ
3) 小野田博一（1999）『論理的に説得する方法』日本実業出版社
4) グロービス（1996）『MBAアカウンティング』ダイヤモンド社
5) グロービス（1999）『MBA経営戦略』ダイヤモンド社
6) グロービス（1997）『MBAマーケティング』ダイヤモンド社
7) 小出浩平（2002）『地域活性化モデルの探索的な開発〜郊外都市の活性化メカニズム解明の手掛りを探る〜』（修士論文）
8) 嶋口光輝，石井淳蔵（1995）『現代マーケティング』有斐閣
9) ジャパンMBAネットワーク（2002）『国内MBAスクールガイド』東洋経済新報社
10) 高根正昭（1979）『創造の方法学』講談社現代新書
11) 田中靖浩（1999）『実学入門　経営が見える会計』日本経済新聞社
12) 手塚宏之（1999）『MBAがよくわかる本』中経出版
13) 西山茂（2001）『企業分析シナリオ』東洋経済新報社
14) 西山茂（2002）『早稲田ビジネススクール教材』
15) 山口正彦，田中英之（2000）『すぐわかるExcelによるマーケティング統計』東京図書
16) Babbie, E.（1990）, *The Practice of Social Research*, Wadsworth Publishing Co.
17) Burns, T. & Stalker, G.M.（1961）, *The Management of Innovation*
18) Creswell, J.W.（1994）, *Research Design: Qualitative & Quantitative Approaches*, Sage Publications
19) Daft, R.L.（2001）, *Organization Theory & Design*, South-Western College Publishing（高木晴夫訳（2002）『組織の経営学』ダイヤモンド社）
20) Kerlinger, F. N.（1979）, *Behavioral Research: A Conceptual Approach.* New York: Holt, Rinehart & Winston.
21) Strauss, A. & Corbin, J.（1990）, *Basics of Qualitative Research: Grounded Theory Procedures and Techniques*, Sage Publications（南裕子監訳（1999）『質的研究の基礎』医学書院）
22) Yin, R.K.（1996）, *Case Study Research*, 2nd ed.（近藤公彦訳（1996）『ケーススタディの方法』千倉書房）

# 第3章 合格する研究計画書 Study Plan Sheet とは

## 1 研究計画書の基本構造

　自分のキャリアから生じた問題意識を，研究計画書の中で説得力をもって書き上げることは，MBA入学試験を突破し合格するための最重要課題である。研究計画書とは，いうまでもなく研究の計画である。計画はあくまで入学試験を受ける時点での計画である。MBAでは，実際，入学してから研究テーマを変更する人も少なくない。試験官も，この時点であまりにも詳細な研究プログラムを提出させるつもりはない。受験生がどのようなキャリアを持ち，どのようなことを問題意識として捉え，どのような研究を行いたいと考えているかを把握することを目的としているのだ。したがって，なぜMBAへの入学を志願しているのかということを簡潔明瞭に記すことが，研究計画書作成上の最も重要な要因である。

　入試の時点での研究計画であるので，筑波大学大学院ビジネス科学研究科などの一部の大学を除いては，研究のテーマとプロセスを極端に詳細に示す必要はない。あくまで自分のキャリアの中から疑問に感じたこと，問題だと思った

## 第3章　合格する研究計画書とは

ことについて，その謎を解明したいということを基本に，先行研究や専門書で肉付けをする程度で十分である。

　ここで重要なことは，先行研究主導ではないという点である。専門書や学術書を読んでそれをまとめたとしても，書類審査で不合格となる可能性が高い。なぜなら，このような研究計画書はキャリア形成になんのコントリビューションもないからである。やはり，自分のキャリアの中から生じた問題意識主導で，その問題意識を明確化するために先行研究や専門書を利用し，研究テーマを具体化するというスタンスが重要である。

　平易な例で説明しよう。銀行マンBさんはMBAを目指している。Bさんは将来銀行を背負って立つ人材と会社から期待されており，MBAの2年間で「競争力溢れる銀行の将来像」について研究したいと考えている。これまでの経験を通じて，Bさんは次の3つの点について問題意識を持っている。

①　これまでの銀行は，国の保護政策のもとで非常に甘えた業界構造にある。
②　常に横並びの経営姿勢は，独自の戦略を創造することを阻害した。
③　その中で甘え続けてきた歴代経営者の無能さも目に余るものがある。

　以上がBさんの問題意識であるが，このままでは「競争力溢れる銀行の将来像」の研究というテーマ自体が漠然としすぎているので，焦点の絞込みが必要である。

　整理すると，次のようになる。

　問題意識の①は，産業構造と戦略論が研究領域となり，研究テーマは，例えば「日米における銀行業界の産業構造と企業競争力の分析」となるだろう。

　問題意識の②は，組織論が研究領域となり，例えば「銀行における組織構造と戦略の研究」などが研究テーマとなる。

　そして問題意識の③は，リーダーシップ論やアントレプレナーシップ論が研究領域となり，例えば「巨大組織におけるリーダーシップと経営者的人材の育成」などが研究テーマとなる。

　このように，問題意識のどれにフォーカスするかによって，研究テーマが大きく異なってくるが，いずれにせよ絞込みが必要である。絞込みを行うためには，ある程度の先行研究や文献を読み，知識を蓄積することが必要になる。知識なしには，絞込みはできない。この絞込みができれば，該当する先行研究を

できる範囲内で読み，先行研究と自分の経験からの問題意識を踏まえて具体的に研究テーマを表現すればよいということである。

すなわち，まずどの問題意識に焦点を絞るかを決定する必要があり，次に自分がこうありたいと考えているゴールを端的な文章で示し，なぜそうなっていないのかというゴールと現状のギャップを問題点として指摘する。そして，どうすればその問題点が解決されるのか，ということをMBAの2年間を通じて研究したいと書き記すことができれば，非常に具体的かつ個性的な研究計画書ができ上がる。これが，研究計画書の基本構造である。

注意点としては，経営学オタクが書くような，キャリアとはなんの関係もない先行研究のみのアカデミックな内容の研究計画書は書くべきではないということである。先行研究のレビューだけの文面は，「私はしっかり経営学を勉強しているのです」というアピールにはなるが，キャリア形成にはつながらない。MBAはビジネススクールであるので，このような実務につながらないアピールは，何の意味も持たないのである。経営学オタク的な知ったかぶりは試験官教授のウケが悪く，不合格となる確率をかえって高めてしまう。1次試験の書類審査で不合格となる人は，実務経験やキャリア形成に基づかずに，経営学用語を文中にちりばめ，あたかも「私は経営学を勉強しているのです」といわんばかりの研究計画を書いている場合が多いのは事実である。

以上のように，ここで気をつけるべき点は，以下の4つの点になる。

❶ 研究計画は極端に詳細な計画である必要はない。
❷ テーマを絞り込む。
❸ テーマを具体化するために，キャリア形成に根ざした先行研究を読む。
❹ 自己のキャリアをベースとしない経営学オタク的な知ったかぶりは逆効果。　※ 仮に書類審査に通っても，面接でボロが出る。

以上の点に注意して，研究計画の構成を自分なりに考えてほしい。

## 2 評価する側（大学側）の7つの視点

　ここでは，研究計画を読む試験官が研究計画書の何をチェックしているのかということを概観する。これまでは受験生の立場で解説をしてきたが，試験官は受験生の研究計画書から何を読みとろうとしているのだろうか。その目的を把握して研究計画を作成することは，合格への近道となるに違いない。ここでは，次の7点に注目していただきたい。

### ● 経歴の把握

　MBAは，複数年の社会人経験を受験の要件としている場合がほとんどであり，各個人は自分の経歴を記す必要がある。その際には，各部署ごとにどのような仕事に携わってきたのかを詳細に記し，どのような業績をあげてきたのかを書かせる場合もある。それによって試験官は受験生のバックグラウンドを把握し，MBAプログラムで一定の成果をあげることのできる人材かどうかを判断する1つの目安とするのである。MBAでは一般企業に勤めた経験を有する教授が在籍する場合が多く，自分と近いキャリアを持つ受験生には興味を示す場合がある。ありのままを記し，業績については誇張しすぎないようにしよう。

### ● 研究分野の把握

　どのような経歴の人がMBAを目指しているのかがわかったら，次は研究分野を把握することになる。先ほど銀行マンの例をあげたが，研究分野は業界に関すること，あるいは組織やリーダーシップに関することなどさまざまである。まずは受験生の研究分野を把握し，各校のMBAプログラムでその研究を行うことができるかどうかを判断することとなる。書類審査をクリアすると，受験生の研究分野を専門とする教授が面接を行うことになる。そして，「わがMBAプログラムで研究成果をあげることができるか否か」という視点で面接を行うのである。したがって，在籍教授の専門分野を一通りチェックし，ピント外れな研究テーマを設定することはできるだけ避けたい。各教授の専門分野は，各

校のWEBサイトを参照すればたいていわかる。繰り返しであるが，テーマは絞り込むことが重要となってくる。

### ● 問題意識の把握

受験生がキャリアの中で何について問題意識が芽生え，MBAでの研究を通してどのように実務に役立てたいと考えているかということは，試験官が最も興味を抱く点である。なぜ問題意識がわき起こったのか，なぜMBAで学びたいと思ったのかを具体的に示すことが，試験官の意識を惹き付ける要素となってくる。問題意識は素朴なものでかまわない。日々仕事を行ううえで疑問に感じたことを具体的に示すことで十分である。なぜ，その問題点を疑問に思ったのか。なぜ，その問題点を解決するためにわがMBAを志願するのかということが，試験官からすれば最大の関心である。したがって，問題意識は明確に記すことを心がけたい。

### ● 論理的思考レベルの把握

MBAに入学すると，論理的思考（ロジカルシンキング）が問われる場面が多い。論理的思考は，入学するといくらでも鍛えられる。入学試験の時点では，その訓練に見合うだけの素材であるかどうかを試されているのだ。文書力が稚拙というのは論外だが，自分の主張を系統だてて論理的に構成し説明することができるかどうかということを，入学試験の時点では試されているのだ。

もちろん，完璧に論理的である必要はない。しかし，入学後にレポート課題やプレゼンテーションをこなしていくには，論理的思考が絶対的に要求される。「人は物を書くとき，思考を最大限に巡らせるものである。裏を返せば，書いた物を読めばその人の思考能力のレベルがわかる」というのは一橋MBAコースのある教授の言葉であるが，試験官は研究計画書を通して，その人が論理的思考を組み立てられる人かどうかをチェックしている。したがって，研究計画書の中では自分の主張を論理的に組み立て訴えなければならないことに十分注意してほしい。

日常的に論理的思考を訓練するには，普段から新聞の社説を読み，「結論は何か」「その根拠は何か」ということを意識しながら毎日頭の中でまとめる作

業を繰り返すことをお勧めする。これを繰り返していると、論理的思考の実力が知らず知らずのうちに上がっていくので、是非試してほしい。

### ● 学習モチベーションの把握

　社会人教育の場であるMBAプログラムは、プロフェッショナルスクールという位置づけにあり、各MBAスクールは、大学間競争の時代の中で競争に打ち勝つべく個性を出そうと必死になっている。MBAを担う教授も、非常に大きな使命感に溢れている。したがって、問題意識をしっかりと持った学生を受け入れたいと考えるのは当然であり、学習意欲の高低で受験生を選別するのは当たり前の話である。フルタイムのMBAコースでは、会社を退職して大学院に入るので、受験生はみな真剣である。だからこそ受験競争を勝ち抜くには、研究計画書の中でモチベーションの高さを強調することは非常に大切なことなのである。

### ● キャリアの中でのMBAの位置づけの把握

　受験生が生涯キャリアを過ごす中で、MBAに通う2年間という時間がどのような意義を持っているのかということは、試験官にとっても関心がある点である。MBAを通して自分自身を新しく変革したいとか、あるいは社会に貢献できる人材になりたいというような意識の高さをアピールし、MBAでなければその目標達成が実現しえないことを切々と述べる。自分のキャリアにとってMBAがどうしても必要であることを強調するのである。

　先ほども述べたように、プロフェッショナルスクールとしての位置づけであることから、MBAでの2年間を通じて社会貢献できる人材を輩出することを各MBAスクールは目的としているのである。そのポリシーに共感してくれそうな人材を獲得したいと考えるのは当然であろう。MBAは単なる大学院ではない。ひとりのビジネスマンとして生涯を有意義に過ごすため、どうしてもMBAが必要なのだということをアピールすることは、試験官に好意的に受け取られるだろう。

## 2 評価する側（大学側）の7つの視点

● 知識レベルの把握

　研究計画を書くうえで，最低限必要な知識レベルというものがある。先ほど申し上げたように，アカデミックに専門用語を駆使して知ったかぶりをしろというわけではないが，日々新聞を読んでいて登場する単語やコンセプトをしっかり把握しているかということが試されている。二流雑誌やHow to本などに登場する安っぽい経営用語は出すべきではなく，むしろ避けるべきである。少なくとも『日本経済新聞』やしっかりした経済誌（『日経ビジネス』『週刊東洋経済』『週刊ダイヤモンド』など）レベルの知識を吸収しておく必要はあるだろう。

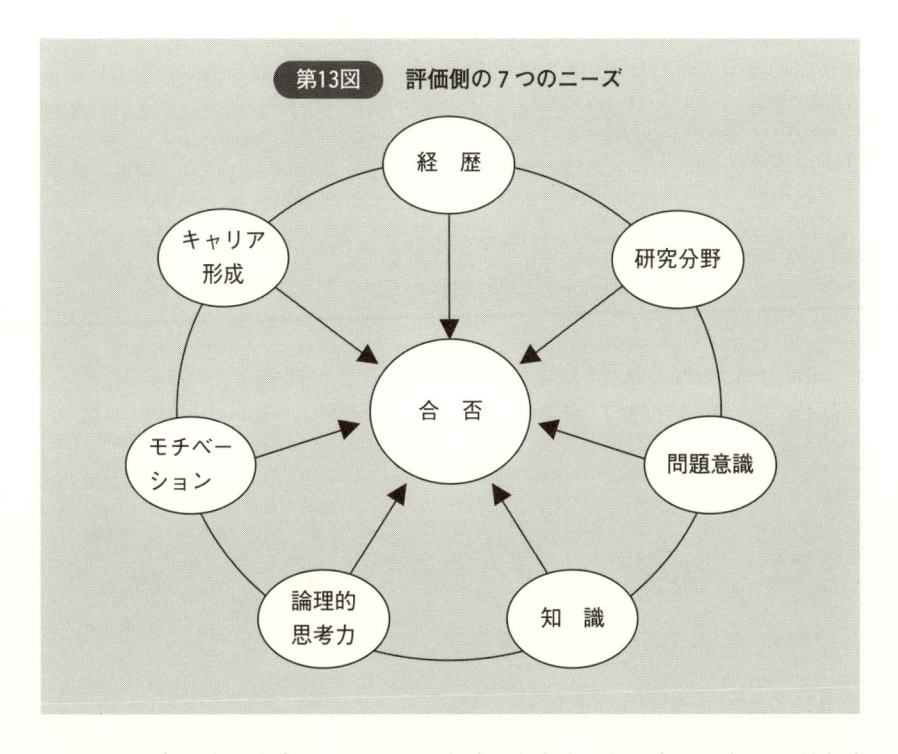

第13図　評価側の7つのニーズ

経歴／研究分野／問題意識／知識／論理的思考力／モチベーション／キャリア形成　→　合否

　以上のような点に注意しながら，研究計画を書くことが大切である。研究計画書は良かれ悪しかれ受験生の人柄がにじみ出てしまう。試験官は百戦錬磨の大学院教授である。小手先のテクニックや付け焼き刃の経営知識で挑むのでは

なく，自分自身をありのままに表現することが，合格への近道であることは間違いない。

## 3 合格のためにキーとなる科目

　MBA入試では，研究計画書の提出の他，英語，小論文，面接が課せられる場合が多い。MBAを受験する方の多くは，社会人であり，普段英語に触れることのないビジネスに携わる志願者にとって，これら入試科目の中で英語に対する不安が特に大きいのではないだろうか。

　本節では，入試科目の中で，どの科目が最も合否に対して強く影響しているのかを整理してみたい。この点を把握することによって，効率的な入試対策ができる。

　ここでは，上記の点を明らかにするために，慶應義塾大学，一橋大学，早稲田大学の入試に合格した現役MBA学生を対象に，MBA受験に関するアンケート調査を行った。アンケートの質問項目は以下のとおりである。

---

　入試では，以下に示した試験や提出書類があったと思います。この4つをそれぞれ，<u>入試合格における重要度</u>で評価してください。そして，回答欄に，<u>該当する番号</u>を記入してください。

|  | 全く重要でない | | どちらともいえない | | 非常に重要 |
|---|---|---|---|---|---|
| ①小論文 …………………………………… | □1 | □2 | □3 | □4 | □5 |
| ②英語（TOEIC,TOEFLスコア提出含む）…… | □1 | □2 | □3 | □4 | □5 |
| ③研究（将来）計画書（志願者調書を含む）…… | □1 | □2 | □3 | □4 | □5 |
| ④面接 ……………………………………… | □1 | □2 | □3 | □4 | □5 |

---

　現役MBA学生を対象に，このアンケートを実施することによって，合格の

ためのキーとなる科目が，ある程度明らかになるものと考えられる。ただし，このアンケート結果はあくまでも各校MBAの合格者の経験から導き出されたものであり，大学側に直接質問しているわけではないことを留意していただきたい。

アンケート方法は，アンケート用紙をe-mailにて送付し，e-mailにて返信してもらうという形で実施した。

では，以下に学校別にアンケート結果を示していく。

### ● 慶應義塾大学大学院経営管理研究科のアンケート結果

慶應義塾大学は，経営管理研究科に在学中の10名にアンケートに協力をしていただいた。筆者の友人10人からデータを収集しているので，サンプリングの方法としてはコンビニエンス・サンプリング（convenience sampling）である。コンビニエンス・サンプリングであるため，バイアスの存在は否定できないが，できるだけバイアスを排除するための対策を講じた。その対策とは，アンケート調査の前に，本アンケートの主旨や使用目的に関する詳細な情報を与えず，回答していただくことである。詳細な情報提供はアンケート調査の意図を被調査者が察知しかねないと考え，このような策を講じた。まず，アンケート結果の基本統計量を示す。

統　計　量

| | | 小論文 | 英語 | 志願者調書 | 面接 |
|---|---|---|---|---|---|
| 度数 | 有効 | 10 | 10 | 10 | 10 |
| | 欠損値 | 0 | 0 | 0 | 0 |
| 平均値 | | 3.40 | 2.40 | 4.20 | 4.20 |
| 中央値 | | 4.00 | 2.50 | 4.50 | 5.00 |
| 最頻値 | | 4 | 3 | 5 | 5 |
| 標準偏差 | | 1.075 | .699 | 1.229 | 1.317 |
| 分散 | | 1.156 | .489 | 1.511 | 1.733 |
| 最小値 | | 2 | 1 | 1 | 1 |
| 最大値 | | 5 | 3 | 5 | 5 |

平均値を見ると，志願者調書と面接が4.20で最も重要であるということが理解できる。次に，小論文で3.40，そして，英語2.40という順になっている。重

## 第3章　合格する研究計画書とは

要度のポイントが最も高い志願者調書，面接と最も低い英語との差は，1.8ポイントの差が見られることから，重要度の差が明らかに理解できる。

　標準偏差を見ると，英語が.699と最も小さくなっており，英語をあまり重要でないと答えた人のばらつきが小さいことが理解できる。志願者調書や面接に関しては，標準偏差が1.229，1.3117となっており，高い数値を示している。これは，志願者調書や面接の重要性に対して，人によって意見が異なっていることを表していると解釈することができる。この点は，志願者調書や面接の最大値と最小値を見ても明らかである。また，英語の最大値は3で，最小値が1であることから，英語の重要度の低さがうかがえる。

　最頻値に関しては，志願者調書と面接が5となっており，最も重要であると考える現役MBA学生が多いということがデータから読み取れる。また，英語の最頻値は3であり，それほど重視されていないことが理解できる。

　よって，慶應義塾大学大学院経営管理研究科では，①志願者調書と面接，②小論文，③英語という順で合否に対する影響力があるといえる。受験生として社会人が大多数を占めているため，もしかしたら英語のウエイトを低くしているのかもしれない。受験勉強にあたっては，上記の順で力を入れるとよいかもしれない。

　以下に，小論文，英語，志願者調書，面接に関する慶應義塾大学のデータを示しておく。

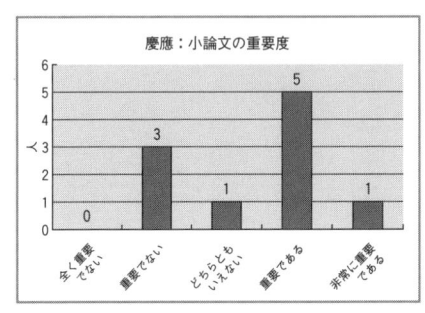

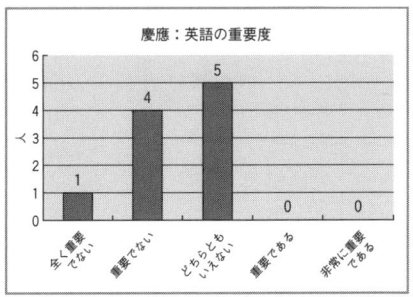

3 合格のためにキーとなる科目

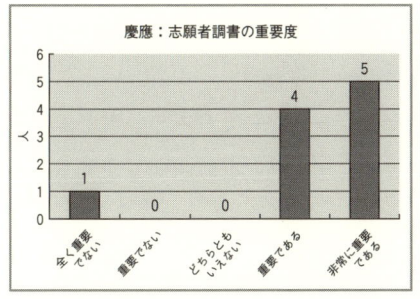

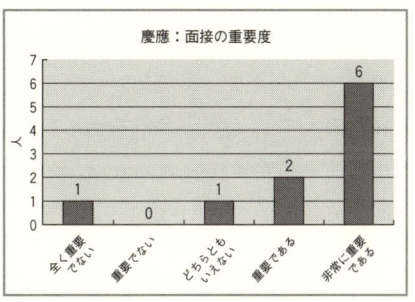

### ● 一橋大学大学院商学研究科経営学修士コースのアンケート結果

一橋大学は，2003年新入生40人にアンケートを送付し，19人から返信があった（回収率：47.5％）。まず，アンケート結果の基本統計量を示す。

統　計　量

|  |  | 小論文 | 英語 | 将来計画書 | 面接 |
|---|---|---|---|---|---|
| 度数 | 有効 | 19 | 19 | 19 | 19 |
|  | 欠損値 | 0 | 0 | 0 | 0 |
| 平均値 |  | 3.89 | 3.79 | 4.21 | 4.32 |
| 中央値 |  | 4.00 | 4.00 | 4.00 | 4.00 |
| 最頻値 |  | 4 | 4 | 5 | 4 |
| 標準偏差 |  | .809 | 1.134 | .918 | .749 |
| 分散 |  | .655 | 1.287 | .842 | .561 |
| 最小値 |  | 2 | 1 | 2 | 2 |
| 最大値 |  | 5 | 5 | 5 | 5 |

平均値を見ると，面接が4.32で最も重要であるということが理解できる。次に，将来計画書で4.21，そして，小論文3.89，英語3.79という順になっている。

標準偏差を見ると，面接が.749と最も小さくなっており，面接を重要であるとあげた人のばらつきが小さいことが理解できる。英語に関しては，標準偏差が1.134となっており，最も高い数値を示している。これは，英語の重要性に対して，人によって意見が異なっていることを表していると解釈することができる。この点は，英語の最大値と最小値を見ても明らかである。

最頻値に関しては，将来計画書が5となっており，最も重要であると考える

53

第3章　合格する研究計画書とは

現役MBA学生が多いとうことがデータから読み取れる。

よって，一橋大学大学院商学研究科経営学修士コースでは，①面接，②研究計画書，③小論文，④英語という順で合否に対する影響力があるといえる。受験生として社会人が大多数を占めているため，もしかしたら英語のウエイトを低くしているのかもしれない。受験勉強にあたっては，上記の順で力を入れるといいかもしれない。

以下に，小論文，英語，将来計画書，面接に関する一橋大学のデータを示しておく。

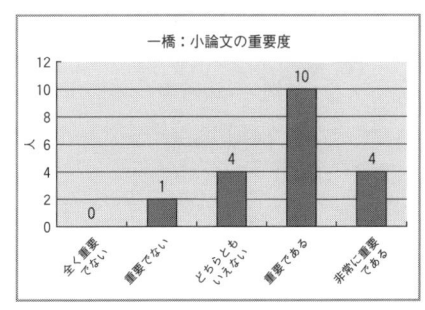

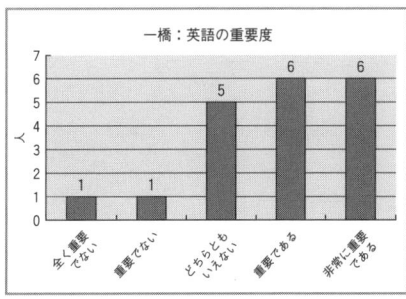

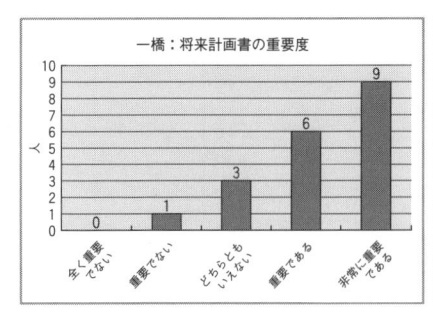

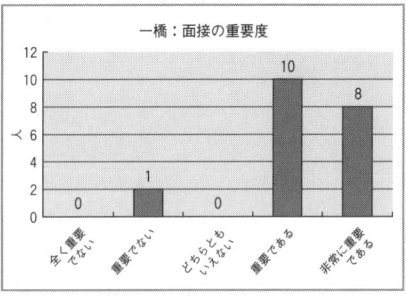

### ● 早稲田大学大学院アジア太平洋研究科国際経営学専攻のアンケート結果

早稲田大学は，2003年新入生74人にアンケートを送付し，10人から返信があった（回収率：13.5％）。一橋大学と比較して回収率が低いため，妥当性は低いが，参考データとして捉えていただきたい。まず，アンケート結果の基本統計量を示す。

## 3 合格のためにキーとなる科目

統 計 量

|  |  | 小論文 | 英語 | 研究計画書 | 面接 |
|---|---|---|---|---|---|
| 度数 | 有効 | 10 | 10 | 10 | 10 |
|  | 欠損値 | 0 | 0 | 0 | 0 |
| 平均値 |  | 3.80 | 2.70 | 4.60 | 4.10 |
| 中央値 |  | 4.00 | 3.00 | 5.00 | 4.00 |
| 標準偏差 |  | .919 | 1.494 | .699 | .994 |
| 分散 |  | .844 | 2.233 | .489 | .989 |
| 最小値 |  | 2 | 1 | 3 | 2 |
| 最大値 |  | 5 | 5 | 5 | 5 |

　平均値を見ると，研究計画書が4.60で最も重要であるということが理解できる。次に，面接の4.10，そして，小論文3.80，英語2.70という順になっている。研究計画書の重要性がかなり高く，英語の重要性がかなり低くなっていることが特徴的である。重要度のポイントが最も高い研究計画書と最も低い英語との差は，1.9ポイントの差が見られることから，重要度の差が明らかに理解できる。

　標準偏差を見ると，研究計画書が.699と最も小さくなっており，研究計画書を重要であるとあげた人のばらつきが小さいことが理解できる。英語に関しては，標準偏差が1.494となっており，最も高い数値を示している。これは，英語の重要性に対して，人によって意見が異なっていることを表していると解釈することができる。この点は，英語の最大値と最小値を見ても明らかである。

　最頻値に関しては，慶應義塾大学，一橋大学同様に，研究計画書が5となっており，研究計画書を最も重要であると考える現役MBA学生が多いということがデータから読み取れる。

　よって，早稲田大学大学院アジア太平洋研究科国際経営学専攻では，①研究計画書，②面接，③小論文，④英語という順で合否に対する影響力があるといえる。やはり，受験生として社会人が大多数を占めているため，英語のウエイトを低くしているのかもしれない。受験勉強にあたっては，上記の順で力を入れるとよいかもしれない。

　以下に，小論文，英語，研究計画書，面接に関する早稲田大学のデータを示しておく。

第3章　合格する研究計画書とは

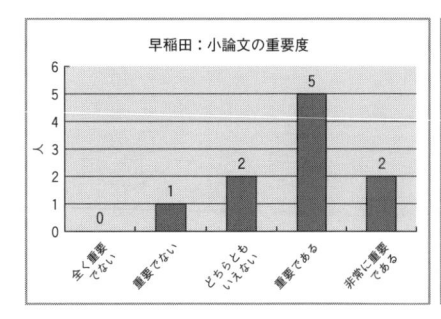

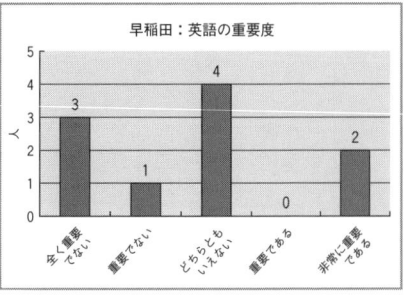

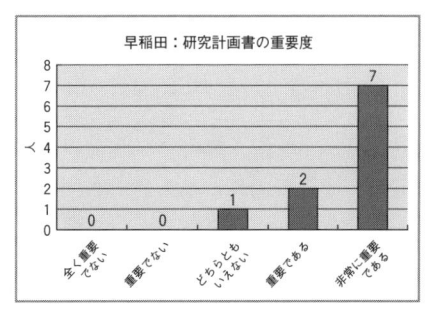

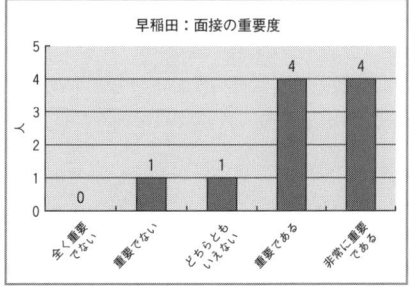

**早稲田：小論文の重要度**
- 全く重要でない: 0
- 重要でない: 1
- どちらともいえない: 2
- 重要である: 5
- 非常に重要である: 2

**早稲田：英語の重要度**
- 全く重要でない: 3
- 重要でない: 1
- どちらともいえない: 4
- 重要である: 0
- 非常に重要である: 2

**早稲田：研究計画書の重要度**
- 全く重要でない: 0
- 重要でない: 0
- どちらともいえない: 1
- 重要である: 2
- 非常に重要である: 7

**早稲田：面接の重要度**
- 全く重要でない: 0
- 重要でない: 1
- どちらともいえない: 1
- 重要である: 4
- 非常に重要である: 4

◆参考文献◆

1）影山貴彦（2002）『社会人大学院生入門～社会人だからこそ楽しめる～』世界思想社
2）妹尾堅一郎（1999）『研究計画書の考え方～大学院を目指す人のために～』ダイヤモンド社
3）東京図書編集部編（1997）『社会人のための大学院の歩き方（第2版）』東京図書
4）日経BPムック（2001）『社会人・学生のための日経大学・大学院ガイド～2001年春号～』日経BP

# 大学院別 研究計画書 Study Plan Sheet 作成上のポイント

第4章

　本章では，研究計画書作成上のポイントを大学院別に述べていく。各大学院の質問項目ごとに，皆さんが研究計画書を作成するうえで留意すべき点をあげていく。枝葉末節な点は，ここでは説明しないが，この点に関しては，第5章の「合格者の研究計画書実例」を参考にしていただきたい。自分が受験しようとしている大学院では，どのようなことが質問されているのか，そして，その質問には，どのように対処したらよいのか，という研究計画書作成におけるベースとなる点を，本章で把握していただきたい。

　なお，本章で紹介する各校の質問項目は，2002年度の入試要項を参考に書かれている。そのため，2003年度以降において，質問項目などが変更になる場合があることをあらかじめご了承いただきたい。

## 1　青山学院大学大学院　国際マネジメント研究科

　青山学院大学は，志望理由書を提出しなければならない。志望理由書は，A4判2枚，2,400字程度でワープロで作成することになっている。記述内容に

関する具体的な指示はない。よって，2,400字程度で何を記述するかであるが，合格者の研究計画書から判断すると，志望動機と研究テーマに関して記述すればよいだろう。

## ① 志望動機

　ここは，第2章で行った自己分析結果を用いて書くことによって，論理的で説得力のある内容にすることができる。

　現状の自分とキャリアゴールとのギャップを明らかにし，そのギャップを埋めるためには，現状を維持するより，MBAに進学することのほうが，ギャップを埋める方法として有効であることを示せばよいわけである。

　書き方としては，まず，キャリアゴールを示そう。次に，現状の自己分析を行い，キャリアゴール達成に向けた現状の自分の強みと弱みを明らかにする。そして，弱みを克服し，強みを伸ばし，キャリアゴールにより近づくためには，現状維持よりMBAを選択するのが有効である，という論理展開にすると，読み手である大学側にも理解しやすく，論理的な整合性があるため評価が高いと考えられる。

　なお，MBAを選択することの有効性に関しては，早稲田大学の質問項目③（84頁）を参考にしていただきたい。

## ② 研究テーマ

　研究テーマに関しても，第2章で行った自己分析から漠然としたものは浮かび上がってくる。第2章で示したAさんの事例では，組織・人材マネジメントの変革であった。

　これをさらに絞込みを行い具体化し，研究可能なテーマを設定することになる。絞込みを行い具体化するための方法として，先行研究をレビューすることをお勧めする。第2章で示したAさんの場合は，組織・人材マネジメント変革に関する先行研究を読み込むことである。先行研究を読むことによって，組織・人材マネジメント変革に関する理論を学ぶことができる。理論を学び，こ

れに自分自身の経験をプラスすることによって，新たな研究テーマが生まれてくる。誰も思いつかないような斬新なテーマである必要はないが，研究計画書を審査する人が，この研究はおもしろそうだ，と感じるようなテーマを見つけ出そう。

研究テーマの具体的な設定プロセスは，神戸大学の質問項目①で詳細に述べているので，66頁を参考にしていただきたい。研究方法（質的方法や量的方法）に触れる場合は，方法論に関する知識をある程度持ったうえで記述すべきである。第2章で紹介した質的アプローチや量的アプローチに関して勉強したいという方は，第6章でリサーチの方法論を学ぶための推薦図書を紹介しているので，そちらの文献を参考に勉強していただきたい。

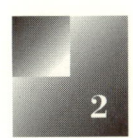

## 2 慶應義塾大学大学院
### 経営管理研究科

慶應義塾大学の質問項目は，16項目で構成されている。「あなたは奨学金を必要としますか」というような思考を必要としない選択式の質問項目は除いて，8項目を紹介する。なお，慶應義塾大学の場合は，ワープロで作成しても，手書きでもどちらでもかまわないが，ワープロで作成している受験生が多いようだ。

> ① 大学（学部・大学院）での自分の学業成績（成績証明書の内容）は，あなたが本研究科修士課程で勉強するにあたっての能力を推察する資料たりうるか，あなたの考えを述べてください（必要ならば，全体的な成績あるいは特定の分野の成績について分けて記述のこと）。

大学での学業成績が，慶應義塾大学の修士課程で勉強する際の能力を推測する資料となりうるかどうかを質問されているので，まず，なりうるかなりえないかを記述する必要がある。そして，なりうる場合は，なりうる理由を，なりえない場合は，なりえない理由を記述する必要がある。

日本の大学の場合，大学での授業や試験などは，知識を問うものが多い。し

第4章　大学院別研究計画書作成上のポイント

かし，慶應義塾大学大学院に入学後に行われるケーススタディは，知識をベースに論理的に考える論理的思考力を要求される。よって，大学の成績が優秀な人は，ケーススタディを行ううえでの知識が豊富であるという点において，修士課程で勉強する際の能力を推測する資料となりうると考えることができる。しかし，大学の成績は，知識ベースでの判断であり，論理的思考力を反映したものではないため，修士課程で勉強する際の能力を推測する資料となりえないと考えることもできる。どちらにするかは，皆さんの判断である。

　また，大学時代の学業成績が良くない人も当然いるはずである。その場合は，大学時代に学業以外で自分が取り組んだこと（クラブ活動やサークル活動）をあげ，その活動に尽力していたため，修士課程で勉強する際の能力を推測する資料とはなりえない，とするのがよいだろう。しかし，学業成績の中で特定の科目において優秀な成績をあげている場合や，フィールドワークなど特殊な形態で学んだ経験がある場合は，それらについては，修士課程で勉強する際の能力を推測する資料となりうるとしたうえで，具体的に述べるのもよいだろう。

> ② あなたは大学（学部・大学院）時代に表彰されたことがありますか。また，どのような課外活動やサークル活動をしていましたか。それらがあなたのキャリア形成にとってどのような意義があったかを述べてください。

　表彰されたことがある人は，表彰経験について，具体的に記述しよう。表彰されたことのない人は，表彰されたことはないとしたうえで，課外活動やサークル活動を取り上げてアピールしよう。

　課外活動やサークル活動は，学生が主体となって運営する自律型の組織である。その中での経験から，キャリア形成における意義を記述していけばよいだろう。例えば，チーム活動からチームマネジメントの大切さを学んだとか，人と人との関係性，自由なコミュニケーション，信頼関係が結果（成果）に大きく影響するということを学んだなど，自分の経験の中から，マネジメントに関係する点を抽出し記述していけばよい。

　また，課外活動やサークル活動で主将や代表などを務めた経験は，リーダーシップのある人間だということをアピールする機会であるので，記述しておこ

う。

> ③ あなたが大学（学部）を卒業してから現在までの実質的な実務経験について，あなたが重要と判断するものを3つまで，古い順に下記欄に記述してください。学部卒業見込の方は，在学中あるいはそれ以前に実質的な実務経験をしていれば，それを記述のこと（ただしクラブ活動の類は除きます）。

　実務経験を3つあげるわけだが，これは必ずしも異なる会社や異なる部署別に書くことを要求されているわけではない。同じ会社の同じ部署に何年も所属していた場合でも，異なる経験をしていれば，その経験は，それぞれ1つの経験とみなして記述しても問題はない。例えば，A社のB課（部）にずっと所属していたとしても，レギュラー業務以外に，プロジェクトチームに参加した場合などは，レギュラー業務とプロジェクトチームは別々に記入すべきである。

　仕事内容の記入はできるだけ具体的に記入しよう。例えば，マーケティング部門で情報の収集と分析を行った場合には，どのような情報をどのような手段で収集し，どのように分析したのかまで記入すればよいだろう。

　その仕事から得られたものとしては，マネジメントに関連する点をあげるべきである。例えば，上記の例では，マーケティング部門で分析をすることによって，意思決定に科学的な視点を持ち込むことの重要性を知ったという形になる。そのほか，リーダーシップの大切さを知った，経営理論の大切さを知ったなど，皆さんが素直に感じたことを書くことをお勧めする。

> ④ 本研究科修士課程で勉強することは，あなたの将来にとってどのような意味を持っていますか。将来の計画ないし希望を具体的に記述してください。

　ここは，第2章で説明した自己分析をしっかり行っていれば，自然と書くことができる。将来の計画や希望は，自身のキャリアゴールであり，現状の自分とキャリアゴールの間にはギャップがある。このギャップを埋めるために，自分の強みを伸ばし，弱みを克服するための機会が慶應義塾大学で勉強することである。という流れで記述すればよい。第2章で行った自己分析をもとに記述

しよう。

> ⑤ あなたは，自身にどのようなリーダーとしての素養があると考えていますか。あなたのこれまでの経験をもとに具体的に説明してください。

　学生時代には，部活動の部長やゼミでのゼミ長，就職後には，プロジェクトのリーダーやマネージャーなどのオフィシャルなリーダー経験を記述すればよいが，それらの経験がない人は，学生時代の経験や仕事の経験の中から，なんらかのリーダー的な素養を見いだし記述すればよい。これまで，なにもリーダー的な役職についた経験がない人も心配する必要はない。

　Michael Zwell（2000）は，**リーダーに必要とされるコンピテンシー**として，以下をあげている。

- ビジョナリーリーダーシップ
- 戦略的思考力
- 起業家精神
- 変革マネジメント力
- 組織全体のコミットメントを築く力
- フォーカスを定める力
- 目的・理念・価値観を築く力

　これらコンピテンシーの詳細な説明は省略するが，皆さんが研究計画書を書く際には，まず，リーダーシップとは何かについて定義するとよいだろう。その定義として，上記のMichael Zwellの7つのコンピテンシーのうちのどれかを用いてもよいし，他の著書からなんらかの定義を引用してもよい。そして，その定義に基づいて，自分の学生時代の経験や実務経験から，自分が定めた定義に合致する経験をピックアップして記述すればよいのである。

　なお，Michael Zwellの本を参考にしたいという方は，本章の最後に参考文献を掲載したので，そちらを参照していただきたい。

> ⑥ あなたは，自分の仕事あるいは勉強以外で，どのような事柄に強い関心や興味がありますか。例えば，趣味・地域活動・ボランティア活動，あるいは政治・社会・文化等も含めて，具体的に記述してください。

　この質問項目は，受験者がマネジメント以外の社会活動に，どの程度関心を持っているかを知ることが目的である。よって，自分が関心を持っていることについて自由に記述していけばよい。昨今話題になっているテーマを取り上げ，そこから自分の関心のある事柄につなげていけば良い印象を持たれるだろう。例えば，イラク攻撃，北朝鮮問題，若者の倫理観の欠如などに触れたうえで，自分の興味のある世界秩序，家庭教育，学校教育などに言及するという流れである。
　この事例に限らず，自分の興味のある分野を自由に記述しよう。

> ⑦ ＜ミニ分析課題＞　以下の設問について自由に意見を述べてください。
> 自治体・学校・病院等の存在目的が企業の目標と異なることは言うまでもありません。では，マネジメントについては両者のどういう点が共通で，どのような点が異なるでしょう。

　この設問は，受験生の論理的思考能力をテストするためのものであり，毎年，設問内容は変更される。論理的思考能力はMBA合格のための重要な要因であることは，すでに第3章で述べた。ここに掲載したものは2002年の設問であるが，2001年は「使える英語を重視した本格的な英語プログラムの導入について」というテーマであった。
　本設問の具体的な記述方法は，小論文の書き方などの本を参考にしていただきたい。ここでは，このような設問における文章の構成の方法に関して述べる。
　まず，「要約（abstract）」を述べよう。要約とは，通常は，文章全体のことを要約したものを指すが，本問のようなショートエッセイの場合は，文章全体の要約というより，結論だけを述べればよい。上記の質問で，要約を述べるということは，マネジメントにおける共通な点と異なる点をまず最初に述べるのである。なぜ，要約を最初に述べるのかというと，読みやすい文章にするため

## 第4章　大学院別研究計画書作成上のポイント

である。なぜ，要約を述べることが読みやすい文章につながるのかというと，最初に結論を述べておけば，以後の文章で書き手がどのような論理を展開するのかが，読み手に最初に伝達されるからである。

よく日本の文章作成技法としてあげられる起承転結という方法では，結論が最後までわからない。最後まで読んでやっと結論がわかるのである。これは，読み手にとっては大変な負担である。なぜなら，最後まで神経を集中して読まないと書き手のいいたいことが理解できないからである。要約で，あらかじめ結論を述べておけば，読み手としては，最も重要な点を一番最初に理解することができる。さらには，要約の後の文章を読む際も，結論が理解できているため，以後の文章の展開を予測できるのである。

よって，要約を入れるということは，読み手である大学側の負担を軽減することになる。受験生の志願書を読むことが好きで好きでたまらないと考える大学側の人間などいるはずがない。大学側でも，できるだけ少ない労力ですませたいと考えているはずである。だとしたら，読み手の負担を軽減する文章を書くことは，好印象を与え，合格へ近づくことにつながる。早稲田大学大学院の論文作成法講座の倉島保美氏は，文章の評価は［内容×伝達効率］によって決定されると指摘している。要約を入れることによって，伝達効率は飛躍的に向上するのである。よって，要約をまず最初に入れることをお勧めする。

要約を入れたら，次に「根拠」を示していこう。例えば，要約部分に，共通の点を2つ①②として記述し，異なる点を2つ③④として記述したとしよう。この場合は，まず，共通の点①から順に根拠を説明していく。①～④まで順番に要約で結論を示した以上，その順番どおりに根拠を示していくことが，読み手にとって最も負担が少ないであろうからである。

そして，最後に，「まとめ」を記述するのがベストであろう。

以上を図で表すと，**第14図**のようになる。

**第14図**

要約
- 共通点①
- 共通点②
- 異なる点③
- 異なる点④

根拠
- 共通点①の根拠
- 共通点②の根拠
- 異なる点③の根拠
- 異なる点④の根拠

総括
- まとめ

⑧ もし以上の項目以外にアピールしたい事柄があれば以下に書いてください（前で述べたことを繰り返さないように）。

　ここは，これまで述べていないが自分がアピールしたい点を記述することになる。これまで書いたこと以外にアピールしたいことがなければ，記入の必要はない。これに関しては，第5章の合格者の実例を参考にしていただきたい。合格者の研究計画書を見ると，記入している人もいれば，記入していない人もいるということはお知らせしておく。

第4章　大学院別研究計画書作成上のポイント

## 神戸大学大学院
### 3　経営学研究科

　神戸大学の質問項目は，5つである。以下，5項目を紹介するとともに，研究計画書作成上のポイントを指摘していく。

> ① 本研究科において探究しようとする研究課題を，具体的な研究テーマにふれながら述べること。

　「研究課題を研究テーマにふれながら述べる」必要があるわけだが，研究課題と研究テーマとの違いは何だろうか？　この点を明らかにしなければ，この設問に回答することはできない。そこで，研究課題と研究テーマの位置づけをはっきりさせてみよう。筆者の考えであるが，研究課題とは，より大きな概念であり，その概念の中で，自分が研究したい具体的なテーマのことを研究テーマと呼んでいると考える。

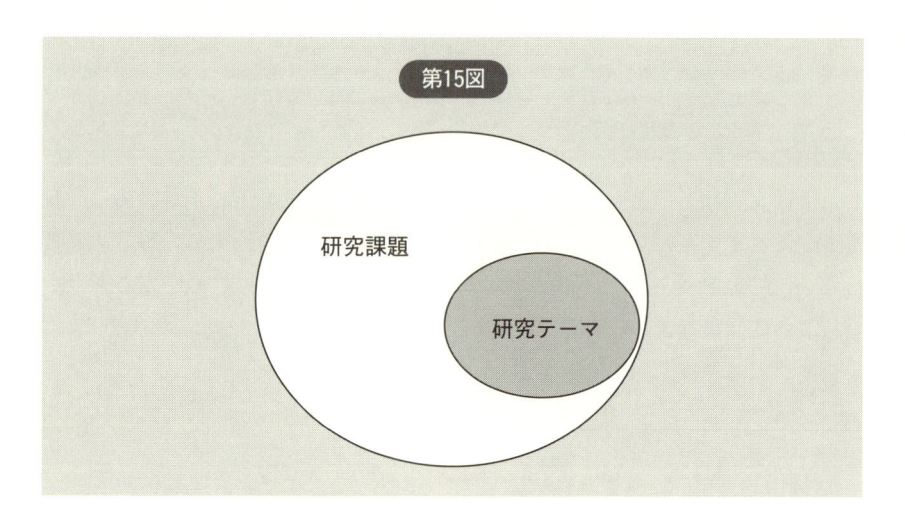

第15図

研究課題

研究テーマ

研究テーマ設定に関しての注意点は，以下のとおりである。

ⓐ　できるだけ絞込みを行う。
ⓑ　Between A and B（AとBの関係）の形で述べる。

ⓐのできるだけ絞込みを行うというのは，あまりにも広いテーマは避けるということである。

例えば，研究テーマとして，「組織・人材マネジメントの変革」というのはあまりにも広すぎる。組織・人材マネジメントの変革といっても，これだけでは，具体的に何を変革するのかが明確になっていない。インセンティブシステムなのか，組織構造なのか，それとも組織文化なのか，できるだけ研究テーマを狭く設定することによって，研究のポイントが明確になる。

では，どのようにして絞り込んでいくかであるが，自分の経験と先行研究の2つを用いて絞込みを行うのである。ただし，あくまで入学前の研究計画書であるので，完璧なテーマ設定は要求されていない。よって，ある程度まで絞込みを行えばよい。

次に，ⓑのBetween A and B（AとBの関係）について述べる。これは，Aが起こると，Bが起こる，という因果関係を表している。

例えば，研究課題が「組織・人材マネジメントの変革」であるとしよう。この研究の目的は，「組織・人材マネジメントの変革の成功要因は何か？」を明らかにしようということである。つまり，組織・人材マネジメントの変革を成功に導く要因は何か，ということである。成功に導く何らかの要因が原因となって，組織・人材マネジメントの変革は成功するのである。図に示すと，**第16図**のようになる。

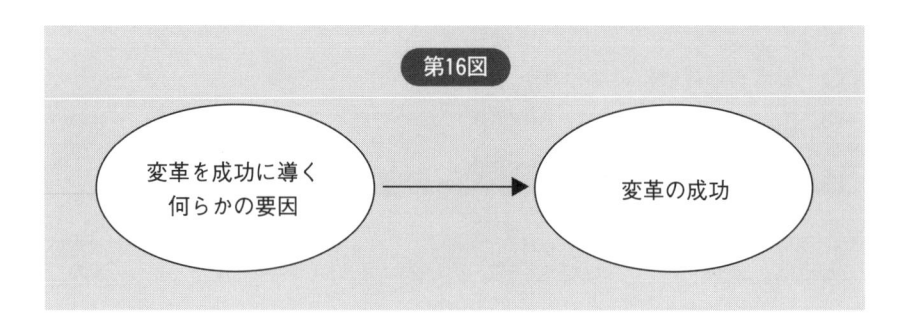

## 第4章　大学院別研究計画書作成上のポイント

**第16図**

変革を成功に導く何らかの要因 → 変革の成功

　上図は，Between A and Bの形になっている。つまり，「成功に導く要因と成功の関係」ということである。このようなテーマが好ましい理由は，変革を成功に導くには，何をすればよいのかが明確になるからである。変革に必要な要因は，自分の過去の経験や先行研究によってある程度はわかっているが，それが本当にそうなのか，そして，変革の成功に最も強く影響している要因は何か，という理論的な裏付けをとることが研究の目的なのだ。

　では，具体例を用いて説明しよう。ここでは，第2章の❸「キャリアゴールの設定と自己分析」で例示したAさんに再度登場していただこう。Aさんは，組織・人材マネジメントの変革スキルを身につけたいということであった。ということは，Aさんの研究課題は，組織・人材マネジメントの変革である。

　次に，Aさんの研究テーマは何だろうか？　この場合，ある程度の先行研究を読まなければならない。そして，組織・人材マネジメントの変革を実施するに際して，キーとなる要因をピックアップすることである。ここではDaft (2001) の先行研究から，Aさんの研究テーマを見つけ出してみよう。Daftは，変革に成功をもたらす一連の要素として，5つをあげている。

　1つ目は，変革のアイデアである。アイデアとは，物事の新しいやり方である。それは，新しい製品やサービスであったり，新たな経営概念であったりする。このようなアイデアが変革には必要なのである。2つ目は，変革の必要性である。変革の必要性が認識されていないかぎり，アイデアが真剣に検討されることはほとんどないのである。変革の必要性が認識されるのは，マネージャーが組織における実際のパフォーマンスと望ましいパフォーマンスとの差に気づくときである。3つ目は，変革の採択である。採択が行われるのは，提案さ

れた変革のアイデアに沿って進むことを意思決定者が選択したときである。4つ目は，変革の実行である。変革の実行が始まるのは，組織のメンバーが実際に新しいアイデアや技法，行動を実行したときである。5つ目は，変革のための資源である。変革を引き起こすためには，人間のエネルギーと行動が必要である。変革はひとりでに起こるわけではない。従業員は，変革の必要性とそれを満たすアイデアを満たすためのエネルギーを提供しなければならない。

以上，変革の5つの要素を図で表すと，**第17図**のようになる。

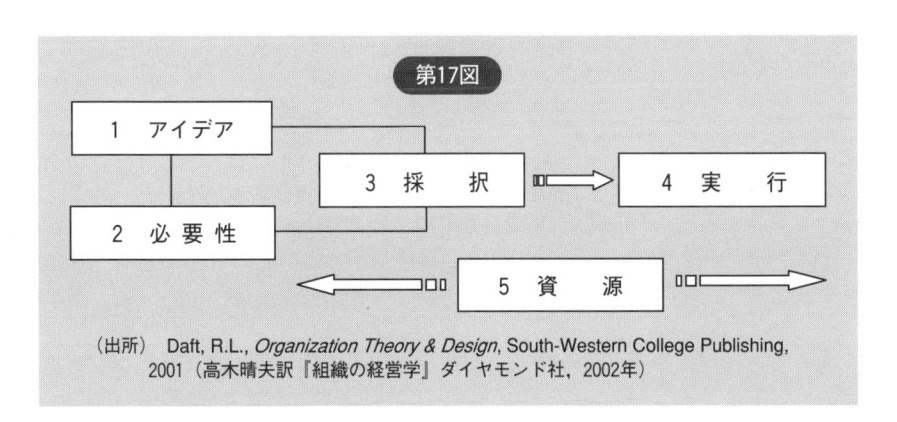

第17図

```
┌──────────┐
│ 1 アイデア │──┐
└──────────┘  │   ┌──────────┐      ┌──────────┐
              ├──→│ 3 採 択 │═══⇒│ 4 実 行 │
┌──────────┐  │   └──────────┘      └──────────┘
│ 2 必要性  │──┘
└──────────┘
              ⇐═══ ┌──────────┐ ═══⇒
                    │ 5 資 源 │
                    └──────────┘
```

（出所）Daft, R.L., *Organization Theory & Design*, South-Western College Publishing, 2001（高木晴夫訳『組織の経営学』ダイヤモンド社，2002年）

Daftの研究は，先行研究のほんの一部であるが，AさんはDaftの変革に関する研究に興味を持ち，Daftの理論が変革を行ううえで日本企業においても有効な手段なのか，という点を研究したいと考えるようになったとしよう。この場合，Aさんは，研究テーマとして，どのようなテーマを設定すべきだろうか？考えなければならないことは，先に示した2つのポイントである。絞込みとBetween A and Bである。

さまざまな研究テーマが考えられるが，一例を述べてみよう。
ⓐ 日本企業における変革の成功と資源の関係
ⓑ 日本企業における採択プロセスの研究
ⓒ 日本企業の組織変革におけるアイデア創出におけるキーパーソンの属性
ⓓ 日本企業における5つの変革要因と変革成功の関係

以上は，ほんの一例であるが，Aさんが最も興味を持った点を研究テーマとして設定すればよいことになる。研究テーマは，自分の業務上の経験と先行研

## 第4章 大学院別研究計画書作成上のポイント

究のレビューを通して決定される。ここまでの説明で、研究テーマの設定のためには、ある程度、先行研究を読み込む必要があることがおわかりいただけたと思う。研究テーマの設定は、自分の経験に先行研究をプラスして行うと、読み手に対する説得力が高まるのである。

以上、長々と研究課題と研究テーマについて説明してきたが、さらに、研究の背景も述べておく必要がある。Ａさんの例では、なぜ、組織改革に興味を持ったのかという点である。この背景に関しては、自分の業務経験を記述すればよい。過去の合格者の研究計画書においても、過去の業務経験を背景で述べているものが多い。

> ② これまでの経験、仕事上の業績・経験についてふれながら、それらが上記の研究課題に対してどのように役に立つか、関連性を述べること。なお、今後の研究にかかわりのある範囲内で、これまでの経歴を通じて利用可能な情報源（データベース、経済団体等）にも言及すること。

過去の業務経験が①の研究課題にどのように役立つかを記述することになる。先のＡさんの事例では、硬直的な組織に身を置いているため、硬直的な組織の問題点を把握している。また、硬直化させる要因は何なのかを経験ベースではある程度理解できている。これらの経験が、企業の現状分析をするうえで役に立つというロジックを組み立てることができる。ここはそれほど難しくないと思われるので、第5章の合格研究計画書の実例を参考にしていただきたい。

次に、これまでの経験を通じての利用可能な情報源について説明する。神戸大学の志願者は、仕事を持ちながら勉強する人がほとんどであると思われるので、自分の属する組織のデータベースなどの使用が可能である。また、過去に仕事上で付き合ってきたパートナー企業や行政なども有効な情報源であると考えられる。よって、過去の自分の業務を振り返って、利用可能な資源（情報源）をピックアップしてみよう。あとは、それをまとめるだけである。

> ③ 上記研究課題の達成のために本研究科が有するどのような資源（教官，図書館，コンピューター施設等）をどのように活用していくのか，簡潔に述べること。

### ★教官，大学

　教官をどのように活用するかであるが，まず，基本的な知識の習得のための利用である。これは通常の授業の利用によって達成できる。さらに，研究課題達成のためには，教官がよき支援者となってくれる。研究課題の達成は，自分で行うわけだが，自分だけで考えていると壁にぶつかることが何度もある。そのようなときに，教官とのディスカッションは，クリエイティビティを喚起し，イノベーションを促進し，サムシングニューを生み出すうえでの起爆剤になりうるものである。また，質的あるいは量的な方法論に関して，学生に十分な知識がない場合には，教官からのアドバイスが方法論を身につけるうえでは有効である。さらには，研究課題達成のために1次データを収集しなければならない場合は，教官のネットワークを利用することも可能である。また，1次データ収集時に，神戸大学のブランド力もデータ収集時の貴重な資源である。

### ★図書館，コンピューター

　図書館やコンピューターは，先行研究を提供してくれる場所である。先に示したとおり，先行研究の重要性は高い。先行研究の文献は，コンピューターで検索することもでき，また，コンピューターに収容されていない文献に関しては，図書館に保存されている場合が多い。先行研究の調査は，研究課題達成のためには必須であるので，先行研究のある図書館やコンピューターは必需品である。筆者は修士論文作成のために，毎日，大学のコンピューターや図書館を利用した。

> ④ 本研究科での研究成果を今後の仕事の上でどのように活用できるか，その期待や希望を述べること。

　ここは，第2章で説明した自己分析をしっかり行っていれば，自然と書くこ

とができる。将来の期待や希望は，自身のキャリアゴールであり，すでに皆さんは第2章でキャリアゴールの設定は終わっているはずである。よって，第2章の自己分析をもとに書けばよいので，これ以上説明はしない。第2章の自己分析結果をもとに，第5章の実例を参考に書いてみよう。

> ⑤ 上記研究課題の各項目を実施するために，どのような研究活動をどのような日程で進めていくか，具体的に述べること。

　ここでは，量的方法を用いた研究と質的方法を用いた研究に分けて典型的なパターンを示す。ここで紹介するのは，典型的なパターンであって，これが正しいというわけではないので，本項と第5章の研究計画書の実例を参考に各自作成してみてほしい。

## ★量的方法を用いた研究の場合

　量的方法とは，第2章で説明したとおり，アンケート調査や構造的インタビューを行う方法である。ここでは，質問票を作成して，アンケート調査を行う場合の日程について例示する。

〈1年目〉
- 4月〜12月　：自分の研究テーマに関する先行研究としての文献を読む。
- 1月〜2月　：先行研究から得た知識を自分の研究テーマに反映させ，自分のモデルや仮説を構築する。

〈2年目〉
- 3月〜5月　：質問票作成とサンプリングフレームの作成
- 6月　　　　：質問票のパイロットサーベイ
- 7月　　　　：質問票の発送
- 8月　　　　：データ入力，執筆開始
- 9月　　　　：解析開始
- 10月　　　：解析終了
- 修士論文提出日：　　　執筆終了

## ★質的方法を用いた場合

　質的方法とは，第2章で紹介したとおり，インタビューなどによって，質的データを収集し，分析する方法である。ここでは，ケーススタディを用いた場合の研究日程について例示する。

〈1年目〉
- 4月～12月：自分の研究テーマに関する先行研究としての文献を読み，先行研究で明らかになっていない要素や先行研究に対して，まだ発見されていない領域を見つける。
- 1月～3月：研究対象となる事例を決定し，インタビュー協力企業を決定する。

〈2年目〉
- 4月～5月：パイロットケーススタディの実施とコーディングによる分析を並行的に進め，モデルの構築をする。
- 6月～8月：パイロットケーススタディから導かれたモデルの外的妥当性（external validity）を研究するため，再度ケーススタディを実施しコーディングによる分析を行い，モデルの再構築する必要があれば再構築する。
- 9月：執筆開始
- 修士論文提出日：終了

　以上，量的方法と質的方法を用いた日程を示したが，本設問に答えるには，研究の方法論に関する知識が必要になる。方法論の知識を持っていない人は，方法論に関して解説した良書を第6章「推薦図書」で紹介しているので，読んでみるとよいであろう。

## 筑波大学大学院 ビジネス科学研究科

筑波大学は特に質問項目を設定していないが，以下のような指示が出されている。
- 計画書本文は，Ａ４判の用紙を使用してワープロ等により作成すること。
- 計画書には，入学した場合に取り組みたい研究課題について，具体的に分かりやすく，系統だてて記入すること。
- 研究計画書には図表のみ，あるいは文章のみという表現は避けること。
- 研究課題と現在または過去の自分の職務との間の関連について記入すること。
- 研究課題についてすでに研究を進めている場合には，これまでどのような進め方をしてきたかについて記入すること。
- 入学後に研究をどのように進めて行こうと考えているかについて，方法論やアプローチの仕方を含めて具体的に記入すること。
- 研究課題とすでに行われている類似の研究との関連について記入すること。
- 計画書本文はＡ４判３〜６枚の分量とし，図・表・箇条書きを活用して読みやすくまとめること。これにより極端にページ数がずれる場合には審査上不利になることがある。

さらに，筑波大学では，以下に示すとおり，プロジェクト実施内容と研究方法のそれぞれについて，キーワードを２つまで選択して，それをもとに記述する形態となっている。

なお，筑波大学の場合は，以下の多数のキーワードから自分のテーマに合致したものを選択して，研究計画書を作成するという形態のため，ここで具体的な説明をすることは避ける。なぜなら，選択肢の数があまりにも多く，これらをすべて説明することは紙面の関係で不可能であるからである。よって，以下の選択肢を明示するにとどめる。書き方に関しては，第５章の研究計画書の実例を参考にしていただきたい。

● キーワード

A　プロジェクト実施内容（2つまで選択し，○を付ける）
・アドミニストレーション理論
1．組織論　2．事業戦略，企業戦略　3．HRM（人的資源，人材開発）
4．企業行動　5．企業論理　6．安全衛生　7．市場研究　8．マーケティング　9．消費者行動　10．研究開発・製品開発管理　11．生産管理　12．ロジスティックス　13．財務会計　14．管理会計　15．IR　16．企業金融　17．金融市場　18．技術開発戦略　19．高等教育　20．非営利組織マネジメント
・クオンティティブアナリシス
21．統計解析　22．確率システム　23．数理計画・最適化　24．経営科学　25．品質経営　26．環境マネジメント　27．技術開発　28．安全工学　29．信頼性工学　30．社会システム　31．金融工学
・ネットワーク＆インフォメーション技術
32．ネットワーク　33．通信　34．情報システム　35．ソフトウエア工学　36．情報基盤マネジメント　37．人工知能　38．知識工学　39．グループウエア　40．ユーザーインターフェース　41．プログラミング　42．情報技術　43．マルチメディア　44．情報教育　45．複雑系工学　46．ヒューマンコンピュータインタラクション　47．データベース
その他　48．（　　　　）　49．（　　　　）

B　研究方法
1．事例研究　2．仮説検証　3．実施・具現化　4．追跡調査　5．フィールドワーク　6．実験的調査　7．パイロット研究　8．トライアル研究　9．パフォーマンス評価　10．リスク評価　11．リスクマネジメント　12．統計的データアプローチ　13．数理モデルアプローチ　14．システムズアプローチ　15．最適化技法　16．評価・尺度構成　17．シミュレーション　18．ゲーム理論　19．LCA（Life-Cycle-Assessment）　20．感性工学　21．システム工学　22．認知科学的アプローチ　23．人口知能　24．複雑系　25．ニューラルモデル　26．ネットワーク設計・評価　27．ヒューリスティックアプローチ

28．データマイニング　29．システム開発・評価　30．実証実験　31．その他
（　　　）

## 5　日本大学大学院
## グローバル・ビジネス研究科

　日本大学の場合，1,000字〜1,200字で作成するという以外，何の指示も出ていない。作成方法に関しても，ワープロでも手書きでもどちらでもよい。ただし，研究テーマを記述する欄が一番最初に設けられている。
　どのように書くかは，皆さんの自由であるが，1つ例をあげておこう。
　研究テーマを最初に書かなければならないので，当然，研究テーマをタイトルとして記述することになる。タイトルとして研究テーマを設定したら，本論は以下のように書くとよいだろう。

・研究テーマ設定の背景
・研究計画

　いずれにしても，1,000字〜1,200字であるので，簡潔に述べる必要がある。
　研究テーマに関しては，神戸大学の設問①で説明しているので，そちらを参考にしていただきたい。
　研究テーマ設定の背景に関しては，研究テーマ設定に至った背景を，自分自身の実務経験から詳細に記述するとよいであろう。
　研究計画に関しては，神戸大学の設問⑤で説明しているので，そちらを参考にしていただきたい。方法論に関する知識を持たない人は，方法論の基礎的なことを勉強しておこう。

## 6 一橋大学大学院
## 商学研究科　経営学修士コース

　一橋大学の商研は，以下の4つの質問項目に関して，2,000字程度で回答するという形態である。各質問項目ごとの字数の指定はなく，全部をまとめて2,000字程度で記述するという形態であるので，全体のバランスを考慮しながら書く必要がある。なお，一橋大学の商研では，研究計画書と呼ばずに，将来計画書と呼んでいる。作成はワープロである。

### ① 今までの職歴・地位（社会人のみ）

　ここは，これまでの職歴や地位をできるだけ具体的に記述しよう。どのような会社で，どんな業務を，どのくらいの期間行ってきたのかを，時系列で示そう。

　ここでは，学校側は，志願者のバックグラウンドを知りたいのである。経歴は合否決定にあたっての重要な要因であることは，第3章で示したとおりである。MBAの授業は，チーム制やディスカッション形式の授業が多いため，さまざまなバックグラウンドを持つ人が交わることによるイノベーションやクリエイティビティが期待されているのである。

### ② 志望動機

　ここは，第2章で行った自己分析結果を用いて書くことによって，論理的で説得力のある内容にすることができる。

　現状の自分とキャリアゴールとのギャップを明らかにし，そのギャップを埋めるためには，現状を維持するより，MBAに進学することのほうが，ギャップを埋める方法として，有効であることを示せばよいわけである。

　書き方としては，まず，キャリアゴールを示そう。次に，現状の自己分析を行い，キャリアゴール達成に向けた現状の自分の強みと弱みを明らかにする。

そして，弱みを克服し，強みを伸ばし，キャリアゴールにより近づくためには，現状維持より，MBAを選択するのが有効である，という論理展開にすると，読み手である大学側にも理解しやすく，論理的な整合性があるため評価が高いと考えられる。

なお，**MBAを選択することの有効性**に対する根拠としては，以下のような点をあげるとよいだろう。

- 経営に関する知識習得
- 論理的思考力の養成
- プレゼンテーション能力の向上
- 創造の方法論の習得
- 人脈（教授や学生同士）
- 分析能力の向上（質的研究ではコーディングの手法や量的研究では統計解析の習得）
- チームマネジメントの実践

以上が，MBA選択の有効性の根拠として考えられる点である。このような機会がMBAでは得ることができるのである。これはあくまで筆者の考えであるので，これにこだわる必要はないので，自分自身で考えてみていただきたい。

第5章の研究計画書の実例は，上記の論理展開によって書かれているので，具体的な事例は，第5章を参考にしてほしい。

### ③ 入学後の計画

入学後の計画としては，研究テーマ，その研究テーマに関する先行研究，研究方法について記述すればよい。一橋大学の場合は，神戸大学とは異なり，具体的な研究日程を示すことまでは要求されていない。これは，過去の合格者の研究計画書を見ての判断である。

研究テーマの設定の仕方は，神戸大学の質問項目①（66頁）を参考にしていただきたい。研究方法に関しては，研究テーマによって，質的アプローチを用いるか，量的アプローチを用いるかを選択することになるので，研究方法論の

基礎的なことは勉強しておこう。

### ④ 修了後の計画

　ここは，自分のキャリアゴールを明確に表現しよう。そして，キャリアゴール達成に対して，MBAでの研究がいかに有効かを具体的な事例をあげて説明しよう。例えば，第2章で例として取り上げたAさんの場合は，人材コンサルタントを希望していたが，Aさんの場合は，組織・人材マネジメントの変革に関して，理論的なアプローチというMBAでの成果を用いて，変革の進まない日本企業へのコンサルティングを提供するということになる。変革が進まない日本企業の例として，自分が所属していた企業の例をあげてもよいし，『日経ビジネス』や『週間東洋経済』などから引用してもよい。

## 法政大学大学院 7
## 社会科学研究科　経営学専攻

　法政大学の研究計画書は，2,000字程度で，研究テーマと研究計画を記述する形態である。研究テーマと研究計画に関して記述するわけだが，それぞれのテーマごとに字数を指定してはいない。そのため，2,000字程度であれば，研究テーマと研究計画に関するウエイトは自分で決めることができる。作成は，ワープロでも手書きでもどちらでもよい。
　全体の構成としては，
　・研究テーマ
　・研究テーマ設定の背景
　・研究計画
という順で記述すればよいだろう。
　研究テーマに関しては，神戸大学の設問①で説明しているので，そちらを参考にしていただきたい。
　研究テーマ設定の背景に関しては，研究テーマ設定に至った背景を，自分自

身の実務経験から詳細に記述するとよいであろう。

研究計画に関しては，神戸大学の設問⑤で説明しているので，そちらを参考にしていただきたい。研究の方法論に関する知識を持たない人は，方法論の基礎的なことは勉強しておこう。

## 8 立教大学大学院　ビジネスデザイン研究科
### ビジネスデザイン専攻・ホスピタリティデザイン専攻

立教大学の質問項目は，ビジネスデザイン専攻とホスピタリティデザイン専攻で異なっている。①②③は両専攻共通であるが，④⑤は専攻別に異なる質問項目になっている。

> ① 立教大学大学院ビジネスデザイン研究科は2002年度開設の新しい社会人大学院です。この大学院に入学を希望するあなたが，研究科で展開予定のプログラム，あるいはチーム・プロジェクトにおいてどのように能力を発揮できるかを述べてください。(2,000字以上2,800字以内)

本質問に対しては，Michael Zwell（2000）のコンピテンシーを用いると，記述しやすい。Michael Zwellが示したコンピテンシーは数多くあるが，その中で，自分に合ったコンピテンシーで，かつ，立教のプロジェクトにコントリビューションできそうなものを選択して，記述すればよい。記述に際しては，選択したコンピテンシーを裏づける過去の経験を示し，説得力を高める形にするのがよいだろう。Michael Zwellのコンピテンシーの一例を示す。

★仕事達成のコンピテンシー
- 影響力
- 率先垂範
- 柔軟性
- イノベーション

- 継続的改善
- 技術的専門能力

★対人関係のコンピテンシー
- チームワーク
- 他の人の理解
- 関係を築く力
- 対立を解決する力
- コミュニケーション重視

★個人特性に関わるコンピテンシー
- インテグリティーと誠実さ
- 自己啓発
- 決断力
- 分析的思考力

★リーダーシップコンピテンシー
- 戦略的思考力
- 起業家精神
- 変革マネジメント力
- 目的・理念・価値観を築く力

以上，さまざまなコンピテンシーをあげたが，各コンピテンシーの詳細は，Michael Zwell（2000）を参照していただきたい。上記のコンピテンシーから，自分に合ったものを3つか4つ選択し，過去の経験を裏づけとして，各コンピテンシーについて論ずればよい。Michael Zwell（2000）の書籍に関しては，本章の最後に参考文献を掲載したので，そちらを見ていただきたい。

第4章　大学院別研究計画書作成上のポイント

> ② ビジネスデザイン研究科での研究・学習があなたのキャリアプランにとってどのような役割を持つかを述べてください。（2,000字以上2,800字以内）

　本設問は，慶應義塾大学の設問④（61頁）と同様であるので，そちらを参照していただきたい。

> ③ あなたのこれまでの職業経験のなかで，とくに企業（あるいは職場）組織について感じた長所や短所を指摘し，仮にあなたがそれを改善する，もしくはもっと良くするための権限を与えられたとすれば，どのようなことを対象に，どのような方法，手段でそれを実行するかを述べてください。（2,000字以上2,800字以内）

　このようなショートエッセイは，まず最初に，要約を述べよう。なぜ，要約を述べる必要があるのかに関しては，慶應義塾大学の設問⑦ですでに述べたので，63頁を参照していただきたい。しかし，立教大学の場合は，慶應義塾大学と比較して長文であるため，要約として，結論だけを述べるのではなく，全体を要約した形で記述するとよい。

　要約の内容構成は，以下のとおりである。

　まず，組織の長所・短所を指摘する。その中の何を対象に，どのような方法で実行するのかを，簡潔に述べることである。要約の文字数としては，だいたい200〜300字程度が望ましい。

　次に，本論であるが，ここは，要約を受けた形で，まず，長所・短所を記述すると同時に，その長所や短所が生じている原因を明らかにしよう。原因としては，より本質的な原因を探るようにする。Aという短所の原因はBである。Bが生じる原因はCである。Cが生じる原因はDである。よって，Aという短所を解決するためには，Dを解決する必要があるという形で，問題点の本質を論理的に解明するようにすることである。これによって，どのような対象に対して，改善を働きかけるのかが明確になる。

　どのような方法や手段で実行するかに関しては，指摘した問題点に関する専門書から理論的なフレームワークを引っ張り出して，そのフレームワークを用いて実行するというのが，MBAらしいソリューションである。

以下の設問に関しては，本設問同様にショートエッセイであるため，具体的な書き方の説明は省略する。なお，以下の課題に関しても，初めに，要約を入れて，次に，本論を述べるという形をとることをお勧めする。

## ビジネスデザイン専攻　課題④⑤

④ 近年特徴的な短期間で変動する需要（市場）に対して，供給側の企業がどのように対応することが利益の増加に繋がるか，企業の取るべき経営戦略について，あなた自身の考えを述べてください（具体的な産業，市場を取り上げてもよい）。(2,000字以上2,800字以内)

⑤ 現在，日本企業の多くが「生き残り」のための海外展開（国際化）を迫られているといわれます。このことと国民経済としての成長になんらかの矛盾が存在するのか否か，矛盾があるとすれば，どのように解決すべきか，あるいは矛盾が存在しないとすればどうしてなのかを，あなたの立場を明確にした上で述べてください。(2,000字以上2,800字以内)

## ホスピタリティデザイン専攻　課題⑥⑦についてはそれぞれ①②どちらかを選択

⑥ ①あなたの国のホスピタリティ産業は，経済のグローバル化，ボーダーレス化にどう対応していくべきでしょうか。あなた自身の意見をまとめてください。(2,000字以上2,800字以内)
②あなたの国の観光事業を，急拡大する世界の観光市場の中でどう位置づけていくべきでしょうか。(2,000字以上2,800字以内)

⑦ ①あなたの国のホスピタリティ産業をひとつ例にとり（具体的業種名を明記のこと），その優位点，弱点を指摘し，あなたが考える進むべき方向をまとめてください。(2,000字以上2,800字以内)
②あなたの地域の観光事業を例にとり，その優位点，弱点を指摘し，あなたが考える進むべき方向をまとめてください。(2,000字以上2,800字以内)

第4章　大学院別研究計画書作成上のポイント

# 早稲田大学大学院
## ⑨ アジア太平洋研究科　国際経営学専攻

　早稲田大学の質問項目は，以下の4つだが，設問④の回答は希望者のみとなっている。

> ① 本大学院における貴方の研究計画をテーマ，アプローチなどに言及した上で具体的に述べてください。(1,000字以内)

　この設問は，神戸大学の設問①，一橋大学の設問③と同様であるので，66頁と78頁を参照していただきたい。なお，研究のアプローチに関して言及する必要があるので，研究の方法論を勉強しておこう。

> ② あなたの人生のこの時期に本研究科の修士課程へ出願した理由は何ですか？(500字以内)

　この設問は，一橋大学の志望動機と同様なので，77頁の一橋大学の設問②「志望動機」を参照していただきたい。

> ③ あなたのキャリアゴールを具体的に設定してください。それをどのように達成しますか。本大学院の修士号がその中でどのような意味を持ちますか。(500字以内)

　この設問に答えるためには，第2章の自己分析をさらに発展させなければならない。MBAでの研究によって，すぐにキャリアゴールを達成することができるわけではない。そこで，キャリアゴールの達成プロセスをステージごとに設計してみよう。MBAは第1ステージにしかすぎない。第2ステージとして，MBA終了後に何をするのか？　就職するならどのような業種の会社で，どのような業務を行いたいのか？　第3ステージとして，そこでの業務経験を生か

してさらなるステップアップのため何をするのか？……というふうに自分のキャリアゴールにたどり着くまでのステージをいくつかに分けて記述しよう。そして，これら一連のステージの中で，第1ステージとしてのMBAがどんな意味を持つかを考えればよいのである。

**MBAの持つ意味**としては，以下のような点が考えられる。

- 経営に関する知識習得
- 論理的思考力の養成
- プレゼンテーション能力の向上
- 英語力の向上（早稲田大学は留学生が多いうえ，英語の授業が豊富である）
- 創造の方法論の習得
- 人脈（教授や学生同士）
- 起業機会（早稲田大学にはインキュベーション施設やビジネスプランコンテストなどの起業機会が多くある）
- 分析能力の向上（質的研究ではコーディングの手法や量的研究では統計解析の習得）
- チームマネジメントの実践

以上をベースに，キャリアゴールに対して，MBAがどのような意味を持つかを考えるのである。例えば，MBA卒業後，人材コンサルタント会社への就職を次のステージとして考えているならば，コンサルタントとして必要な論理的思考力や分析能力の習得，さらには，プレゼンテーション能力などは必須である。これらを身につけることにMBA取得の意味があるのである。

また，起業を志す人にとっては，人脈や起業機会が意味を持ってくる。それぞれのキャリアゴールによって，MBA取得の意味は異なっているので，以上を参考にじっくり考えていただきたい。

第4章　大学院別研究計画書作成上のポイント

> ④（回答者は希望者のみ）学業・職業・地域社会等において表彰されたことなど、この願書の中に記述されなかったものを挙げてください。また、アドミッションズ・オフィスに注目してほしい意義のある業績を挙げ、その理由を述べてください。（500字以内）

　回答は希望者のみであるが、学校側への入学に向けたアピールをするという点を考慮すると、記入したほうがよい。設問を読んで理解できると思うが、別に表彰された経験だけを聞いているわけではないのである。表彰された経験を持つ方は、その経験を述べればよいが、表彰された経験のない方は、「注目してほしい意義のある業績」をあげればよいのである。

　例えば、「CSを向上させるためのシステム構築を行い、システムの全社的運営を指揮し、業績向上に寄与した」「学生時代にボート部で部長を務め全国大会で8位になった」「ボランティア活動に参加している」「画家として、毎年、個展を開いている」「起業して会社を成功に導いた」など、自分のこれまでの人生の中で注目してもらいたいことを書いておこう。

　これからの時代に求められるのは、イノベーションであり、イノベーションはどこから生じるのかは予測できない。たいしたことはないと自分で考えていたとしても、それがイノベーションの源泉になるかもしれないのである。学業、仕事、芸術、スポーツ、エンターテイメントなどの縦割りの考えは捨てたほうがよい。これらの要素が交わることによって、何か新しいものが創造されるかもしれない。よって、学業、仕事、芸術、スポーツ、エンターテイメントなどから自分の過去の業績を洗い出してみよう。何か見つかったら、それを記述すればよいのである。ただし、「なぜ、その業績に注目してほしいのか」に関する理由は明確に示すことが必要である。早稲田大学は、起業志向のMBAであるので、上記のような考えは高く評価されると思われる。

## 10 参考文献の記載の仕方

　今回の本の執筆のために，数多くの研究計画書を収集したが，多くの研究計画書を見ていて，参考文献の記入の仕方が各自ばらばらであることに気づいた。そこで，本章の最後に参考文献の記入の仕方について説明をする。

　まず，文中で引用する場合についての参考文献の表示の仕方を，本書の文章を用いて説明する。

　「理論的感受性の源泉は何なのだろうか。理論的感受性の源泉には，4つある。」という本書の第2章で用いたセンテンス（32頁）を例に取り上げよう。この文章は，Strauss & Corbinが，『Basics of Qualitative Research: Grounded Theory Procedures and Techniques』という本の中で述べた文章を筆者が，本書に引用したものである。この場合の表記の仕方は，

　　　「理論的感受性の源泉は何なのだろうか。理論的感受性の源泉には，4つある（Strauss & Corbin, 1990）。」

となる。文章の最後に引用した書籍の著者名と著書の出版年をカッコ書きで入れるのである。

　そして，最後に参考文献という形で，以下のように表記する。

　　Strauss, A. & Corbin, J.(1990), *Basics of Qualitative Research: Grounded Theory Procedures and Techniques*, Sage Publications

　まず，著者名を記入し，次に出版年をカッコ書きで入れ，その次に書名，最後に出版社名を入れるという順序である。上記の例は，英語であり，わかりにくいかもしれないので，日本語の書籍で例を示してみよう。

　　西山茂（2001）『企業分析シナリオ』東洋経済新報社

　まず，著者名を記入し，次に出版年，その次に書名，最後に出版社名という順に記入するのが原則である。著者名のあとに，著を入れている人が多く見ら

## 第4章 大学院別研究計画書作成上のポイント

れるが，これは不要である。著者の名前だけ記載すればよい。参考文献が複数ある場合は「あいうえお順」で記載することになる。参考文献の最初に記載するのが，上記の例のように著者であるため，著者を「あいうえお順」で記載していけばよい。この点に関しては，本書の各章末に示した参考文献の記載の仕方を参考にするとよい。

ただ，研究計画書の場合は，ここまで厳密な形式を要求されているわけではないので，研究計画書の最後に記入する参考文献欄においてのみ，ここで説明した記入方法を用いてほしい。研究計画書の文中における表記に関しては，ここで紹介した方法にこだわる必要はないと思われる。

◆参考文献◆

1） 倉島保美『レポート・論文作成講座』（早稲田ビジネススクール教材）
2） Daft, R. L.(2001), *Organization Theory & Design*, South-Western College Publishing（高木晴夫訳（2002）『組織の経営学』ダイヤモンド社）
3） Strauss, A. & Corbin, J.（1990），*Basics of Qualitative Research: Grounded Theory Procedures and Techniques*, Sage Publications（南裕子監訳（1999）『質的研究の基礎』医学書院）
4） Yin, R. K.(1996), *Case Study Research*, 2nd ed.（近藤公彦訳（1996）『ケーススタディの方法』千倉書房）
5） Zwell, M.(2000), *Creating A Culture of Competence*, John Wiley & Sons, Inc.（梅津祐良訳（2001）『コンピテンシー企業改革』東洋経済新報社）

# 合格者の研究計画書 Study Plan Sheet 実例

## 第5章

1　青山学院大学大学院　　国際マネジメント研究科
2　慶應義塾大学大学院　　経営管理研究科
3　神戸大学大学院　　　　経営学研究科
4　産能大学大学院　　　　経営情報学研究科
5　筑波大学大学院　　　　ビジネス科学研究科
6　日本大学大学院　　　　グローバル・ビジネス研究科
7　一橋大学大学院　　　　商学研究科　経営学修士コース
8　法政大学大学院　　　　社会科学研究科　経営学専攻
9　立教大学大学院　　　　ビジネスデザイン研究科
10　早稲田大学大学院　　　アジア太平洋研究科　国際経営学専攻

　本章では，各校合格者の研究計画書の実例を掲載する。ただし，所属企業，所属部署，氏名などの個人のプライバシーに関わるものは，アルファベットに置き換えて掲載してあるので，ご了承いただきたい。

第5章　合格者の研究計画書実例

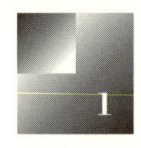

# 青山学院大学大学院
## 1　国際マネジメント研究科

★　2001年入学・男性・41歳・不動産鑑定士

### 志望動機について

　昭和59年に現在の職場であるA研究所（従業員数550名）に就職し，以来17年間にわたり不動産鑑定士として不動産の鑑定評価及びコンサルテイング業務に従事してきた。昨今不動産鑑定士の業務をめぐる環境も大きく変化しつつある。

　それは，ア）投資判断においてNPVを重視する外資系企業等の日本への進出に伴う業務の国際化，イ）不動産の証券化や不動産投資信託の発足等の金融と不動産の融合化，ロ）国際会計基準の日本への導入に伴う会計目的の時価評価の要請等である。これらの環境変化に対応し，高度専門職業人としての責務を果たすため，ファイナンス理論の習得を中心としたより一層の研鑚を貴大学院で行いたいと考えている。

　また，不動産鑑定士の業務は，今後鑑定士の世界だけで完結することはないと思われる。例えば，金融，証券，各種の調査機関の専門職の方々との連携をすることにより，はじめて付加価値の高いサービスが提供できるものと考える。そのような意味からも，貴大学院においてこれらの方々との人的ネットワークを構築することも大きな志望動機である。

### 現在の職務について

　現在私は勤務先においてB部という部署に属している。この部は大量の不動産について多変量解析等の統計的手法を活用し，合理的に説明のつく公正な評価情報を依頼者に提供することを主目的としている。

　現在の私の主たる職務は，時価会計主義の到来のなか，不動産の時価評価に対する企業のニーズが高まりつつあり，この方面の新規業務開発が中心である。これらの新規業務を軌道に乗せるために，収益不動産評価の基礎であるファイ

ナンス理論や国際会計の知識を習得することが求められている。

> 研究テーマについて

　以下が，日頃の問題意識を整理し，貴大学院において研究を深めたい具体的内容である。
　〈研究テーマ１〉　「ファイナンス理論の投資不動産評価への応用に関する研究」
　**1　研究の目的**
　最近，投資不動産が株式や債券等の金融資産と同じように位置づけられる傾向が強まっている。その背景として，ア）近い将来に日本への本格導入が予定されている国際会計基準（IAS）が投資不動産を他の金融商品と同様に収益性に基づいて評価することを義務づけている点，イ）昨秋発足した不動産投資信託が多くの評価情報の開示を促進している点，ウ）さらには不動産の証券化が着実に定着している点等がある。
　これらに共通することは投資家等の関係人に対してより説明力の高い評価情報の提供が要請されていることである。
　本研究では従来日本においてファイナンス理論がほとんど投資不動産の評価に活用されていなかった現状に鑑み，新しい時代にふさわしい理論的で説明力の高い評価のあり方の構築を目指すものである。

　**2　主な研究の論点及び研究のアプローチ**
　①　DCF法の改良にかかる検討
　キャッシュ・フローを生み出す投資不動産の評価に際して，近年試行的にDCF法の適用が進められているものの，割引率等の把握に際して混乱がみられる。本件では特に企業用不動産についてCAPM理論等を活用し不動産の性格（用途，地域性等）に応じたリスクを測定し，適正な割引率の査定を試みるものとする。
　②　不動産ポートフォリオにかかる検討
　今後日本において不動産投資信託が急速に普及していくものと予測されている。そこで投資信託に組み入れられる資産のポートフォリオのあり方が問題となる。一般金融資産と不動産とのポートフォリオのあり方，不動産どうし（例えば事務所ビルと大型店舗等との組合せ）のポートフォリオのあり方に焦点を定め，リスク分散効果の把握・検証を試みる。

③ リアルオプションの不動産投資価値分析への応用可能性の検討

従来のDCF法は単一のシナリオに基づいた分析手法で，説明力にやや難があった。そこで，不動産投資においてより高い説明性の実現のため，不可逆性や投資の実施時期に対する柔軟性を反映することができるリアルオプションアプローチがケーススタデイを通して不動産投資価値分析に適用可能であるかどうかを検討する。

〈研究テーマ２〉 「国際会計基準の日本への導入と不動産の時価評価のあり方の研究」

## 1 研究の目的

時価主義を特徴とする国際会計基準（IAS）が日本の会計制度へ徐々に浸透してきているが，取得原価主義に基づく従来の日本の会計制度との間に少なからず摩擦がみられる。現在固定資産の減損会計と投資不動産について企業会計審議会で具体的な検討が進められ，近日中にも具体的な実務指針が出されるものと予測される。今後この動きが加速され，会計上における不動産の価値のあり方が実務上大きな問題となってくると思われる。本研究では会計目的の不動産の時価評価についての問題点を整理し，合理的改善方法をファイナンス理論を活用し検討することとする。

## 2 研究の論点及び研究のアプローチ

① 会計上における不動産の時価評価概念の整理

不動産の時価評価の概念はややもすると曖昧で，誤解が生じかねない。本研究では，IAS，米国基準，日本基準を対象に不動産の時価評価概念の位置づけを明確にする。

② 国内外の不動産の時価会計制度をめぐる最近の動向の分析

国内外の企業，監査法人等にヒアリングを行い，不動産の時価評価をめぐる会計実務上の問題点を把握する。

③ 固定資産の減損把握における使用価値査定のあり方の検討

IAS36号の固定資産の減損把握において使用価値（value in use）の査定が不可欠となる。しかし，実務上この使用価値の査定について未だ一定のコンセンサスが得られていない。本研究では，ファイナンス理論のDCF法を応用し，使用価値査定のモデルを検討する。

④ 投資不動産の公正価値査定のモデルの検討

生保・損保等多数の投資不動産を所有している企業は，公正価値査定に際

しては評価の合理性・説得性が特に強く求められる。本研究では収益還元法を活用した大量の投資不動産の公正価値査定のためのモデルを検討する。
⑤　国際会計基準の企業経営に与える影響の分析
IAS36号，40号の適用によって企業の経営指標（ROE，ROA等）はどのように変化し，企業経営にどのような影響を与えるのか，具体的な設例を用いてシュミレーションを行い，分析をする。

★　2001年入学・男性・33歳・専門商社出身

### はじめに

私は大学卒業後，1993年4月に専門商社に入社した。大学3年修了時に1年間米国への留学をきっかけに海外でのビジネスに興味をもち，いち早く海外で仕事ができるということで同社に入社した。その会社を平成12年12月31日に退職した。貴大学院を志望した理由は下記である。

### 志望理由

弊社の開発的位置付けであるブラジルの事業において，現地販売関連会社の経営が悪化したためにブラジルへの販売を中止するという話がでた。私は当初から営業担当で，ようやくここで経常利益をだせるところまできた市場だったのでなんとかバックアップを試みた。自分なりに経営を分析し，会社に立て直し案を提出したが，販売中止が決定された。弊社は海外関連会社を管理する部署，組織が存在しておらず，曖昧な責任体制のなか，ここまで悪化するまでなんの管理もしていなかった。今後このようなことを2度と起こさないために，どのように海外関係会社の経営管理をすればよいのか，どのように事前にリスクをみつけ，ヘッジしていけばいいのか，その手法および能力を身につけたいと考えた。

### 研究テーマ：中堅企業のグローバル経営について

①　付加価値のある技術・商品の発掘，開発，応用とそのマーケティングについて

② 中堅企業が海外関連会社を考えたときに，どのようなリスクがあり，またどのようにリスクマネージメントを行っていくか。
③ 日本人としてどのような倫理観をもって現地と共生を図りながら，事業を作り上げていくか。

### 志望にいたった経緯

　弊社は96年3月に兄弟会社の化学品メーカーの要請でブラジルの現地法人で化学品製造および販売会社に出資した（日本側52％（弊社10％，兄弟会社42％），現地（社長，社員など複数）42％）それにともない，同社を通じてのブラジル市場への販売をすることになり，これが私の主業務となった。

　**1　ブラジル市場へのマーケティングについて**

　私は可能な限りブラジルに出張し（年3回，約1ヶ月間）現地営業マンと同行販売をした。当初売上を構成していたものは，汎用品で市場価格が安価なアジア系メーカー品を供給した。また，一方で現地にない日本製の化学品がヒットした。価格は若干高価だったが，臭気が少なく，取り扱いの便利さで現地顧客の採用が決まっていった。しかし，売上は最初の2年で伸びたものの，その後，だんだんと伸び率が悪くなっていった。原因はアジア各国に販売力がつき，対抗品を直接市場に持ち込んできたこと，さらには日本のその化学品の同等品を安価で中国メーカーが市場に供給してきて，値下げを余儀なくされたことである。

　一方，ブラジルになかった差別化商品を顧客に紹介したが，売上は増えなかった。当時はあまり現場主義に特化しすぎていたように思える。新しい概念の商品に対してどのように市場にアプローチすればよかったのだろうか。日本にはまだ特徴のある技術をもつ企業があり，それらを売れる商品にするにはどのようなマーケティング戦術をとるべきなのだろうか。

　**2　現地投資会社の経営不振について**

　弊社からみたブラジルへの販売は3年経過し，経常利益は年間600万円をだすまでに至った。しかし，その期間においては下記の経常問題が表面化してきた。

① 99年1月のブラジル通貨レアルの切り下げにより外貨での買掛金および借入金の為替損における赤字経営。

② 弊社からの長期貸付金の返済目処がたたない。

弊社は兄弟会社のいわれるままに投資し，1年後に経営の問題点を分析することなく長期貸付金の貸付を決定した。通貨切り下げリスクに対する考え方はほとんどなく，対応策は検討されず，返済計画も管理していなかった。

これだけの資金を投入して，また販売もしているなかで，弊社としての管理やリスクヘッジを検討する部署は存在しておらず，責任体制も不明瞭であった。この貸付金については未だに返済計画はたたず，経常利益をあげ始めたブラジルへの販売も中止になった。弊社はどのような形でリスクマネージメントするべきだったのだろうか。現地会社はどのような手法で経営管理されるべきだったのだろうか。

### 3　海外でビジネスをする際の日本人の倫理観について

成功しなかった理由のひとつに兄弟会社の駐在者（副社長1名を出していた）現地幹部との摩擦があった。国内ビジネスで実績をあげた人材が駐在者になるものの，コミュニケーションや異文化への適応能力にかける場合が多い。なぜか相対的に日本人は現地の人間に高慢な態度にでる。駐在者は現地の考え方，行動の仕方，特性を理解しながら，国際人としての倫理観に基づき行動すべきでないだろうか。日本の親会社や現地の意向との調整はその倫理観なくしては難しく，ましてや融合していいものを作り上げていくというものもできてこない。

また弊社のようにあまり検討しないで，進出，撤退を繰り返すのでは，日本人の信用は失墜していく。進出を決定する前に長期的な展望にたち，判断をすれば安易な進出も安易な撤退もないのではないか。

4年半にわたるブラジルの事業は成功したといえず，傷跡を残してしまった。私は一度立ち止まって，今までの経験と情報を科学的に分析し，この失敗を次回に生かせないだろうかと考えた。弊社は新しい地域の開拓を私に求めていたが，このままの同じ組織で現場主義だけでは，いつまでたっても成長がなく，傷跡ばかりを残す海外展開になってしまうのではないだろうか。グローバルな企業経営を考えたときに弊社のアプローチの方法や現状の経営では何が足りなくて，どう変わるべきなのかを研究していきたいと考える。

第5章　合格者の研究計画書実例

★　2002年入学・男性・38歳・化学メーカー出身

> 本専攻出願動機

《日本人として生き残れる知的付加価値のある経営能力の習得》
　日本は画一的な大量消費に見合った製造加工品を大量に生産する役割は20世紀までに終焉した。21世紀では日本は，米国をベストプラクティスで追うだけでなく，中国から追われる立場になった。日本の役割は変わったと思うのである。真の資本主義の自由競争社会に日本企業が勝ち抜いていくためには，画一的な大量生産・大量消費に見合った経営から，企業の経営資源である日本人の一人一人が中国人等のアジア競争国の人々以上に知的付加価値を生み出す知恵とグローバルスタンダートの経営能力を持つことが重要であると考える。
　21世紀に発足した青山学院大学大学院国際マネジメント研究科は，グローバルスタンダードの視点で経営学を教授される経験豊富な知的資源は他の大学院にない差別優位性である。
　本専攻科において，個人的なケーススタディ企業を取り上げ，その零細企業の競争力をどのように高めて，中小企業，グローバル企業に成長発展していくべきか？　またグローバル市場に展開するための施策を研究課題として，企業経営を体系的に学習し企業経営の知識と知恵を習得したい。そして自ら日本人としてグローバルスタンダードの経営能力を持った経営人でありたいと思うのである。

> 本研究テーマ

《匠の技を持つ中小企業の競争力強化とグローバル化の探究》
背景：
　　大正12年，祖父である江戸指物師のAが創業し，兄が経営しているB株式会社という企業がある。私はこの企業の社外取締役になっている。
　以下が簡単な企業概要である。
企業概要：
　B株式会社
　　　事業内容：特注家具の設計・製造・施工
　　　　　　　　特注建築部材・製造家具工事

ラッカー・ウラタン・ポリエステル・塗装・本漆塗り　家具塗装全般
差別優位性：江戸指物の漆の世界から受け継がれた技術と新感覚の家具塗装

**目的：**
本研究科において体系的で実践的な勉強により，企業を分析し課題を発見して，戦略，戦術まで構築した内容をまとめ2004年の取締役会にて社長に提言する。

**狙い：**
上記企業は親族が経営している零細企業であるが，この企業の国内ビジネスの現状分析から，課題を発見してグローバルを見据えた競争に勝ちうる企業のあるべき姿を再考し実践を促し，2006年にその国内基盤を固めグローバル展開を狙う。

**本研究テーマ：**
本研究科においての具体的な研究テーマは以下の5つである。

Ⅰ 中国を始めとする他国企業に真似のできない付加価値ある企業競争力の構築
　　製品技術　　江戸匠の技の漆塗装技術をお客様満足にさらにどう高めていくか
　　価　　格　　高品質で高価格な付加価値を求めるお客様に満足を与える価格
　　チャネル　　仲介建設業からブランド力を生かした直接取引の可能性を探る。
　　販　　促　　平成11年からインターネットを通じての受注活動を開始する。

Ⅱ 年商C億円の売上の壁からの脱皮（零細企業から中小企業への成長課題と対策）
　・年商D億円から年商C億円の成長の壁があったと聞くが，ここ4年間はC億円の壁が突破できず売上は横ばい状態である。その要因は何か？
　・営業と製造のギャップがあり，製造と受注が特定月度に集中するという。
　　営業と生産と物流の企業に合った効率的な運営方法はないのか？
　・匠技術の人材育成に時間を要し，習得途中の挫折による人材不足

Ⅲ 将来のグローバル戦略を進めるうえでの財務体質の強化方法
- 零細企業から中小企業，グローバル企業になるための企業のあるべき財務体質と間接金融に頼らない直接金融による資金調達技術
- 財務面からの企業競争力を強化するためにはどうすればよいのか？

Ⅳ グローバル展開する場合のグローバルな参入障壁とベスト市場の発見方法
- 匠技術を差別性とする製品とサービスをグローバル展開する際の参入障壁と初期の市場参入のベストマーケットはどこが良いかの判断基準

Ⅴ ITを活用したグローバルeビジネスのためのWEB戦略の構築
- 平成11年に国内でのインターネット受注をすすめたが，今後の新たなWEBを活用したマーケティング戦略の構築とWEBによるグローバルマーケットへの参入の可能性とアイデアの発見

# 慶應義塾大学大学院
## 経営管理研究科

★ 2001年入学・男性・25歳・地方公務員

> 大学（学部・大学院）での自分の学業成績（成績証明書の内容）は，あなたが本研究科修士課程で勉強するにあたっての能力を推察する資料たりうるかについて，あなたの考えを述べてください（必要ならば，全体的な成績について，あるいは特定の分野の成績について，分けて記述してください）。

　私は，大学時代，履修可能な科目を全般的に勉強することを心がけた結果，多くの科目でA評価を得ることができた。特に，ゼミにおける研究について，高い評価を得たことは，大きな自信となった。また公務員試験のための勉強にて，経済，法律，政治，国際関係等，幅広い分野の知識を得たことは，大きな財産となっている。
　以上のことから，総合的に判断して，経営管理研究科で研究するにあたっての能力は，十分にあると確信している。

> あなたは大学（学部・大学院）時代に表彰されたことがありますか。また，どのような課外活動やサークル活動をしていましたか。それらはあなたのキャリア形成にとってどのような意義があったかを述べてください。

　私は，大学時代，成績優秀者として表彰された。一方，サーフィン部の部長としてその活動にも力を入れてきた。その結果，全国大会にて個人総合8位，団体総合2位の成績を収めることができた。これらの経験は，私に勉学と部活動が両立しうることを確信させた。また，組織のトップとして，モチベーション管理の重要性と難しさを身をもって痛感した。結果として，私は，リーダーとしての自信と組織管理面で多くの収穫を得ることができた。これらの経験は，私のキャリア形成にとって非常に重要なものとなった。

> あなたが大学（学部）を卒業してから現在までの実質的な実務経験について，あなたが重要と判断するものを，3つまで，古い年代順に，下記欄に記述してください（学部卒業見込みの方は，在学中あるいはそれ以前に，実質的な実務経験をしていれば，それを記述してください）。

1）期　間（1998年4月～現在　年　月）
　　所属部署　A課　　　　企業・団体名　B市役所
　　どのような仕事でしたか。またそれから何を得ましたか。

　私は，入庁以来，A課に所属し，生活保護制度に関わる経理事務，予算の作成及び執行，課の庶務等を担当してきた。予算事務を経験することで，役所内の会計制度を理解するとともに，その非経済性というものを実感した。また，他課との連携業務において，役所内における仕事の流れの非効率性を体感することにもなった。

2）期　間（1998年7月～現在　年　月）
　　所属部署　A課　　　　企業・団体名　B市役所
　　どのような仕事でしたか。またそれから何を得ましたか。

　私は，3年目にして市役所内の自衛消防隊訓練を総監督する役割に任命された。この経験を通し，皆が敬遠するような業務が，実は非常に重要な役割を果たしていると認識することができ，隊員たちとの充実感，達成感を味わえたことは，何より大きな収穫だ。そして，何事も全力で取り組むことの大切さを再認識したのだった。

3）期　間（1999年9月～現在　年　月）
　　所属部署　A課　　　　企業・団体名　B市役所
　　どのような仕事でしたか。またそれから何を得ましたか。

　生活保護業務の電算化のためのプロジェクトチームに配属され，既存の業務量分析，プロセス関連図の作成等を行った。この経験で，システム化の流れと構造を理解することができたのは，非常に大きな収穫となった。また，経理業務について，個人的に簡易システムを作り上げ，業務量の大幅な軽減に貢献できたことは大きな自信となっている。

> 本研究科修士課程で勉強することは，あなたの将来にとってどのような意味を持っていますか。将来の計画ないし希望等について具体的に記述してください。

国・地方の巨額の財政赤字と市民ニーズの高度化及び多様化に伴い「お役所仕事」と揶揄されるような行政サービスの質・効率の悪さが指摘されるようになってきた。行政とは、そもそもサービス産業であることを考えると、まさに顧客である住民の「バリュー・フォー・マネー（税金の払い甲斐）」や「満足度」を意識して経営するのが本来の姿なのだ。しかし、現実は、その姿とは程遠い。

　行政も組織である以上、目的を達成しようとする限りにおいて、企業で培われたマネジメントは応用できるはずだ。例えば、差別化、コストリーダーシップ、リスクマネジメント、IT活用、提携やM&Aなど応用できる分野は数多い。今後、これらの経営手法を行政にも応用することができれば、その効果は非常に大きい。

　そこで、私は、こうした背景と実務経験を通じて、現在、真に市民が要求する行政を実現するために、民間企業の経営手法を専門的に学ぶ必要性を痛感している。そして、その専門知識を適切な形で行政に適用できるような人材になりたいと強く希望している。そのためには、まず、広い視野と物事を本質的に見抜く能力が必要となる。その上で、戦略的思考能力、判断力、分析力等を総合的に駆使し、状況に応じた最善の改善策を提供できる能力が必要だ。これらの能力を総合的にかつ効果的に習得するためには、貴大学院におけるケースメソッドによる学習と自己の研究を遂行することが最良の方法だと考える。また、経営の各分野で活躍されている教授陣の下で、異なった分野の方々とのディスカッションにより、様々な刺激を受け、多様な考えを吸収しうることは、非常に魅力的だ。

　私は、貴大学院にて、主に、顧客のニーズを学ぶためにマーケティングの考え方を中心にバーチャルコミュニティ及び、データマイニングの行政への適用の可否を考察したいと考えている。卒業後は、メーカー等のマーケティング部門にて2年間ほど、修士課程にて学んだことを生かす形で実践を積みたいと考えている。次に、経営コンサルタント会社に勤め、世界の数多くの企業、そして、自治体を分析することで、民間、行政の枠を超え、真に市民が求めるサービス提供を実現できるスペシャリストになりたいと考えている。そして、行政を改革したい。私は、夢を追求するつもりである。

---

あなたは、自身にどのようなリーダーとしての素養があると考えていますか。あなたのこれまでの経験をもとに具体的に説明してください。

私は，中学高校時代を通じて，陸上競技部の部長を務め，大学時代には，サーフィン部の部長を務める傍ら，ゼミ長としてもその責務を果たしてきた。現在は，役所内の自衛消防隊の総監督たる地位を引き受けている。私は，常にリーダーは，率先してその意志を行動で示すべきだと考え実行してきた。その結果，組織全体のモチベーションを高めることに成功し，好成績を収めることができた。今までの経験から，組織全体の士気を高め，目標に向かって方向づけをすることには自信があり，リーダーとしての素養が十分あると確信している。

> あなたは，自分の仕事あるいは勉強以外で，どのようなことに強い関心や興味がありますか。例えば，趣味活動・地域活動・ボランティア活動，あるいは政治・社会・文化等に関する活動も含めて，具体的に記述してください。

　私は，小学校3年生から現在に至るまでボーイスカウトの一員として，訓練やボランティア活動を行ってきた。また，現在は，今までの私の運動経験を通して，何か少しでもその楽しさや気持ち良さ，あるいは，充実感というものを伝えられたらと思い，障害者の運動会と水泳大会に年1回ずつボランティアとして参加している。
　趣味としては，私は，学生時代から始めたサーフィンを愛している。そのため，自然，特に海に対する格別の思いから，月1回のビーチクリーン及び環境保全行事に参加している。

> 「使える英語」を重視した本格的な英語プログラムを，小学校段階から導入することが，取り沙汰され，話題となっています。あなたは，この件に関して，どのように考えていますか。自説を展開してください。

　私は，「使える英語」を重視した本格的なプログラムを小学校における授業に導入することに，賛成である。
　現在，グローバル化と情報化が進行する中で，ビジネスは既に世界規模で行われており，その世界共通語たる地位を築いているのはまさに英語である。
　このような状況下，英語能力を身につける必要性及び重要性が高まっているのは明らかだ。それ故に，言語習得能力の高い小学校段階から英語教育を導入することは非常に効果的であると考える。ただし私は，小学校の英語教育における主たる目的は，小学生たちに英語への興味を抱かせることを主眼とした教

育内容にすべきであると考える。

　なぜなら，仮に，その目的が学力偏向主義的なものであった場合，以下のような負の効果をもたらす可能性が高いからである。

　第1に，中学英語教育の単なる低年齢化を促すだけの結果となる可能性がある。第2に，塾等による英語教育を過熱させ，その結果，過度の競争意識からステレオタイプ的な先入観や偏見，優越感，劣等感を生んでしまう恐れがある。第3に，英語教育の重要な目的である国際理解，異文化理解に対する関心や興味を阻害する恐れがある。第4に，結果として，英語嫌いを助長してしまう可能性がある。

　私は以上の点から，中学校以降における自発的意欲を促すためにも，小学校における英語教育は，英語に興味を抱かせることを主たる目的とすべきだと考える。

　では，具体的にどのような内容にすべきであろうか。

　まず考慮すべきことは，小学生たち自身の主体的な参加を促すようなゲーム，映画，歌あるいは対話等を通じた遊び感覚を重視したプログラムにするということである。あくまで楽しさを追求し，授業内容は生徒の意見も積極的に取り入れるなどして，型にはまった形式的な授業は避けるべきである。授業は1クラス10人前後の少人数制で行い，できるだけ参加意欲を高めることが重要となる。教員，教材，施設を質の高いものにすることは言うまでもない。教員は，異文化に触れさせるためにも外国人を積極的に採用し，先に述べた教育目的を正しく理解した自由な発想を持つべきである。なお，先に述べたような主旨から，理解度を測定するようなテストはできるだけ避けることが望ましい。

　結論として，あくまで楽しく，そして英語に興味を抱かせるような英語教育を小学校段階から行うべきだと考える。そのような教育は，その後の自発的意欲を促すことになる。そしてその結果，世界に通用する国際感覚を身につけた多くの人材が出現すると私は信じている。

★　2002年入学・女性・33歳・コンサルティング業界出身

> 本研究科修士課程で勉強することは，あなたの将来にとってどのような意味を持っていますか。将来の計画ないし希望を具体的に記述してください。

　現在，私は経営コンサルティング会社であるA株式会社B課で，人材管理の

第5章　合格者の研究計画書実例

業務に携わっている。近年，人材管理業務の上で担当者が抱えている最大の課題は，人材の流動化とコア人材の確保である。現代の技術の急速な発展や多様化により求められるスキル・能力は常に変化しており，自分のスキルと市場価値の向上を目的に第一線で働く社員は多く，よりよい環境を求め流動的になっている。

しかし，企業が提供する商品やサービスに優位性を持たせるには，それを生み出す高度なプロフェッショナル人材の確保が重要である。有能な社員の流出は顧客ロイヤルティや生産性の低下につながり，また労働力の低下による職場環境の悪化を招く恐れもある。企業が求心力をもつには，社員のキャリア志向を刺激できるような魅力的な要素が必要である。マネージメントの重要要素である「ヒト・モノ・カネ・情報」で考えると，主に次のことがいえる。

「カネ」については，企業は高収入で人材の流動化を抑制しようとしているが，より高い報酬を支払う企業がある限り有効ではない。「モノ（仕事）」においては，経営上必要な仕事が多く，社員に妥協を求めがちである。「情報」はトレーニングやナレッジデータベースの構築で知識の共有化が積極的に行われているが情報を得た後退職する社員も多く，常に有効であるといいきれない。そこで，経営的に負担なく取り組める方法として人の信頼関係に着目し，人材の流動化を抑制する要素を「ヒト」という観点から探っていきたいと考えている。

研究内容については，着目点・研究方法・考察内容の3つに分けて説明する。

まず着目点であるが，今回の研究は現在求められている「ヒト」という要素を360度評価を用いながら分析していきたい。これまで，理想とする人物像は経営者つまり経営戦略に基づき描かれていた。しかし，現在勤務する会社での社員満足度調査の分析結果から，「プロとして尊敬できる先輩や上司」の欠如が最大の不満点であることがわかったため，部下の意見もとりまぜる必要性を感じている。つまり先輩や上司のあり方が社員のモチベーションと組織へのコミットに影響を与えると考え，これからは目標となり，求心力を持つ要素も必要になると推測している。そこで，本研究では経営戦略と社員の両方の要求をみたす人物像を探ることを目的とし，そこから共通性を見出し，人材の流動化を抑制するための方法論を構築したいと考えている。また，調査対象は流動性の高い高度プロフェッショナル集団であるコンサルティング会社とする。

次に研究方法であるが，まず組織構成員を「経営者・中間管理職（中間層）・スタッフ」の3つのクラスに分ける。そして，経営者・中間層・スタッフにアンケート調査を行い，お互いが他のクラスを評価し理想像を調査する。

経営者には経営戦略の立場から評価する。この調査結果から、以下の点を中心に考察していくことにする。

① 経営戦略と中間層・スタッフが求める人材像にはどのような違いがあるのか考察する。
② 違いがない場合、経営戦略と人材流出との相関性について考察する。
③ 違いがある場合、経営戦略側と中間層・スタッフのどちらの求めるリーダー像に近づくことが有効であり、その場合のメリットとデメリット、また要素を補完する外的要因の必要性について考察する。
④ ①〜③の結果から経営戦略、社員の両者にとって有効な要素を追求し、リーダー像を構築するときの方法論を考える。

最後に私にとっての修士課程での研究意義について述べたい。これまで人事部の内と外において、実務から人材開発の知識とスキルを習得してきた。次は、修士課程で研究をし、これまでの経験を体系化し、社会に向けて人間関係構築についてのメッセージを送りたいと考えている。そして、修士過程終了後はコンサルティング会社に戻り研究成果を実証していく考えである。なぜなら、コンサルタントはクライアントに問題解決というサービスを提供する集団であり、彼らをマネージメントし最大のバリューを発揮できる環境を提供することが、人事担当者の私が間接的に社会に貢献できることであると信じているからである。つまり、修士課程での研究成果が社会に還元されることが、私の自己実現の手段であり、目標なのである。

> あなたは、自身にどのようなリーダーとしての素養があると考えていますか。あなたのこれまでの経験をもとに具体的に説明してください。

小学・中学校時代には毎年学級委員長や部活動の部長を務め、中学校時代には生徒会副会長も務めた経験を持つ。この理由として、自分の意見を明確に述べる、決断が早い、人の意見を聞くことが評価されたのではないかと考えている。初めは、はっきり意見を述べるため反感を買ってしまう面もあったが、10代から人を取りまとめ先頭にたつことの難しさを知り、相互理解の重要性に気づいたため、問題点を補うことは充分できた。その結果、クラスの団結は固く、部活動でも優秀な成績を収めることができた。社会に出てからは慎重になり、他の意見を尊重することや、決断したときに周囲の理解を得る努力は怠らないようにしている。このような点が評価され、現在もチームリーダーとして仕事

を任されている。リーダーの素養は十分あると確信している。

> あなたは，自分の仕事あるいは勉強以外で，どのような事柄に強い関心や興味がありますか。例えば，趣味・地域活動・ボランティア活動，あるいは政治・社会・文化等も含めて，具体的に記述してください。

　身体障害者の社会進出に興味を持っている。現在，障害を持つ男性と女性とともに仕事をしている。彼らは身体的な問題を除いて能力的な問題はなく，いまでは戦力としてなくてはならない存在である。しかし，彼らの就職状況は厳しく受け入れる企業は少ないと話す。実際，社内設備の充実や治療のための時間の確保など企業の理解は必要であるが，日本の少子化問題にからむ労働力不足および社会保障制度の不安を解消するには，身体障害者の雇用問題を真剣に考えていくべきである。彼らの自立を支援することは，人道的側面だけでなく社会・経済面においても有用であると考える。

> 〈ミニ分析課題〉　以下の設問について自由に意見を述べてください。
> 自治体・学校・病院等の存在目的が企業の目標と異なることは言うまでもありません。では，マネジメントについては両者のどういう点が共通で，どのような点が異なるでしょう。

　自治体・学校・病院等は，関係者に利益分配を行わない非政府組織であり「ミッション（使命）指向型組織」と定義され，非営利組織と呼ばれている。非営利組織が掲げるミッションとは，政府や市場が行わないが市民生活で必要とされるサービスを提供することである。これまで，非営利組織はミッションの達成つまり社会への貢献という意識が強く，利益を考えない公益性を重視したサービスを提供してきた。一方，企業は株式などで関係者に利益分配している組織である「利益指向型組織」と定義され，営利組織と呼ばれている。営利組織の利益指向とは，組織の存続のために利益を追求することである。そのための営利組織ではより利益をあげるための競争が存在し，優れた結果を得るための努力が常に行われている。

　この営利・非営利の組織の定義と存在意義の違いをふまえ，マネジメントについて考察していくことにする。マネジメントとは組織目標を達成するための管理行為であり，組織の資源である「ヒト・モノ・カネ」の管理が重要であるといえる。本文では営利・非営利組織の共通点と相違点の2つの項目にわ

け，前述の3つの管理要素に着目しながら論じていくことにする。

まず，共通点として組織の資源であり管理要素である「ヒト・モノ・カネ」の必要性から述べていきたい。営利・非営利組織は目的や経営手法は異なるが，成果をあげるために組織を構成し事業を運営している点で差異はない。そして組織が目標を達成するために3つの資源「ヒト・モノ・カネ」が必要になる。優秀な人材は良質な「モノ・サービス」の提供を可能にし組織を成功に導く。そしてその成功が資金調達を容易にするとともに，優秀な人材を呼び込むというプラスのサイクルが発生する。組織を構成する3つの資源をいかに確保し，維持し，有効活用していくかにより組織目標の達成度合いが異なってくる。

学校と塾を例にとってみると，優秀な教師や講師は良質な授業（サービス）を生徒に提供することができる。すると良質な授業を希望する生徒が増え，組織を運営する上での資金繰りがしやすくなり，組織が安定する。安定した組織には，教師・講師や資金も集まりやすく，更に組織が安定するのである。

これらから共通点として「経営資源『ヒト・モノ・カネ』の確保，維持，有効活用は，営利・非営利を問わず組織を成功へ導く重要な要素である」と考える。

次に，相違点として「成果の判断基準」をあげたい。営利組織は「モノ・サービス」を提供すると市場の判断を受ける。つまり成果の判断が売上や株価に反映され，これらを通して企業の評価が下されるのである。市場の評価は株価や報酬といった利益分配を通して株主や組織構成員に伝わるしくみになっており，企業はよい評価を得るため常に努力をしているのである。一方，非営利組織は営利組織のような市場からの判断を受けることはない。これは非営利組織の資金の調達方法が，会費，政府の資金補助，寄附金や助成金など外部からの資金援助に依存しているためである。これらの資金集めは主に理事会・経営トップを中心に行われており，サービスを提供したことによる市場からの評価は得にくくなっている。現在の非営利組織の資金運営方法では給与格差はおこりにくく，組織構成員のモチベーションにも影響を与えることが考えられる。

学校と塾では，塾の講師は指導内容がその都度評価を受け報酬に反映されるため，更に指導内容の充実を図るようになる。学校の教師は指導内容の評価を受けることはほどんどなく，報酬に反映されることもない。授業内容を評価される機会がないため，質の向上がおこりにくく，結果としてサービスレベルが低下してしまう。

これらから相違点として，「営利組織は，市場の判断を受けた実力主義に基づく評価制度を導入することで，サービスの質の向上を可能にしているが，非

営利は外部からの判断を受けることがないため，サービスを見直す機会がほとんどなく質の維持・向上を難しくしている」と考える。

以上の共通点・相違点から，営利・非営利組織ともに「ヒト・モノ・カネ」というマネージメント管理要素の重要性が高い点は共通であるが，それらの管理する手法が異なっていると考えられる。

これまでマネージメントは営利組織を中心に考えられており，非営利組織では意識されることがほとんどなかった。しかし，非営利組織は単にサービスを提供するだけではなく，社会に豊かさをもたらすためにサービスを提供する組織である。サービスが良質でなければ，市場から排除される可能性がある以上，非営利組織においてもマネージメントは重要であると考える。非営利組織が存続していくには，様々な形での評価尺度を用い，常に質の向上を図る必要があり，そのためには，非営利組織でも営利組織が導入している「実力主義」に基づくマネージメント管理が必要になると考える。そして，今後は営利・非営利組織の管理手法は徐々に近づいていくと考える。

★ 2002年入学・女性・30歳・食品メーカー出身

> 大学（学部・大学院）での自分の学業成績（成績証明書の内容）は，あなたが本研究科修士課程で勉強するにあたっての能力を推察する資料たりうるかについて，あなたの考えを述べてください（必要ならば，全体的な成績について，あるいは特定の分野の成績について，分けて記述してください）。

私の現在の問題意識である「個との共創で文化をつくるマーケティング」は，企業でのマーケターとしての経験の中で培われた部分が多い。その意味で学部時の成績が現在の能力を充分に推察する資料とはいえない。しかし，その問題意識の原点は「人はなぜ行動するのか？」という社会科学的関心であり，学生時代は専門である経済分野，特に経済の血液である資金の分析によりその解を得ることに努めた。そこで学んだ論理的思考や現状を正しく把握し，分析する手法は私の問題意識の発展を促してきたものであり，貴校で学ぶにあたっても充分役立つと考える。

> あなたは大学（学部・大学院）時代に表彰されたことがありますか。また，どのような課外活動やサークル活動をしていましたか。それらはあなたのキャリア形成にとってどのような意義があったかを述べてください。

大学では4年間テニスサークルに所属し，3〜4年次は団体戦のダブルスメンバーとして学内外の大会に出場した。3年次の春には学内の大会でダブルスベスト8に入ることができた。競技スポーツの経験は大学に入るまでなかったが，団体戦メンバーとなったこともあり，「結果を出すこと，結果に責任を持つこと」の大切さを思い知らされた。またダブルスという競技において，各人が自立しつつも，互いのよさを出し合って一つのプレイとしていく中で，人との共創の醍醐味や相手のよさを引き出すコミュニケーション等も体得できた。

> あなたが大学（学部）を卒業してから現在までの実質的な実務経験について，あなたが重要と判断するものを，3つまで，古い年代順に，下記欄に記述してください（学部卒業見込みの方は，在学中あるいはそれ以前に，実質的な実務経験をしていれば，それを記述してください）。

1）期　間（1996年8月〜2000年3月）
　　所属部署　A部　Bセンター　　　　企業・団体名　食品メーカー
　　どのような仕事でしたか。またそれから何を得ましたか。

商品開発強化のために設立された部署で，生活者情報の収集・分析，及びそこからのコンセプト提案を行った。生活者の定性情報収集に特に力を入れ，黎明期のe-mailやwebを活用するなど手法開発も行った。
　事実情報から仮説構築をし，それを検証するという手法を体得した。また生活者が発信者になっているという個の時代の到来を体感した。

2）期　間（2000年7月〜2000年8月）
　　所属部署　お客様対応　C地区リーダー　企業・団体名　食品メーカー
　　どのような仕事でしたか。またそれから何を得ましたか。

弊社が起こした事件で被害にあわれた方々への対応責任者。その地区での数千ものお客様の声に対応すべく，対応策の検討と対応する人員の割り振り，統括を行った。マニュアルもなく，難しい判断が絶え間なく求められるなか，正しい倫理観と強い意思の下に「原則の徹底」「権限の委譲」「危険の予見とフォロー」がリーダーとして大切だと悟った。

第 5 章　合格者の研究計画書実例

3）期　　間（2000 年 4 月〜2001 年 8 月現在）
所属部署　D部　Eグループ　　　　企業・団体名　食品メーカー
どのような仕事でしたか。またそれから何を得ましたか。

　ある食品の商品開発を担当。また，シーズ由来，モノありきであった当社商品開発の見直しとしてプロジェクトも併せて立ち上げ，生活者ニーズを組み込んだ商品開発へと移行させている。開発の，プロジェクトのリーダーとして人や組織を動かすための仮説構築力と論理性，行動力を学んだ。

> 本研究科修士課程で勉強することは，あなたの将来にとってどのような意味を持っていますか。将来の計画ないし希望等について具体的に記述してください。

　私は実家が日本そば店を営んでおり，商店街で育ってきた。そこではこんな会話が日常茶飯事だ。「奥さん何欲しいの」「今日は○○が安いよ。余ったらこうするといいよ」――これは企業と顧客で考えれば，調査と宣伝，広報が同時になされている状態だ。
　私が目指すのは，「生活者の声をきき，生活者と共に文化をつくれる」マーケターであり，経営者である。8 年前「モノこそが文化を創る」と思い，メーカーに入社した私は，そこで「発信する生活者」と依然「川上発想」から抜けられないメーカーの姿を目の当たりにした。「顧客志向」を叫びつつも，実現できていない。不況も重なり，企業は業績悪化の中，不採算の整理に追われている。しかし，需要を創造するのが本来の企業活動であり，それにはマーケティングがもっと経営課題として重視されるべきだと考える。そしてその際には他社競合戦略も勿論だが，生活者への戦略が最重要と考える。「モノがいらない時代」においては，真に生活者の潜在している需要を捉えること，また生活者との信頼関係を構築して囲い込むことが企業としての要諦となるからだ。私は貴校での 2 年間を通じ，企業が明日の糧のためにすべきマーケティング課題の設定を中心にそれを可能とする経営の仕組みについて考えたい。
　貴校卒業後は，様々な企業のマーケティング課題の中で企業と生活者とのインタラクティブな関係の仕組みつくりを行っていきたい。そこで企業が顧客志向をマーケティング・経営課題に設定・遂行する経緯について更にベンチ・マーキングを深め，その実現にむけた実務でのよりよい手法確立を目指したい。なぜなら，経営課題に顧客志向や商品開発力強化を掲げる企業は多いものの，その多くが成果をあげるに至っていないからである。例えば，「顧客志向」を

第一に生まれ変わりを誓っている弊社でさえ，効果的な体制作りには至っていないのだ。なぜ「生活者との対話」が必要か，それを実行せしめるのは何か，そして実行に必要なものは何かを経営としてのマーケティングの観点から論理面で明らかにし，実現可能な提案を，生活者との関わりが強い企業に提言を行っていきたいと考えている。生活者と文化を創りうる企業の一経営参与者として，またはそういったことを志向する企業をサポートする経営コンサルティングとして，日本に個と企業の有機的な結び付きを誕生させたい。

> あなたは，自身にどのようなリーダーとしての素養があると考えていますか。あなたのこれまでの経験をもとに具体的に説明してください。

　学部時代にはゼミの代表としてゼミ論文を完成に導いた。また会社に入ってからは，事件での被害者の対応リーダーを，商品開発業務では時に20〜30名程度のプロジェクトのリーダーも経験してきた。
　こうした経験の中で，「仮説構築力や論理性に裏打ちされた持論をしっかりもつこと」「協力者に委ねること」「正しい倫理観と強い意思をもって，実行すること」といったリーダーとして必要なことを学んだ。

> あなたは，自分の仕事あるいは勉強以外で，どのようなことに強い関心や興味がありますか。例えば，趣味活動・地域活動・ボランティア活動，あるいは政治・社会・文化等に関する活動も含めて，具体的に記述してください。

　子供の教育について関心がある。以前，私が家庭教師として接していた子供が志望校に合格したものの，後にドロップアウトしてしまったことがきっかけだ。ボランティアとして小学生のキャンプに参加したこともある。その中でつくづく感じたことは，「子供は大人社会の縮図」だということである。幼いことばに親や社会の偏狭な考えが投影されていることがある。21世紀を切り拓いていく彼らには，その好奇心を大切に，自らの価値観を養ってほしい。そのために私が社会で知ったことや大切にすべきと思うことを子供達に伝えたいと考えている。

〈ミニ分析課題〉以下の設問について自由に意見を述べてください。
自治体・学校・病院等の存在目的が企業の目標と異なることは言うまでもありません。では，マネジメントについては両者のどういう点が共通で，どのような点が異なるでしょう。

　まず，組織運営の共通点についてみてみる。目的は異なっていてもマネジメントが，「組織体をある共通した目的意識の下に，計画的に，効率的に進めていくリーダーシップである」ことは一緒だ。
　第1に挙げられるのが，組織内の目的意識の共有化だ。目的を共有化しなければ，各人は勝手な考えの下で行動することとなり，組織の意味はなくなる。時に強烈なトップダウンであったり，組織内の風通しのよさであったりで，組織内の目的意識を共有することが必要だ。
　2つ目の共通点としては，施策実行にあたって効果的な手段を，効率的な資源投下によってなされなくてはならない，ということである。いかなる目的であっても，その達成にはより高い効果がある方法が実施されるべきである。そしてまた，いかなる組織も限られた人的，物的，資本的資源によって構成されており，効率的な投入が求められる。負担者の負担軽減やより多く利潤を求める上でも効率化によるコスト管理は有効である。
　次に相違点について考えてみる。利潤目的である企業と非営利で公共性が強い自治体・学校・病院等の組織とはマネジメントの出発点である目的が異なることから，その行動原理，施策評価は大きく異なっている。
　企業の利潤追求は市場原理や競争の下で運営され，そこで評価を受ける。市場とは無数の需要と供給とが交換される場であり，そこでは需要と供給の合致ですべてが決まり，アンマッチは競争によって調整される。また企業にとっての関与者は，顧客や株主といったすべて市場を介した関係となっている。
　これに対し，非営利組織では目的に沿った公共性・活動の有用性がその行動原理であり，評価軸となる。例えば富の再配分をその行動原理とする自治体では，単に黒字であることよりも広く住民自治が満たされているかが重視される。しかし，少なくとも何らかの数字で優勝劣敗が明らかになる企業の評価と異なり，公共性や目的ごとの有用性はその評価方法が難しく，あいまいになりがちだ。非営利組織の多くは負担者と受益者が異なっており，そのことも評価を難しくしている。その結果，硬直的で内向きな組織構造や赤字体質で自治とは名ばかりの依存体質に陥った非効率な自治体等の温床となった。こうした状況の打開策としては，情報開示が挙げられよう。公共性の強い非営利組織ではプラ

イパシーの配慮が必要だが、それ以外はむしろ関与者との関係が多岐にわたりがちな非営利組織にこそ情報の公開が求められる。市場で律されない非営利組織の行動への監視はこの部分が担うこと大だ。こうした点も競合配慮から情報の機密性を重んじる必要がある企業と異なる点である。

いかなる組織の運営にも公正な評価に耐える目的設定とそのための施策の実行が重要と考える。

> もし以上の項目以外にアピールしたい事柄があれば以下に書いてください（前で述べたことを繰り返さないように）。

私はマーケターとしての仕事の中で、「モノがいらない時代」においては顧客との関係に着目したマーケティングを重視すべきと考え、実際に発信する個の力を、またその力が企業を凌駕していくのを実務の中で体感した。そして、私はE-mailやWebを通じて、あるいはキッチンでのインタビュー等により発信する個の情報に耳を傾け、それをカタチにして個に戻していくというマーケティングを実践し、実務上の理論構築にも努めてきた。こうした考えを多くのマーケターの、企業としての理念とすべきと考えたからである。しかし、顧客志向のマーケティングを全社的理念・行動とするには様々な難しさが存在した。「なぜ人は動くのか？」を自らの研究課題として取り組んできたが、その答えがわかりかけてきた今、「なぜ企業は動かないのか？」を解明し、企業にとって、そして生活者にとってwinな経営を是非実現させたい。

ポストモダン・マーケティング手法の実践経験や理論構築については先駆的な試みを行ってきた自負があり、マーケティング等の授業で必ずや貢献できるものと思う。

\* 喜山壮一「Eメールマーケティング実践講座」（インプレス）
　　での事例紹介　等

## 第 5 章　合格者の研究計画書実例

### ★　2002年入学・男性・31歳・商社出身

> 大学（学部・大学院）での自分の学業成績（成績証明書の内容）は，あなたが本研究科修士課程で勉強するにあたっての能力を推察する資料たりうるかどうか，あなたの考えを述べてください（必要ならば，全体的な成績あるいは特定の分野の成績について分けて記述のこと）。

　貴研究科修士課程の教育の特徴であるケース・メソッドというタイプの授業をかつて受講した経験はない。しかしケースの中に含まれる経営現象を自分自身で分析し，意思決定を行うためには経営の諸分野において基礎的な力，少なくともそれに興味を持ち，理解する能力が求められる。また，募集要項の中には1日平均5時間程度の予習が求められるとあった。これは自主的に，情熱を持って学問に打ち込むことのできる学生が，貴研究科において求められていると考える。私は大学時代，興味を持って講義に出席し，特に専門分野においては高い割合で「優」の評価を得た。これは私の学業成績が，大学時代の学習意欲・態度の裏付けとなり，強いては貴研究科修士課程で勉強するにあたっての必要たる能力を示すものとして，私は考えるのである。

> あなたは大学（学部・大学院）時代に表彰されたことがありますか。また，どのような課外活動やサークル活動をしていましたか。それらがあなたのキャリア形成にとってどのような意義があったかを述べてください。

　大学時代にはテニスサークルに所属，3年生の時には代表を務めた。日々の練習コートの確保から，練習メニューの考案，対外試合のセッティング，予算管理や後輩の育成に至るまで，サークルは私の判断で大きく動いた。そしてサークルでの自身のリーダーシップと意思決定の成果は1年後の4月，入会を希望する新入生の大幅な増加という結果として表れた。このサークルというミニ組織での失敗/成功体験は，当時就職活動ではタブーとされたサークル活動をベースとした自己アピールを私の場合には本物にした。また実社会においても私が直面した大型プロジェクトの取り纏めや事業会社での組織のオペレーションにおいても強いリーダーシップが発揮できたし，適切な意思決定を行うこともできた。従って，この大学時代におけるサークルでの活動は私のリーダーとしてのキャリア形成に大きな意義をもたらしたと考えている。

> あなたは，自身にどのようなリーダーとしての素養があると考えていますか。あなたのこれまでの経験をもとに具体的に説明してください。

　私が入社してから一貫して希望し，選択してきた業務は組織の中で反主流，開発的な業務であった。私がそれらをあえて希望したのは過去のしがらみにとらわれず自己責任のもと企画し，進めることができることに面白味を感じていたこともあるが，それ以上に常に組織の将来に危機感を持って，新たなビジネスチャンスの発見とその課題の克服という，組織の変革の必要性をマインドとして持っていたからであった。結果として成功を収めることができたのは，私としては成功の裏付けとなる戦略を立て，先を見通し，情熱を持って自らが選択した職務に取り組んできたからと考えている。これは私自身の既存の枠組みにとらわれることのない，危機にも力を発揮できる価値創造型のリーダーとしての素養を裏付けているものと考える。

> あなたは，自分の仕事あるいは勉強以外で，どのような事柄に強い関心や興味がありますか。例えば，趣味・地域活動・ボランティア活動，あるいは政治・社会・文化等も含めて，具体的に記述してください。

　大学時代の4年間，中学進学塾で算数を教えていたこともあり，教育，特に昨今の教育改革の動向には関心を持っている。当時，子供達の将来の夢が「いい大学」に入ることであったり，塾の方が学校より楽しいと言う子が多かったことに驚かされた。最近の教育改革の議論は高等教育を中心とし，しかも学生の質の向上ではなく大学自体の構造改革にウエイトを置きすぎている気がしてならない。感受性の強い子供時代に自然との共存や生きることの尊さ，学ぶことや遊ぶことの楽しさを教え，個人個人が持つ潜在的な能力を引き出してあげるような魅力ある初等・中等教育づくりができないのか，ということを考えながら教育に関する記事には興味を持って目を通している。

> 〈ミニ分析課題〉以下の設問について自由に意見を述べてください。
> 自治体・学校・病院等の存在目的が企業の目標と異なることは言うまでもありません。では，マネジメントについては両者のどういう点が共通で，どのような点が異なるでしょう。

　マネジメントは多様な知識と知能を持つ人々が協同して働く組織において必

要な機能であり，「共通目標の設定」から「それを推進するための戦略」「充分なコミュニケーション」「協働意欲の確保」を実現することによって，組織としての成果をあげ，拡大させるようにすることであり，民間ビジネス部門としての企業と自治体・学校・病院等において共通に適用される社会的機能である。

　マネジメントのスタートは「共通目標の設定」即ち，組織の使命の設定である。この使命の設定において企業と自治体・学校・病院等は異なる。即ち，企業の場合，それは「利潤の最大化」である。企業においてはあらゆる活動が経済的な成果をあげることを前提としてなされ，経済的な成果こそがマネジメントの良否を明確にする。そしてステークホルダーへの経済的な還元がマネジメントの関心事となる。一方，自治体・学校・病院等にとって経済性はあくまでも制約条件であり（利益に関しては成長利益の確保であり，利益の非配分が重要な要件となる），組織を通じての公共，もしくは公共性の高いサービスの提供が第一義的な目標となる。そしてそういったサービスの提供で，サービスの受益者やメンバーや事業主体の「効用の最大化」が使命となる。しかし，マネジメントの終着点としての使命の成果が顧客（受益者）からもたらされることを考えると，いずれの組織においてもその使命は「顧客の創造」の上に立脚していることにおいて共通であると言える。

　使命を設定した組織には「共通目標を推進するための戦略」が求められる。ボーダレス，グローバル化が進む中，モノやサービスは溢れ，あらゆる組織が例外なく顧客（受益者）の厳しい選別の目にさらされており，顧客のニーズや欲求の充足に役立つことのできない組織は淘汰される。ここに組織にはその強みを活かした顧客創造型マネジメントが求められ，これを担うのがマーケティングである。新しいモノ・サービスを開発し，顧客を引き付け，需要を安定化させ，モノ・サービスの質を改善し，資金（寄付）を集めるなどのマーケティング課題を実践するには市場の調査，セグメンテーション，モノ・サービス対象の絞り込み，自らの位置づけ，そしてニーズに応じたモノ・サービスの創造という戦略が必要であり，この戦略とそれを具体化する戦術としてのマーケティング・ミクスの活用という，顧客志向型マーケティングは，今や企業と自治体・学校・病院等に共通したマネジメントである。しかし，企業活動において提供されるモノ・サービスは直接顧客と交換されて，終結されるのに対し，自治体・学校・病院等においては寄付金や行政からの補助金という経済的資源の提供者が存在する。従って，企業のマーケティングが専ら顧客に集中するのに対し，自治体・学校・病院等のマーケティングは顧客に対する次元と資源提供者に対する次元の二重性を帯びるという点で企業と異なる。また自治体・学

校・病院等のマーケティングは必ずしも純市場志向型とはならない。サービスに対する需要があまりに過剰で使命を損なう場合にはディ・マーケティングが必要となるし，顧客満足に反するキャンペーンを行うことなどは企業のマーケティングとは異なる。

また使命の達成のため，どんなに優れた戦略を備えていても，組織としての「充分なコミュニケーション」と「協働意欲の確保」がなければ成果の達成は不可能である。その意味でそれを担う組織の構築と人材の活用はマーケティングと合わせてマネジメントの柱となる。企業，自治体・学校・病院等は共に組織を陳腐化させることなく絶えざる組織改革を図り，複数のヒトのモチベーションを高め，自然な協働の能力をうまく利用するマネジメントが求められている。情勢変化への組織対応としての従来型組織や事業部組織という枠組みを超えたマトリックス組織などの編成や年功序列を脱した能力主義・成果主義は，スピードの差こそあれ，共通してその導入が実施・検討されている。この組織と人材のマネジメントにおいての企業と自治体・学校・病院等との違いは，「利潤の最大化」以上の何かを使命に持つ自治体・学校・病院等のマネジメントには，無給スタッフとしてのボランティアを含めた組織に働く者のボランタリズムを拡大させるような参加型マネジメントが求められるという点で企業と異なる。

最後にマネジメントの社会的責任への貢献がある。まず企業も自治体・学校・病院等も社会に対してオープンであるべきであり，アカウンタビリティとディスクロジャーの義務や組織の監査の強化が果たされなければならず，このための組織のガバナンスが必要となる。また自治体のみならず，すべての組織がモノやサービスを提供する顧客（受益者）といった直接に関係する人々に対する責任に加えて，組織が存在する地域に対する変化や環境問題，更には文化に対する貢献等を積極的に果たすことが求められるのである。つまり社会的責任への貢献は企業と自治体・学校・病院等に課せられる共通なマネジメントと言える。

> もし以上の項目以外にアピールしたい事柄があれば以下に書いてください（前で述べたことを繰り返さないように）。

私が会社や普段の生活の中で，特に大切にしていることを述べたい。第一は，他人の意見やアイディアを否定する時には，それに代わる自分の意見を相手に説明するということである。入社して私が憤りを感じたのは会議の場などで部

## 第5章　合格者の研究計画書実例

下の企画や意見に頭ごなしに反対し，ネガティブな態度を示す一部の上司の姿であった。彼らは過去の経験などからその反対意見を正当化したが，「では，どうするか」という具体論については何も示さなかった。

　翻ってみれば，国会やテレビでの討論の場でも，敵対する相手を否定する「声の大きい人」が「辛口」として評価されているのを目にする。私は他人の案や意見の中にネガティブ・ポイントを見つけ出すことは非常に簡単なことであり，もっともに聞こえるが，何も創造しないと考えている。私は他人の意見を聞き，吟味し，意見する場合には，「では，どうするか」ということを，必ず示すのを大切にしている。

　第二に，私は継続をもって自らのポリシーを貫くということを大切にしている。大袈裟だが，例えば，私は配属以来，始業時間は9時半だが必ず8時には出社している。これは製紙会社やメーカーの工場が8時に始業するからであり，顧客からの信用獲得が商社にとっては何より重要な商売のベースになるものとすれば，「顧客中心に身を置くべき」というポリシーに基づくものである。これは一つの例だが，私はどんなに優れたポリシーを持っていても，実行が伴わなければ，単なる薄っぺらな口だけの人間で終わってしまうと考えている。私は自分自身のポリシーを実行に移し，継続することで，特に顧客，部下，後輩に信頼される人間でありたいと考えているのである。

　これら二つの私が大切にしていることは2年間，貴研究科修士課程で学ぶことにおいても必ず活きてくると考えている。

★　2002年入学・男性・28歳・エンターテインメント業界出身

> 大学（学部・大学院）での自分の学業成績（成績証明書の内容）は，あなたが本研究科修士課程で勉強するにあたっての能力を推察する資料たりうるかどうか，あなたの考えを述べてください（必要ならば，全体的な成績あるいは特定の分野の成績について分けて記述のこと）。

　学部における成績から私の能力を推察するのは難しいでしょう。なぜなら，担当教授と反対の見解を試験で述べたというだけで授業を全く聞いていなかったとみなされ，CやDをつけられた科目がいくつもあったからです。また，学部生の1/3がゼミの定員から溢れてしまうという状況ゆえ，卒論すら作成することができませんでした。このような理解しがたい環境で学んでいたことを考

慮に入れていただきたいと思います。

是非とも，社会に出てからの私の活躍を重点的に評価していただきたいと思います。

ただ，一般教育科目の「基礎演習」のA評価には注目していただきたいと思います。これは模擬ゼミとも言われるものなのですが，私はこの演習において議論をとりまとめ，関連資料を独自に検索し，配布したり，全員が同意見になってしまった時にはあえて逆の立場をとってみるなど，演習に貢献，リードしていました。その証がA評価なのです。この経験は必ずやケーススタディ中心の慶應義塾大学大学院経営管理研究科での学習に生きるであろうと確信しております。

> あなたは大学（学部・大学院）時代に表彰されたことがありますか。また，どのような課外活動やサークル活動をしていましたか。それらがあなたのキャリア形成にとってどのような意義があったかを述べてください。

私は大学4年時に，倍率400倍といわれる難関をくぐり抜け，A社研修生に選抜されました。これにより，私にはCGデザイナーとしての道が拓け，少年の頃からの憧れの世界であったゲーム業界へと飛び込むチャンスを得ました。また，その現実は私が一人のCG「職人」から経営者へとキャリアデザインを変更させる原因でもありました。

確かにそこでCGデザイナーとして得た技術，集中力，自己研鑽能力，そして自信は私にとって大きな財産となっております。しかし，表向きの華やかさとは裏腹に，経営問題が山積みになっている現実を見せつけられたのです。無計画な運営により，採算割れのプロジェクトが頻発し，また，従業員は超長時間労働に加え低賃金。にもかかわらず，ゲームバブルでのし上がった経営陣は何も手を打ちませんでした。その後働いた2社でも同様でした。

私は，大学時代にやっていた会計・簿記資格をもとに，問題意識が芽生えてゆきました。そこで，問題を解決し，自らプロの経営者またはコンサルタントなどとなり，ゲーム業界を救うには，MBAの取得により，総合的に経営のノウハウを身につける必然を感じ，ここに志願するに至ったのであります。

第5章　合格者の研究計画書実例

> あなたが大学（学部）を卒業してから現在までの実質的な実務経験について，あなたが重要と判断するものを3つまで，古い年代順に下記欄に記述してください。学部卒業見込の方は，在学中あるいはそれ以前に実質的な実務経験をしていれば，それを記述のこと（ただしクラブ活動の類は除きます）。

1）期　間（1997年12月〜1999年1月）

所属部署　Aスタジオ　　企業・団体等の名称　株式会社B
どのような仕事でしたか。またそれから何を得ましたか。

　ゲームソフトのCGデザイナーとして働きました。
　世界最高水準のCG技術を誇るこのプロジェクトに携われたことは私に大きな自信と強靭な精神力をもたらしました。また，社会人においては，過程はどうでもよく，結果を出さねば何も認めてはくれないのだということを学びました。そして，採算割れのプロジェクトが頻発し，従業員の給料が圧迫され，さらに，労働者を使い捨てにする現場を目の当たりにし，経営について関心を向ける契機ともなりました。

2）期　間（1999年7月〜2000年3月）

所属部署　C部　　　　　企業・団体等の名称　株式会社D
どのような仕事でしたか。またそれから何を得ましたか。

　ゲームソフトのCGアニメーターの派遣社員として働きました。このプロジェクトにおいて，私は，数少ない三次元CG経験者として事実上，指導的立場を担うとともに，現場のアニメーターとしても膨大な仕事量をこなしました。ここで得たのは「プロ意識」です。お客様に納得していただけるクォリティを確保すると同時に予算・期限に合わせた摺り合わせを体得しました。
　また，現場，経営陣共にコスト意識が欠落していたのです。売上予測もせずに無闇やたらと人・時間・金を投入。当然，採算割れを起こし労働者の賃金は低いまま。モラル低下により怠業，納期の遅れ。更に人・時間・金を投入という悪循環を見せつけられました。このような「荒れた」現場に身を置いたことで心底，優秀な指導者＝経営者の必要性を感じました。

3）期　間（2000年3月〜2000年11月）

所属部署　Eチーム　　　企業・団体等の名称　株式会社D
どのような仕事でしたか。またそれから何を得ましたか。

　ゲームソフトのCGアニメーター，アレンジャーとしてプロジェクトに参加

しました。このプロジェクトにおいて初めて明確に2人の部下がつき，また，20人近いCGアニメーターの事実上のまとめ役，技術指導，プログラマー・プランナーとの折衝なども行いました。当時私が手にした本はD・カーネギー『人を動かす』でした。そして悟ったのは人は理詰めだけでは決して動いてはくれないのだということです。

　このプロジェクトが終わる頃には約4年間に4社を渡り歩いてきた経験と問題意識から，経営について体系立てて勉強し直したほうがよいのではないか，また，自分は現場の作業者よりも会社をまとめていくほうが私にはあっているのではないかと思うに至ったのです。

> 本研究科修士課程で勉強することは，あなたの将来にとってどのような意味を持っていますか。将来の計画ないし希望を具体的に記述してください。

　私は少年の頃からの憧れであったゲーム業界の再生に邁進して行きます。今，ゲーム業界は過去の栄光などどこへやら，すっかり没落してしまいました。しかし，これには明らかな理由があるのです。第一に，採算度外視のプロジェクト運営。第二に，マーケティングという思考そのものの欠如。第三に，ゲームそのものに文化的プレステージ性を付与できなかったこと。つまり，ブランド化の失敗。第四に，携帯電話など他の娯楽商品に対抗できるような新基軸を打ち出せなかった。第五に，融資の金脈の確保を疎かにしていた。私はこれらゲーム業界没落の理由を挙げることはできるものの，その対策法を会社という組織相手に説得するだけの能力も権力もないのが実情です。

　しかし，その問題解決の鍵の一つが慶應義塾大学大学院経営管理研究科で学ぶことです。ケーススタディを前面に出した実践的なMBA教育をものにできたなら，迅速に実社会に結果を反映できることでしょう。その中でも私は今までの職務経験から，まず，ゲーム業界に最も欠けていると思われ，また，経営の要でもある財務の勉強に集中しようと思います。また，企業戦略を構築する上で欠かせない，マーケティングの学習も外せないでしょう。私はこれら2本を中軸に据え，将来のゼネラルマネジャーとなるべく学習してゆきたいと考えております。

　そして，すでに多くの慶應MBAホルダーの先輩方が社会でご活躍されており，その人脈はきっと私がこれから社会を渡って行くのに大きな助けとなってくれることでしょう。そして，今もって根強い学閥主義を今度は私が利用し，慶應MBAホルダーという，強力なブランドをもって素早く社会の中枢に潜り

込み，改革を断行することも可能でしょう。社会に出てみて，実力を生かすには血縁，学閥，人脈といったものが必要なのだと思い知らされましたから。

そして，数少ない「日本発」の文化産業，テレビゲームの絶滅を防ぎ，世界進出を推進してゆくためには，私はまず，銀行などの金融業界に身を置くべきだと考えます。なぜなら，融資の人脈を多方面に確保するためです。この人脈は企業にとっても，私の人生にとっても必ず有利に働いてくれることでしょう。また，独立し，経営者となった場合でも，社内のお金の流れを把握するのに金融業界での経験は必ず生きてくることでしょう。

私の具体的な将来のビジョンは以下のようになります。日本のゲーム会社とアメリカの旺盛な投資家との架け橋になります。買収・合併により，資本・人材の集中化を行います。組織のフラット化を行います。客観的人事評価を導入します。血縁・学閥が未だに根強い，旧態依然とした業界体質の打破を行います。市場を世界に拡げ，日本発の文化産業としてより一層の世界進出を推進します。このように，ゲーム業界の再生を業界の枠にとらわれずに行ってゆきたいと考えております。

> あなたは，自身にどのようなリーダーとしての素養があると考えていますか。あなたのこれまでの経験をもとに具体的に説明してください。

私は結果を出すために，自らが先頭に立ち，決断，行動するタイプであると同時に，ひたすら相手の意見を聞き，その能力を信用するタイプでもあります。

D社において，H開発時，私は完全に独断専行タイプのリーダーでした。「こんなCGでは客に見せられない」と一人言い張り，誰から頼まれたわけでもなく，一人で休日出勤を重ね，全体の修正作業に没頭していました。やがて，結果が明らかになってくると，上司を含め，全員が修正作業に協力してくれるようになりました。

また，I開発時にはHでの信用をもとに，技術指導のみならず，日常の相談事やトラブルの仲裁までも頼まれることがありました。まず，お互いの言い分をそれぞれが気の済むまで言わせ，それをよく聞いてあげることが大切なのです。たとえ，その言い分が間違っていたとしても，しっかりと聞いてあげることで不満はかなり解消されます。そこで，私は彼らを信用し，ただ，力のベクトルを操作してあげるだけで，驚くほどの結果を出してくれるものなのです。

> あなたは，自分の仕事あるいは勉強以外で，どのような事柄に強い関心や興味がありますか。例えば，趣味・地域活動・ボランティア活動，あるいは政治・社会・文化等も含めて，具体的に記述してください。

　私は，現在，モーターサイクル（バイク）レースに参加したり，仲間のサポートを趣味としています。将来，充分な経済基盤，社会的地位についた暁にはバイクレースの宣伝，スポンサード，人材育成を行い，また，警察や学校によるバイク業界への不当な差別の打破に努めてゆきます。
　世界で活躍する日本人スポーツ選手というと野球やサッカーを思い浮かべる人が多いと思います。しかし，モーターサイクルレースの世界では，はるか以前から世界に通用する選手を多数輩出し，世界チャンピオンが既に何人も誕生しています。更にバイクのほとんどすべては日本メーカーのものなのです。こういった偉業が日本人にほとんど知られていないのは悲しいことです。
　日本人ライダーが活躍し，日本メーカーが勝つことがもっと広く知られるだけでも国民の意識が高揚し，景気回復にも多大な影響をもたらすものと思います。
　私は，是非とも，モーターサイクルが正当な社会的地位を得られるよう，社会に貢献してゆきたいと思います。

> 〈ミニ分析課題〉以下の設問について自由に意見を述べてください。
> 自治体・学校・病院等の存在目的が企業の目標と異なることは言うまでもありません。では，マネジメントについては両者のどういう点が共通で，どのような点が異なるでしょう。

　まず，ここにおいて，学校・病院等とは国公立のものとみなし，話をすすめる。私立学校・病院等は企業とその性質を区別することが困難だからである。
　自治体学校・病院等の公益法人と企業という営利法人のマネジメントにおいて，社会的責務の遂行という点で共通している。
　その一例として就業の場の提供が挙げられる。1995年国勢図会によると，全就業者数約6,414万人のうち3.4%の215万人が公務員である。今後，不況の影響により，一層公益法人に安定を求めて人材が流入する傾向が強まると思われる。もちろん，企業が主たる雇用の受け皿であるが，昨今，企業側の求める人材と求職者の意志・能力にズレがあり，雇用が円滑に進んでいないという実情も見られる。逆に，雇用者の側からすると自治体等，企業ともに，この不況は買い

第5章　合格者の研究計画書実例

手市場で，優秀な人材を厳選できるチャンスでもある。

　また，自治体等は，治安の維持，保健・衛生，安価な教育の提供など，企業には手を出しにくい分野でその責務を遂行している。一方，企業はその商行為において，安全性を確保し，また，公害を防止することが必要とされ，そして利益を還元し，環境・教育・文化事業を支援することもまた責務である。また，それは企業のイメージアップにつながり，間接的に業績向上をもたらすものであり，企業戦略的にも避けられないものである。

　例えば，安全性をないがしろにし，2000年6月に食中毒事件を起こした雪印乳業の例を挙げてみたい。雪印乳業は，その事件そのものの悪質性と対応のまずさにより，消費者からの信用を失い，大きく業績を悪化させた。雪印乳業公式ホームページによると単体決算において売上高543,966百万円（2000年3月期）から361,554百万円（2001年3月期），経常利益12,203百万円（2000年3月期）から－58,680百万円（2001年3月期）と，事件を挟み大幅に業績を悪化させていることがわかる。また，Yahooファイナンスホームページでは2000年6月の事件直前に1株600円を超える高値をつけていたものの，事件後株価は下げ続け2001年9月現在においては300円台を下回ることすらある。これは日本経済全体の悪化の影響とも言えなくはないが，事件直後の極端な売りが示すように，事件がこの株価低迷の原因になっているのは間違いない。この雪印乳業の例は企業が社会的責任を負っていることの証拠である。また，経営者は，その能力を財務だけでなく，発言などでリーダーシップの面でも評価されており，それが企業イメージに深く関係し，企業全体の業績をも揺るがすものであるという好例である。

　しかし，自治体・学校・病院等と企業のマネジメントは異なる点もある。

　自治体等の公益法人は利益という結果を求められることがない。資金は税金として徴収し，不足したら増税や債券発行などをして永久に後世に付けを回し続け，ひたすら浪費に専心すればよく，そのマネジメントは至って簡単である。警察や軍などの直接的権力，許認可権などの間接的権力を振りかざし，革命が起こるまで搾取し続ければよいのだ。極論のように聞こえるかもしれないが，これが日本の実態なのだ。彼らは供給者側の論理から「サービス」を行っている。だから，市民が何を欲しているのかなど関心はないからマーケティングなど行わない。自分達が何をしているのか知ってもらう気すらないので，宣伝・広報活動は名ばかり。挙げ句の果てには情報開示すら拒む。資本主義社会において非営利であるということは利益という明確な目標を見失わせ，すなわち，その組織の存在意義すら見失わせてしまうのだ。

一方，企業は必ず利益という結果が求められる。企業の資本及び負債は株式や社債，銀行からの融資が主である。そのため，必ず利益を還元しなければならない相手がいるのだ。また，その利益を企業にもたらすのは消費者である。よってマーケティングにより，市場のニーズに常に注意を払っておく必要がある。そして，消費者にも利益を還元することでがっちりと顧客の心をもつかむことができる。更に，従業員への利益の還元も忘れてはならない。それにより士気が上がり，より一層，企業に利益をもたらしてくれるであろう。また，利益を出すためには宣伝・広告が必要である。たとえ，いい製品・サービスを提供できるとしても，それが広く知られていなければ顧客はつかないからだ。また，雪印乳業の例でも見られるように，企業イメージというのはその企業の業績を大きく左右するものであり，日頃から危機管理にはぬかりなく，また，慈善事業なども行うようにしたい。企業は利益という明確な目標が見えているが故に，利益をもたらす相手を的確に捉えることができ，合理的な行動を可能にしているのである。

　つまり，自治体・学校・病院等と企業のマネジメントは，社会的責務の遂行，という点で共通しており，また，自治体等は非営利集団であり，企業は営利追求集団であるという点で異なっているのである。

★　2002年入学・男性・26歳・商社出身

> 大学（学部・大学院）での自分の学業成績（成績証明書の内容）は，あなたが本研究科修士課程で勉強するにあたっての能力を推察する資料たりうるかどうか，あなたの考えを述べてください（必要ならば，全体的な成績あるいは特定の分野の成績について分けて記述のこと）。

　全体的な成績は，学業全般において理解し，そつなく結果を出す能力を示しているが，そのほとんどは暗記型学習の結果でしかない。私自身の論理力等の一端を示すものとして，卒業論文の結果を取り上げたい。自らテーマを考え，教授他の指導を仰ぎながら考えを纏め，結果を導くという，初めて取り組んだ研究である。4年生の秋には学会発表も行った。論文作成，学会発表では暗記・理解力だけでなく，MBAコースでのケーススタディーにおいて必要とされるであろう論理・創造力，また説得力やスケジュール管理力などが試され，それに対して力を発揮できたと考えている。以上，私の学業成績はKBSで勉

### 第5章 合格者の研究計画書実例

強するにあたり必要となる基礎能力が私にあることを示している。

> あなたは大学（学部・大学院）時代に表彰されたことがありますか。また，どのような課外活動やサークル活動をしていましたか。それらがあなたのキャリア形成にとってどのような意義があったかを述べてください。

　表彰されたことはなく，課外活動等について次のとおり述べる。大学1，2年はテニスサークルの運営，3，4年ではサークル同期と通信添削塾の設立・運営に携わった。サークルでは2年生の幹事年度に総勢100人以上の組織に拡大させることに成功し，通信添削塾では，全体のリーダーとして添削システム構築，講師手配，広告戦略策定などすべてをゼロから立ち上げた。どちらの活動でも情熱を持って携わり，組織運営の難しさを経験しながらリーダーに求められる能力を学び，また信頼できる友を得ることができた。キャリア形成には，経験から得られる知識・実行力といった自身の能力と，幅広い交友関係から得られる助力が必要不可欠であり，これらの課外活動を通じて意義ある無形の財産を得たと考えている。

> あなたが大学（学部）を卒業してから現在までの実質的な実務経験について，あなたが重要と判断するものを3つまで，古い年代順に下記欄に記述してください。学部卒業見込の方は，在学中あるいはそれ以前に実質的な実務経験をしていれば，それを記述のこと（ただしクラブ活動の類は除きます）。

1）期　間（1996年4月～1998年5月）
　　所属部署　A部　　企業・団体等の名称　B株式会社（総合商社）
　　どのような仕事でしたか。またそれから何を得ましたか。

　プラント輸出に関わる経理，国内外税務業務を担当した。本業務に関する基礎知識と実務を勉強し，更に尊敬する真のリーダーに巡りあい，組織として業務遂行する際のチームワークの大切さを学んだ。そこでは担当業務に対する個々の能力が求められるのは当然であるが，それとともに方針決定・業務分担をするリーダーの能力とお互いの信頼関係が必要であることを実感させられた。

2）期　間（1998年6月～2000年12月）
　　所属部署　C部　　企業・団体等の名称　B株式会社（総合商社）
　　どのような仕事でしたか。またそれから何を得ましたか。

ある米国現地子会社に関し，株主として取締役会や日々のやり取りを通じ，当社の経営戦略を策定，その実行につき現地経営陣，株主側メンバーらと取り組んだ。1年間の現地滞在も経験し，業績回復のためのリストラ（経営陣の刷新，従業員削減，本社移転など）に携わり，企業が生き残るためには失敗を恐れず改革する勇気・信念と，それを肉付けする能力を持った経営者が不可欠であることを痛感した。

3）期　間（2001年1月～2001年6月）

所属部署　D校　　　企業・団体等の名称　株式会社E（英会話学校）
どのような仕事でしたか。またそれから何を得ましたか。

マネージャー補佐として，D校の新規開校とその後の運営に携わり，スタッフの取り纏め，新規生徒の入学勧誘（営業）を担当，開校を成功に導いた。営業活動の成功には，一方的な売り込みだけでなく，相手の事情・要望を細かく調査し，自社のサービスを利用することのメリットを理解してもらうことが必要であると改めて学びながら，3ヶ月間で新規生徒300人の獲得に成功した。

> 本研究科修士課程で勉強することは，あなたの将来にとってどのような意味を持っていますか。将来の計画ないし希望を具体的に記述してください。

仕事上の中長期的な目標は，経営者としての成功であり，KBSのMBAコースにおいて勉強することの意義は，第一に正しい経営判断力と自信を習得すること，次に，仮に仕事に失敗することがあっても事業家として再起する力と勇気を養うことにある。

現在私は，多くの語学を教えている㈱Fという父親が経営する語学学校に勤務しており，主に企業向け営業に携わるかたわら，将来の経営継承を視野に入れ，方針決定，財務・人事管理などの経営判断のプロセスを勉強している。多言語という珍しさ，数年前までの第二外国語ブームなどの要素と，質の高い教育を目指す経営方針がうまくかみ合い，起業以来，順調な運営を行っている。今後ともグローバリゼーションの流れの中で語学教育がますます必要となることは間違いないが，同社を取り巻く環境は著しく変わってきており，今まで以上に変化に対応する経営が求められている。具体的には英語ブームと他言語の需要低落，英語教育の低年齢化，ITを使った語学教育の普及などである。同社の永続的な経営のためにはこれまでの業態に加え，英語部門の強化やITへの対応，そのための大手資本との提携，IPOによる資金調達などを視野に入れる必要があると考えている。

## 第5章 合格者の研究計画書実例

　私はKBSでの勉強を通じて，各種経営要素の分析力，様々な状況下での経営判断力と実際の経営手法を身につけるとともに，経営継承予定の同社の経営状況の分析，今後とるべき施策の検討も行いたいと考えている。

　正しい経営判断力の基となる"戦略的思考力"が現在の私には不足しており，その力がなければ経営者にはなれないという考えが，MBAコースを志望するきっかけとなっている。この力不足を痛切に感じたのは，ある米国会社のリストラを株主として手がけた社会人3～5年目の時であった。実施されたリストラ策の中で最も重要だったのが，ワンマン社長の更迭であったが，4年目の4月，私は経営改善にはまず経営トップの交替が必要と考え，実現に向け株主の説得に動いたが，結果，そのままの経営体制を維持していく決定がなされた。大勢の意見は，定性的な意義は分かるが，更迭せずとも各種リストラにより業績回復は可能であるといったものであった。この時はなぜ説得に失敗したのか理解できずにいたが，その1年後，更なる業績悪化もあり，最終的に経営トップの刷新が実現することとなったとき，私は1年前の自分の未熟さに気づかされた。1年前には，"更迭なくしてリストラなし"という議論と，トップ交替から波及し，経営に大きな影響を与える事象に関する分析をほとんどしていなかったのである。具体的には，新組織案・新営業方針・利益計画・更なるコスト削減案・財務体質の改善策などの検討である。これらの詳細かつ総合的な分析が行われない限り，つまり，"戦略的思考"がない限り，正しい経営判断を下すことはできないという原則を身をもって経験した。

　これが初めてMBAを意識した時であり，この能力不足解消のため，最短かつ効率的な手法として，ケーススタディー等による自己鍛錬が可能なMBAコースを志望し，また語学業界の動向に常にアンテナを張るために，国内でのMBA取得を目指すこととした。

> あなたは，自身にどのようなリーダーとしての素養があると考えていますか。あなたのこれまでの経験をもとに具体的に説明してください。

　私が考えるリーダーの主な役割とは，(1)明確な戦略と方針の決定，(2)メンバーへの権限，業務委譲と人材の育成，(3)人望の獲得であり，現在の私には(2)及び(3)の素養があると考えている。今年3月にE学校の新規校オープンにマネージャー補佐として携わった際，スタッフ皆が初めての業務で戸惑う中，常に全員に全体の方針と個々の仕事の意義を理解させ，業務についてもらうよう心がけた。私が担当したほうが良い結果が出ると思ったことも多々あったが，

分担した業務に従い，皆に頑張ってもらったお陰で，開校を大成功に導き，皆が達成感を共有することができた。この経験はリーダーとして求められる人材育成力と人望が私に備わっていることを示している。

> あなたは，自分の仕事あるいは勉強以外で，どのような事柄に強い関心や興味がありますか。例えば，趣味・地域活動・ボランティア活動，あるいは政治・社会・文化等も含めて，具体的に記述してください。

　家族のあり方について触れたいと思う。近年，犯罪がますます若年齢化，一般化していく原因は，経済の低迷や教育，社会の国際化，IT技術の発展など様々な要因が重なり合っているのだろうが，根本は社会活動の基本である"家族"というものが軽視されてきていることが原因であると考える。物事の善悪，礼儀，我慢，人を思いやる気持ちなどの基本は，家族の中で両親他から教育されるべきものであるが，最近は親が子供を教育すること，子供に関与することすら放棄しているように思われる。学校教育システムや刑法を改正したところで犯罪が減るとは思えず，解決のためには，家族とはどうあるべきか，国民皆で考えるべき時にきていると思う。

> 〈ミニ分析課題〉以下の設問について自由に意見を述べてください。
> 自治体・学校・病院等の存在目的が企業の目標と異なることは言うまでもありません。では，マネジメントについては両者のどういう点が共通で，どのような点が異なるのでしょう。

　自治体・学校・病院等（以下，自治体等という）は広い意味で非営利かつ公益な法人に分類され，良いサービスを住民・生徒・患者に永続的に提供することを目的としている一方，企業は非公益な営利団体に分類され，利潤の追求を目的とし，企業活動の過程において良いサービス・商品の提供，また納税を行い社会に貢献している。

　まず共通点について纏めたい。両者とも経営トップの責任のもと，永続的な存続のために種々の経営自助努力をする必要がある点において共通である。公益な法人には利潤追求という概念がないものの，収支がプラスにならない限り永続的な存続はおぼつかなく，企業と同様に，無駄なコスト削減，適材適所の人材配置といった効率的な経営，消費者・受益者の立場に立った質の高いサービス・商品の提供，独自性のアピールによる集客などを行い，収益をあげる必

要がある。地方自治法では効率的な経営について，「地方公共団体は住民の福祉の増進に努めるとともに，最少の経費で最大の効果を挙げるようにしなければならない」と明記されている。この点において，両者のマネジメント手段は共通である。

　次に異なる点であるが，経営の判断基準の違いにより生じるマネジメントの自主性の違いを取り上げたい。企業の判断基準は第一に収益性であり独自の判断により自社の体力内でマネジメントしていく。それに対して，自治体等は，企業以上に公益性を考慮した判断を行う必要があり，また補助金等を利用できる点が両者の大きな違いである。つまり独自の判断・勘定により経営する企業に比べ，自治体等のマネジメントの方が自主性が低いと言える。

　自治体等の業務内容は本来，国民に対して果たすべき国の使命が各法人に委譲されたものと考えられ，受益者に対して永続的にサービスを提供する社会的責任がある。この公益性維持のために地方税・学費・治療費といった主な収入に加え，地方交付税，教研機器に対する補助金，健康保険による報酬，法人税の対象から外すなど，国による優遇制度を与え，経営努力によっても賄いきれない部分を穴埋めできる仕組みとなっている。これは公共のサービス提供のためには，自身の経済的理屈のみで行動できず，マネジメントの自由度，自主性が制限されている点を補うための措置と理解される。マネジメント手段の具体的な違いは次のとおりである。企業では自社存続のためには，収益性の高い分野への資本投入，痛みを伴うリストラなど独自の判断による厳しい経営努力を行う。一方，自治体等では，時に事業そのものに収益性がなくとも実施しなくてはならなかったり，独自の判断のみでは行動に出ることができなかったりするのである。

　さらに現実には，自主性を放棄，つまり経営努力で足りない部分を補助金で補うのではなく，補助金に頼りきったマネジメントの自治体等が多い。右肩上がりの時代以来，要求すれば補助金を得ることができたため，公益性という言葉の陰で，収益性を意識したマネジメントが疎かにされ，その結果補助金なくしては生きることができない体質となってしまったと思われる。自助努力の前に交付金の陳情に精を出す知事，原価概念のない病院経営者，具体的には，自治体の自前税収は財政全体の3割しかなかったり，6割の病院が赤字といった現実である。昨今，すべての分野において競争の時代に入り，また国の財政難もあり，地方交付税の配分や地方自治の見直し，医療報酬制度の改革，医療法人の株式会社化，国立大学の民営化など数多くの改革案が取り上げられている。これらはすべて公益性を鑑みながら経営自助努力を行い，賄いきれない部分を

補助金が補うという自治体等のマネジメントが本来あるべき姿に近づくための道筋であると理解される。

以上のとおり、両者のマネジメントにおける共通点は、存続のための経営努力と経営トップの責任であり、異なる点はマネジメントの自主性にあると考えている。

> もし以上の項目以外にアピールしたい事柄があれば以下に書いてください（前で述べたことを繰り返さないように）。

私は人との交友関係を貴重な宝と考え、日々行動している人間であることを述べたいと思う。最近は自分に能力さえあれば生きていくことができるといった考えが多いように思われるが、私は常に周りの方々の力を借りて初めて自分の能力が発揮されていることを認識し、彼らへの感謝を忘れないようにしている。言うまでもなく、ビジネスにおいて最終的に必要なものは自分の能力であるが、目標到達までの過程における周りからの手助けは欠かせない。交友関係の中で最も大切なものは学生時代からの友人との仲である。これまでの人生の中で数多くの友人を作り、各種同窓会幹事を務めているが、この友人達が常に精神的な支えとなってくれているだけでなく、最近では仕事上の手助けもできるようになってきており、今後、仕事を行う上でかけがえのない財産となるであろう。

仮にKBSにて勉強する機会を得ることができたなら、必ずや将来のお互いの成功に繋がる交友関係を築くことができ、その成功により、KBSへの恩返しができるものと確信している。逆にこの成功を得るために、なんとしてもKBSにて勉強したいと思っているのである。

★ **2002年入学・女性・34歳・電力業界出身**

> 大学（学部・大学院）での自分の学業成績（成績証明書の内容）は、あなたが本研究科修士課程で勉強するにあたっての能力を推察する資料たりうるかどうか、あなたの考えを述べてください（必要ならば、全体的な成績あるいは特定の分野の成績について分けて記述のこと）。

私の大学での専攻分野は、工学系研究科原子力工学です。原子力工学は工学

系の中では理学系，生物学系，更には最近指摘されているように社会学系との関わりが比較的ある分野ではありますが，学業のポイントは工学一般及び原子力工学の専門知識を深めることにあり，経営管理研究分野との直接の関わりはないと思われます。従って，私の大学時代の成績は，経営管理学研究にあたっての自分の能力を推察する証明材料とはなりません。

> あなたは大学（学部・大学院）時代に表彰されたことがありますか。また，どのような課外活動やサークル活動をしていましたか。それらがあなたのキャリア形成にとってどのような意義があったかを述べてください。

大学時代はバトミントンサークルに所属しておりました。親睦重視のサークルではありましたが，私はバトミントンが上達したいという気持ちが強く，練習や合宿には真剣に臨んでいました。しかしサークルといえども組織である以上，上手であればよいというものではなく，仲間や先輩方との接し方にもそれなりの注意が必要でしたが，そのことに気がついたのは社会人となってからでした。組織の中での振る舞いに配慮が欠けていたせいか，私はサークル活動において役員を経験しておりません。そのことが今となっては貴重な教訓となっています。

> あなたが大学（学部）を卒業してから現在までの実質的な実務経験について，あなたが重要と判断するものを3つまで，古い年代順に下記欄に記述してください。学部卒業見込の方は，在学中あるいはそれ以前に実質的な実務経験をしていれば，それを記述のこと（ただしクラブ活動の類は除きます）。

1）期　間（1998年1月～1998年8月）
　　所属部署　A部　　　　企業・団体等の名称　B株式会社
　　どのような仕事でしたか。またそれから何を得ましたか。

当社の技術情報提携先であるフランスの公社との間で，開発に関する国策の違いにより技術協力のあり方を見直す必要が生じ，私はその交渉実務担当となりました。フランス側が最新情報を出しにくくなったことを受け，協定書から「○○設計」の言葉を消し，基盤技術情報は出せることが読めるようにすることで合意に達しました。国と国との間の協定はまさに政治問題であること，また立場の異なる機関の間で話をまとめるには，理解力と折衝力と決断力が必須

であることを学びました。

2）期　　間（1999年10月～2000年7月）
　　　所属部署　A部　　　　企業・団体等の名称　B株式会社
　　　どのような仕事でしたか。またそれから何を得ましたか。

　当社の重点のプロジェクト課題の最終段階取りまとめの一環として，20年近く実施されてきた概念設計の成果を1冊のコンパクトなパンフレットにまとめる実務担当をしました。とりまとめで最も注意を要したことは，将来に向けた最低限の技術継承のためには何を書き残すべきかの取捨選択でした。多数の関係者に読んでいただいた感想はおおむね「うまくポイントがまとまっている」とのことでしたが，一方で建設まで至らなかった理由が経済性であることは明らかで，今後の良い教訓となりました。

3）期　　間（2001年4月～2001年8月）
　　　所属部署　C室　　　　企業・団体等の名称　B株式会社
　　　どのような仕事でしたか。またそれから何を得ましたか。

　電力事業について国民や立地地域の皆様に知っていただくことは当社の責任の1つですが，最近その説明活動が当社の理念と乖離しているとの反省から「○○を考える会」を社員有志で立ち上げ，私は発起人の1人となりました。具体的には，安価な電力の長期的供給という当社の事業目的のためには社会のどの階層に対しどのようなアプローチが必要か議論する会です。私は自分のビジョンの明確化は達成しましたが，当社の事業への本当の貢献はこれからです。

> 本研究科修士課程で勉強することは，あなたの将来にとってどのような意味を持っていますか。将来の計画ないし希望を具体的に記述してください。

　当社の使命は発電事業の一端を担い，安定安価な電力供給に貢献するとともに，発電会社として，より高度化された，安全性・経済性・信頼性の高い発電を目指して技術開発をも行うことです。つまり，企業として当然追求すべき経営の効率化と同時に，他の電力会社よりはコストのかかる技術開発も手がけなくてはならないという，非常に両立の難しい一面を持っています。昨今の電力自由化及び規制緩和の流れにより，他の電力会社も厳しい経営の効率化を迫られておりますが，当社は発電という企業定款のため，他の電力会社のような経営の多角化には限界があります。当然，同業他社のやり方を学習し追従するだけでは経営が行き詰まるのは目に見えております。当社独自の経営方針を打ち出し，これまでのように一卸電力として電力会社に電気を買い上げていただく

のみにとどまらず，買い手の立場に立って，技術その他何でも売り物になる商品を戦略的に開発し，安価な電力供給に反映していかねばなりません。そのためには組織の力を最大限発揮できるよう，組織変革も含め，関係者全員の努力が必須です。

　私は日本のエネルギー長期的確保に貢献するというビジョンを持っております。今，電力業界そして当社のような会社は，電力自由化と規制緩和という大きな転機を迎えています。この転機はある意味で「電気はいつでも売れる」という発想から脱し，電力事業のあり方を見直すチャンスでもあります。しかし，これまでの経験から，自分のビジョンを表明し，かつ関係者全員の協力を得て組織的に活動するには，経営陣となるか少なくとも何らかの形で経営に参画することが最短距離であり，そしておそらく唯一の道であると思わざるを得ません。大学で工学を専攻し，これまで一貫して技術的な仕事に従事してきた私が経営学を志したのはそのためです。経営学を修得することで，最近業界内でもようやくその重要性を指摘されはじめた「人文社会系との交流」「一般社会との認識の共有」も併せて経験できれば一層よいですが，第一目的はやはり，当社の理念でありそして私のビジョンでもある「安価な電力の長期的供給」を実践することです。

> あなたは，自身にどのようなリーダーとしての素養があると考えていますか。あなたのこれまでの経験をもとに具体的に説明してください。

　2年前，社内ワーキンググループにおいて，働く意志と能力のある女性に対する支援策及びそのような女性に就職先として選ばれる会社に当社がなるための方策について会社に提言をすることを目的とした議論が行われました。しかし，女性リーダーが集約し提出した報告書には，メンバーから集めた会社への要望のみ書かれているだけでした。私がもしリーダーであれば，一方的な要望を提出するのではなく，会社側にも何らかの利益のある方策を含めた提言を行い，交渉を重ね，あわよくば育児支援を事業化できたかもしれないと考えております。

> あなたは，自分の仕事あるいは勉強以外で，どのような事柄に強い関心や興味がありますか。例えば，趣味・地域活動・ボランティア活動，あるいは政治・社会・文化等も含めて，具体的に記述してください。

私の趣味は歴史です。私が歴史の本を読み始めたのは小学校2年でしたが、高校生頃までは単に歴史上の出来事を「点」として覚え楽しむだけでした。歴史は、出来事（例：関ヶ原の合戦）という「点」を並べただけのものではなく、文化と社会の発展という大きな流れ（線）であり、「点」はその「線」上の表面的なものに過ぎないと悟ったのは、実は5年ほど前でした。それから私は歴史を「線」として、更には科学や経済学・社会学とも組み合わせた「面」として理解しようとするようになりました。そのような視点であらためて歴史の本を読み返し始めてから、ものの見方が広がったばかりでなく、応用的思考力・水平展開力も身についてきたように思います。

〈ミニ分析課題〉以下の設問について自由に意見を述べてください。
自治体・学校・病院等の存在目的が企業の目標と異なることは言うまでもありません。では、マネジメントについては両者のどういう点が共通で、どのような点が異なるでしょう。

　企業にももちろん社会的な存在意義はありますが、企業当事者が最優先するのは社会倫理に反しない範囲の事業で利益を出すことでしょう。これに対し、自治体・学校・病院それに福祉関係団体等の公的機関には、利益を出すことよりも各々の社会的使命を果たすことに目標があります。我が電力事業も公共事業で、経費以上の利益を出せば必ず電気料金値下げに還元するよう常に指導されているという観点からは、一般企業よりはむしろ公的機関に近いといえます。そのような第一目標が異なることから、当然マネジメントも異なる点が生じてきます。マネジメントの実体とは、一言で言えば予算配分と人材活用に他ならず、ここまでは公的機関と一般企業とで共通しているでしょう。以下に、知人の勤めるIT関連の企業（S社）と、私の子供がお世話になっている公立保育園との比較とで、私の観察に基づいたマネジメントの共通点と相違点とを述べます。
　まずS社ですが、時勢を見通したマーケティング拡大や事業転回方針が図に当たり、研究開発や設備投資・要因確保にかけた経費を見事に回収した、競争の激しいIT業界にあっては珍しく成功を収めた会社だと私は見ております。その要因は、予算配分が適切だったこと、適材適所の人材配置が行われたことが考えられます。しかし成功の陰にはもちろん採算のとれない事業からの思い切った撤退、OEM化による営業部員の葛藤など、経営者としては自分の身を切る思いで決断したことも多かったと思われます。もちろん社員の間での差別化

も行われたでしょう。最小コストで最大利益を出すためには，成果に応じた報酬制度は当然のことです。このセンスは経営トップから初級管理職まで「マネジャー」たる者なら備えているべき資質です。

　一方，公立保育園ですが，スポンサーが自治体であり，予算は市民の代表である議会で決定され，その予算を過不足なく最大限有効に使うという点が，一般企業と大きく違います。予算が見積もりによって決定された以上，余る（＝利益を出す）ことは建前上あってはなりません。例えば園児の使う布団代が年度当初の見積もりより安く購入できたからといって，その利益を園の職員の給料として還元することは建前上許されていません。これが一般企業であれば，年度当初の見積もりに関係なく，一番安い価格を提示した業者に発注し，余りは決算で社員のボーナスに還元するなり株主に還元するなり自由ですが。従って保育園の経営者は毎年同じ業者に同じ値段で必要品を発注する体質になりがちです。年度で予算を予定通り使い切るというシステムがある限り，一般企業のような経営合理化努力の育つ素地はあまりないと考えられます。マネジメントにおける一般企業との差が顕著に見られるのは予算の考え方です。

　人材配置においても基本は一般企業と同じはずなのですが，公的機関ではなぜかあからさまな差別化をしません。「保育士」に上も下もないというのが建前であり，親の間ではどんなに評判に差があってもそれが表だって問題になることはめったにありません。厚生労働省は保育士一人あたりの園児数を一律に定めているのみで，保育士の資格さえあれば資質を問題にはしておりません。現場最高責任者である園長についても基本的考えは似たようなもので，保育士としてある程度の経験を積めば，マネジメント資質を問われることなく園長になれる例は珍しくありません。当然，社会的使命を最大限果たすために評判の良くない保育士をリストラしたり，園児や保護者に評判の良くない行事をカットするという「思い切った事業展開」の決断を迫られることもありません。一般企業と違って経営トップにマネジメント資質がなければ組織がつぶれるという土壌が，公的機関には見られないのです。つまり公的機関の社会的使命の遂行にあたってはマネジメントの有無が問題になることはなく，企業ではマネジメント資質が必須である，というのが，結論として私が得ている感触です。

★ 2002年入学・男性・25歳・製造業出身

> 大学（学部・大学院）での自分の学業成績（成績証明書の内容）は、あなたが本研究科修士課程で勉強するにあたっての能力を推察する資料たりうるかどうか、あなたの考えを述べてください（必要ならば、全体的な成績あるいは特定の分野の成績について分けて記述のこと）。

　大学での学業成績は、私の能力を推察する資料たりえないと考えます。
　理由は私が大学時代、サークル活動に多くの時間を割いており、勉強に割いた時間が極端に少なかったためです。そのため私の学業成績は私の能力を直接反映したものではないと考えます。
　ただし私の成績は、同級生と比べて特に悪いものではないはずです。
　これは私が少ない時間のなかで集中して効率よく勉強できたことを表していると考えます。なおサークルでの活動に関しては、下記を参照願います。

> あなたは大学（学部・大学院）時代に表彰されたことがありますか。また、どのような課外活動やサークル活動をしていましたか。それらがあなたのキャリア形成にとってどのような意義があったかを述べてください。

　私は大学時代、Aという学生NPOで活動していました。Aとは世界約80ヶ国、5万人の学生が所属する団体で、各国の大学を拠点にして海外インターンシップの交換等の事業を行っています。私はA大学委員会の代表として組織運営に携わり、Aの使命やあるべき事業内容、組織形態等について真剣に考えました。そしてこの経験を通して私は、組織経営に関心を持つと同時に、何か問題が起きた時には問題を起こした個人だけではなく、組織形態や事業戦略に問題がないか考えるようになりました。就職後も自社の事業戦略や組織形態、組織文化に問題がないか、折にふれて考えています。

> あなたが大学（学部）を卒業してから現在までの実質的な実務経験について、あなたが重要と判断するものを3つまで、古い年代順に下記欄に記述してください。学部卒業見込の方は、在学中あるいはそれ以前に実質的な実務経験をしていれば、それを記述のこと（ただしクラブ活動の類は除きます）。

1週間のインターンシップ

1）期　　間（1996 年 8 月～　年　月）
　　　所属部署　　　　　　　　企業・団体等の名称　Bセンター
　　　どのような仕事でしたか。またそれから何を得ましたか。

インターン内容：トヨタ生産方式の学習（レクチャー，工場見学）と顧客メ
　　　　　　　　ーカーの工場へのトヨタ生産方式の導入

得たもの：常に現状に疑問を持ち，問題を発見する姿勢。目に見える問題だ
　　　　　けでなく，その根本的な原因を探求する姿勢。
　　　　　問題を解決し，現状を改善する意欲。

2）期　　間（1999 年 4 月～　年　月）
　　　所属部署　C本部　　　　企業・団体等の名称　D株式会社
　　　どのような仕事でしたか。またそれから何を得ましたか。

業務内容：アジア地域における放送映像機器（テレビ・ラジオ送信機，スタ
　　　　　ジオ装置，カメラ）の販売および販売推進

得たもの：客先や社内他部門を説得し動かすための論理性，折衝能力（ストーリーを組み立て，説明する能力），膨大な業務を効率良く進めるためのポイントを把握する能力。事業戦略・販売戦略等の重要性に対する理解・実感。

> 本研究科修士課程で勉強することは，あなたの将来にとってどのような意味を持っていますか。将来の計画ないし希望を具体的に記述してください。

　私は営業から事業計画・経営企画へのキャリア・チェンジ，そして将来的には経営コンサルタントへの転身を希望していますが，貴研究科で勉強することによって，事業計画等で活躍するために重要な 1 ）経営の知識，2 ）体系的な思考能力，3 ）ビジネス・ネットワーク，を得られると考えます。

1 ）経営の知識
　　事業計画等で活躍するためには，財務や人事，マーケティングなども含めた経営全般に関する幅広い知識が必要ですが，私は貴研究科で勉強することによって，経営分析の手法なども含めた実践的かつ幅広い"経営の知識"が身につくと考えています。

2 ）体系的な思考能力
　　事業計画等で活躍するためには，組織全体の経営戦略を立案するとともに，それを組織形態やマーケティング戦略などの個々の事象に落とし込む能力

（すなわち"体系的な思考能力"）が必要です。

私は貴研究科でケーススタディ等に取り組むことによって，知識だけでなく知識を活用するための"体系的な思考能力"も身につくと考えます。

そしてこの能力を身につけることによって，将来新しい経営手法が登場した場合にも，その手法を自分の思考プロセスへ取り込み，すぐに活用できるようになると考えます。

3) ビジネス・ネットワーク

私は貴研究科で勉強することによって，将来にわたって刺激を与え合えるビジネス・ネットワーク（人脈）が得られると考えます。

まず貴研究科への入学は，優秀な学友との出会いを意味します。

彼らはそれぞれ別のバックグラウンドを持ち，入学にあたって厳しい選考をくぐり抜けた人達です。そのためグループ討議などを通して彼らと勉強することで，お互いに切磋琢磨できるはずです。

また彼らとの関係は，貴研究科を卒業した後も続くものだと考えます。グループ討議や合宿を通して彼らと損得勘定なしの関係を築くことで，卒業後も公私にわたって刺激し合える友人になれるはずです。

私は貴研究科で勉強し，上記の1) 経営の知識, 2) 体系的な思考能力, 3) ビジネス・ネットワークを手に入れることで，キャリア・チェンジを成功させたいと考えています。

> あなたは，自身にどのようなリーダーとしての素養があると考えていますか。あなたのこれまでの経験をもとに具体的に説明してください。

私は自分自身にリーダーの素養として"周囲と信頼関係を築き，協力を導き出す能力"があると考えます。

私は学生時代，学級委員やサークルの代表として，まとめ役を務めてきました。そうした経験を通して私は，自分の考えを分かりやすく説明する能力や，周囲の意見を引き出す能力，そして周囲と考えを共有し協力関係を築く能力を身につけました。

現在の業務においても，関係部門や取引先と信頼関係を築けており，上司からも"信頼を勝ち取り，人を動かすことがうまい"と評価されています。

> あなたは，自分の仕事あるいは勉強以外で，どのような事柄に強い関心や興味がありますか。例えば，趣味・地域活動・ボランティア活動，あるいは政治・社会・文化等も含めて，具体的に記述してください。

　私は高校の授業で勉強した開発問題に強い関心を持ち，大学1年の夏にインド・スラム地域へのスタディーツアー（NPO活動の見学ツアー）に参加しました。

　このツアーを通して開発問題への関心を強めた私は，より多くの人々が開発問題に接する機会を創りたいと考え，大学2〜3年では自ら途上国へのスタディーツアーを企画・実行しました。このツアーへの参加者は，2年間で約100人になります。

　またそれ以外にも，大学4年間を通して日本の開発協力NGOでボランティア活動を行ったほか，社会人になってからもNGOの替助会員として資金面での援助を行っており，今後も何らかの形で活動を続けるつもりです。

> 〈ミニ分析課題〉以下の設問について自由に意見を述べてください。
> 自治体・学校・病院等の存在目的が企業の目標と異なることは言うまでもありません。では，マネジメントについては両者のどういう点が共通で，どのような点が異なるでしょう。

　ここでは日本の自治体・学校・病院等（以下"自治体等"）と企業について論じます。

　日本に限定する理由は，国によって自治体等の位置付けが異なるためです。まず企業と自治体等を比較して，以下の表にまとめました。

|  | 目的 | 事業内容 | 評価基準 |
|---|---|---|---|
| 企業<br>（株式会社） | 利潤の獲得 | 財・サービスの提供 | 株価・配当金 |
| 自治体・<br>病院・学校 | 公益の実現<br>（使命の達成） | 公益・基本的人権に位置づけられる財・サービスの提供 | 公益の実現度<br>（使命の達成度） |

＜相違点＞ 表に示したとおり，企業の目的が利潤の獲得であるのに対して，自治体等の目的は公益（基本的人権の一部に位置付けられるような公益）の実現であるといえます。そしてこの目的の違いが，両者のマネジメントに大きな違いを生んでいます。

　まず自治体等はその目的ゆえに営利団体となることが許されません。なぜ

なら営利団体となった場合，利潤の追求が優先され，本来の目的である公益の実現がおろそかになる恐れがあるためです。そのため自治体等は営利団体となることが許されず，資金調達と利益処分についても株式市場へのアクセスと配当の支払いが許されていません。

また両者の目的の違いから，両者の事業内容にも違いが生じます。すなわち企業の事業内容が"消費者にとって価値のある財・サービスの提供"であるのに対して，自治体等の事業内容は"公益や基本的人権に位置付けられる財・サービスの提供"となります。そして自治体等の提供する財・サービスがこのように位置付けられることから，その需給をまったく自由市場に委ねることはできません。

市場の失敗によって一部の人々の人権を損なう恐れがあるためです。そのため自治体等に対しては，政府等のコントローラーの力が強く関与しています。

例えば病院などで自由な価格政策が許されないのは，このためです。

＜共通点＞　企業と自治体等はその目的や事業内容に違いがあるものの，両者が共に事業体であることによって生まれる共通点も挙げられます。例えば事業運営にあたってコストパフォーマンスを考慮する点や，組織の目的や事業内容に基づいて人材を獲得し教育する点がこれにあたります。

また自治体等の行っている事業を詳しく見ると，自治体等はサービス業を行っていることが分かります。そこでサービス業を行う企業と自治体等を比べると，そこにはサービス業独特の共通点も挙げることができます。以下にそれらを列挙します。

1）品質管理の難しさ：サービス業では事業遂行の最終段階に消費者が関与するため，サービスの質が消費者の姿勢に左右されてしまいます。またサービスは無形かつ一過性のものであり，品質の把握が困難なことも，品質管理が難しい原因です。2）生産と消費の時間的関係：サービスは物品と違って作り置きできず，在庫等の形で業務量を調節できないため，組織の人員・設備などサービス供給能力の設定に難しさがあります。3）生産と消費の場所：サービスは生産場所と消費場所を遠ざけることができないため，消費者の近くに生産場所を設けることが必要です。4）人への依存：サービスは無形であり，かつ人を介して消費者に提供されることが多いため，サービス提供者の技量や態度が消費者の満足度に大きな影響を与えます。

以上が私の考える企業と自治体等のマネジメントにおける相違点・共通点です。

> もし以上の項目以外にアピールしたい事柄があれば以下に書いてください（前で述べたことを繰り返さないように）。

《高校の一期生として身につけた　1）創造意欲/改善意欲
　　　　　　　　　　　　　　　　2）積極性, 3）共働意欲》
　私の高校は新設校で，私はその一期生として入学しました。そのため部活動に関しても自分達でメンバーを集めて部を立ち上げ，練習方法なども話し合って決めていきました。また文化祭や体育祭なども，自分達でゼロから企画・実行しました。このようにゼロから何かを創り出す経験を通して，私は常に新しい状況/より良い状況を創り出したいと考えるようになりました（創造意欲・改善意欲）。
　また新しい状況を創り出すための活動に積極的に参加したり，もしくは自分から周囲へ呼びかけ，働きかけるようになりました（積極性）。
　そして高校3年間，同級生や先輩，先生方と力を合わせて高校の基礎を築いた経験を通して，私は周囲の人々を活動に巻き込み，協力を導き出す能力を身につけるとともに，自分がどうやって周囲の人々に貢献できるか考えるようになりました（共働意欲）。
　高校卒業から7年弱たちますが，これらの点は今も変わらず私の中に息づいています。

★　2002年入学・女性・29歳・保険業界出身

> 大学（学部・大学院）での自分の学業成績（成績証明書の内容）は，あなたが本研究科修士課程で勉強するにあたっての能力を推察する資料たりうるかどうか，あなたの考えを述べてください（必要ならば，全体的な成績あるいは特定の分野の成績について分けて記述のこと）。

　必ずしも優秀とは言い難い結果だが，資料として十分参考にできるものと考えている。
　入学当初より大学院進学を考えていた私にとって，好成績を収めやすい科目を履修するよりも，たとえ「広く浅く」であっても興味のある分野について知識を深めること，また社会科学分野（法律・政治・経済・社会）については専門分野だけに偏らず，社会科学分野全般にわたって基礎知識を習得することが

重要だと考えていた。

　したがって，一般教養科目・専門科目ともに当時の私が興味を持ち，かつ将来において有益と思った科目を選択した。また，どの科目も積極的に講義に参加し，自発的に取り組んだ結果を反映したものである。

> あなたは大学（学部・大学院）時代に表彰されたことがありますか。また，どのような課外活動やサークル活動をしていましたか。それらがあなたのキャリア形成にとってどのような意義があったかを述べてください。

　残念ながら表彰されたことはない。しかし，課外活動・サークルでは学部・学科や学校の枠を超えた親交を深めるとともに，広く見聞を深め，知的好奇心を満たすことができたので有意義であった。

　サークルは「○○研究会」という，社会問題をテーマに他大学とディスカッションを行う団体に所属した。英語で議論をするための基礎知識はもちろんだが，意見をはっきりとわかりやすく伝えることや楽しく会話することの重要性を学ぶことができ，その後あらゆる場面で役立っている。

　研究会（ゼミ）に所属してからは代表として「○○委員会」という学内の自治団体に参加し，法学部以外の学友と親しくなったことで，興味の薄かった経済・経営的な世界に目を向けることができた。当時，大学院進学志望だった私が就職志望に転向した原点はここにあると思う。

> あなたが大学（学部）を卒業してから現在までの実質的な実務経験について，あなたが重要と判断するものを3つまで，古い年代順に下記欄に記述してください。学部卒業見込の方は，在学中あるいはそれ以前に実質的な実務経験をしていれば，それを記述のこと（ただしクラブ活動の類は除きます）。

1）期　間（1997年10月～1999年9月）
　　所属部署　A部　　　企業・団体等の名称　B社
　　どのような仕事でしたか。またそれから何を得ましたか。

　入社2～4年目Cプロジェクトが本稼動した。これは大型汎用計算機の入れ替えに伴うシステム再構築で，「戦略的情報システム（SIS）」に基づいていた。

　当時は「大掛かりな開発だ」程度の印象しかなかったが，その後，このプロジェクトの2次開発を担当するようになり，「SISとは？」「情報システムが企

業経営に占める役割とは？」などを考察するきっかけとなった。私の情報システム分野におけるキャリアの基礎が形成された時期であったと思う。

2）期　　間（1999年10月～2000年3月）

所属部署　Dグループ　　企業・団体等の名称　E社
どのような仕事でしたか。またそれから何を得ましたか。

　入社4～5年目，社内LANと業務系オンラインの接続を推進した。ちょうどB社のシステムが子会社に全面委託された時期で，結果だけでなく開発過程においてもユーザーが満足できるコンサルティングの必要性を痛感した。
　私なりに「ユーザーの思いを形にし，十分にSISたるものを提供すること」を意識し，「情報システムが企業経営のためにできること」を考案し，情報システムと企業経営の関わりを具体的に考え始めたときであった。

3）期　　間（2001年4月～2001年10月）

所属部署　Fグループ　　企業・団体等の名称　E社
どのような仕事でしたか。またそれから何を得ましたか。

　入社6年目の今年度，顧客情報データベースの構築に携わった。従来の技術・性能向上にこだわったシステム開発と異なり，「CRM」を意識した開発である。
　一方，B社の「やりたいことをシステム化してもらう」というスタンスに疑問を感じた。情報システムは企業経営のリクエストに応えるための絶対的なツール（戦略）として用いるべきである。その戦略的利用を前面に押し出した企業経営のできる人材になるべく，MBAを志望するに至った。

> 本研究科修士課程で勉強することは，あなたの将来にとってどのような意味を持っていますか。将来の計画ないし希望を具体的に記述してください。

　4年にわたって立候補し続けた大学院派遣における社内選考を通過したことは，B社における経営戦略とシステム戦略の緊密化が重要視されている結果だと思う。以前は，「金融機関の経営における最重要課題は資産運用部門にある」と考えられていたようだ。企業経営と密接なつながりを持つ戦略的情報システムの必要性を説いたが，経験も少ない若輩者だったせいもあり，あまり相手にされなかった。
　入社以来，個人保険のライン業務における事務システムの保守・運用，同業務における新機器への業務移行とレベルアップ開発，個人保険・企業保険・提携商品にわたる顧客情報データベースの構築に携わって，ライン業務から新規

プロジェクト，特定分野から複数分野へと徐々に守備範囲を広げてきた。将来的には，B社の企画部門（経営戦略やシステム戦略の企画・立案を担当する）やE社の統括部門（B社のシステムを総合的にコンサルティングする）で企業経営を支える情報システムの展開を担うことを希望している。

　第一に，進学の意義は，私自身が企業経営と表裏一体の情報システム論（または，情報システムと表裏一体の企業経営論）を展開できる人材となることにある。「CRM（Customer Relationship Management）に基づいた企業経営において，情報システムの可能性とは？」「Web基盤における技術革新と経営効率の関係は？」など視点はさまざまであるが，一般論にとどまることなく，金融・生命保険業界に掘り下げた研究成果もあげたい。これを，B社における経営戦略とシステム戦略に取り込み，実践していきたいと考えている。そのために，先述の2部門においてのビジョンがある。

　まず，B社の企画部門であれば，戦略立案に関わることになるだろう。B社には資産運用・金融・保険知識に長けた者は多いが，情報システムに長ける者は限られている。特定技術ということで長い間別格扱いされてきたこともあり，人事異動はシステム部門内で完結することも多かった。経営戦略とシステム戦略はややかけ離れたところにあったのだ。いまこそ情報システムに長け，かつ企業経営にも長けた人材が必要な時期になっている。私が，そのパイオニアになりたい。

　次に，E社の統括部門では，B社のシステム戦略をサポートするとともに，経営戦略も考慮して総合的にコンサルティングできるシステムインテグレーターとしての役割を果たさなければならない。システム戦略をかたちにするだけならば，他のシステム会社にもできるだろう。子会社として密接な関係にあることを活かし，B社の経営戦略にまで踏み込んだコンサルティング能力が求められるようになる。これは，いかに企業経営を学んだ者とは言え，いままでシステム部門に所属していた私にしかできないことだと思っている。

　第二に，後進の育成も図らねばならない。いずれの部門において従事することになっても，経営戦略とシステム戦略を扱える人材の育成は必須であり，私に課せられた使命だと考える。いままで，副次的なイメージの強かった情報システム部門からも企業経営に関わる者が求められていることをアピールし，経営戦略とシステム戦略の緊密化を全社に意識づけすることも必須課題である。

## 第5章　合格者の研究計画画実例

> あなたは，自身にどのようなリーダーとしての素養があると考えていますか。あなたのこれまでの経験をもとに具体的に説明してください。

　今年度，「Gプロジェクト」を担当する部署に異動になったが，このときプロジェクトは大幅に遅れていた。私の担当する案件についても開発期間1年半のうち6ヶ月を残した段階で進捗度10〜20％程度（予定よりも1〜2ヶ月遅れ）であった。経営陣を含めた誰もが「このままでは，本稼動は延期せざるをえない」と思っていたようだが，遅延の原因究明・解消に自ら努め，プレイング・マネージャーとしてチームを動かすことができ，評価された。

　また，自ら進んで働きかけることで開発担当者のモチベーションを高め，問題解決に対する意識と知識の向上を推進することができた。個々の持つ能力を最大限に引き出し，プロジェクトを計画どおりに進めることができた点でリーダー（プレイング・マネージャー）としての素養を評価できると考える。

> あなたは，自分の仕事あるいは勉強以外で，どのような事柄に強い関心や興味がありますか。例えば，趣味・地域活動・ボランティア活動，あるいは政治・社会・文化等も含めて，具体的に記述してください。

　やはりアメリカ同時多発テロ事件である。TVニュースを見て夜も眠れなくなるほどのショックを受け，いまだに追悼番組を見て涙ぐんでしまう。現場に居合わせた人々，家族や友人を亡くした人々のショックは計り知れないだろう。イデオロギーの対立は，いつまでもなくならないのかと思うと悲しい。

　また，この事件の裏で，サミュエル・ハンチントンの著書『文明の衝突』が再度注目を浴びたのが印象的だ。「米ソ冷戦二極体制の次の世界秩序は，文明や文化で成り立つ集団による多極体制だ」という主張はたいへん興味深く，卒論テーマとして冷戦後の新世界秩序をとりあげたほどだ。さらに彼は西欧vsイスラムの構図を示唆していたが，まさしくそれが現実のものとなったのである。ハンチントンが正しかったのか，私の考察（卒論）は間違っていたのかと思わず考えさせられた。

> 〈ミニ分析課題〉以下の設問について自由に意見を述べてください。
> 自治体・学校・病院等の存在目的が企業の目標と異なることは言うまでもありません。では，マネジメントについては両者のどういう点が共通で，どのような点が異なるでしょう。

　自治体・学校・病院などの存在目的は，憲法や法律で保障された権利や誰にとっても必要不可欠なサービスを提供する点にある。権利やサービスを受けるためには，そのものの対価を支払うことはもちろんだが，納税や健康保険・社会保険の保険料の納付などといった義務も負わねばならない。しかし，これらの義務は，必ずしも「権利やサービスを受ける者」だけが支払うものではない。「権利やサービスを受ける可能性のある者」，もしくは，相互扶助の観点から「義務を負う能力のある者」が負担する。そして，このようにして集められた資金は，過不足なく，公正に使用される。

　一方，企業の目標は，自治体・学校・病院などによって提供される必要最低限のサービス（または権利）に対して，さらにオプショナルでサービスを提供するところにある。その付加的な価値を得るためには，相応の対価を支払わねばならない。逆に，消費者がさらにお金を支払ってでも，欲しいと思う付加的な価値がないものは淘汰されてしまう。ここに，企業の目標がある。すなわち，顧客の求める潜在的な要求を掘り起こし，商品やサービスといったかたちにして提供し，利益を得なければならない。そして，それらの目的・目標遂行の過程がマネジメントである。

　両者のマネジメントにおける相違点は，目的・目標が異なることによって生じる。しかし，どんな組織にも普遍的に共通する点も多い。アンリ・ファヨール（仏，1841－1925）は，マネジメントとは何かを14の基本原則（普遍的特徴）として定義した。それらは①分業，②権限と責任，③規律，④命令の一元化，⑤指揮の一元化，⑥全体の利益の優先，⑦従業員への報酬，⑧集権化，⑨階層組織，⑩秩序，⑪公正，⑫組織メンバーの安定性，⑬自発的努力，⑭結束であり，あらゆる組織に応用できるものであるという（スチュアート・クレイナー『マネジメントの世紀1901～2000』2000年，東洋経済新報社）。

　自治体・学校・病院であっても，企業であっても，マネジメントにおける基本原則は同じである。相違点は，誰が資金を提供し，その資金を費やすマネジメントに誰が責任を持ち，そのマネジメントによって生じる利益を誰が享受するのかの3点であろう。

　自治体・学校・病院などにおいては個々の組織が十分な利益をあげることも

重要だが，税金や補助金，健康保険などが有効活用されているのかが厳しく問われる。実際にサービスを受ける者だけに有益に働くのではなく，納税者などの多くの出資者を意識した「⑥全体の利益の優先」を生み出さなければならない。仮にマネジメントに失敗した場合であっても，憲法や法律で保障された権利や誰にとっても必要不可欠なサービスは提供され続けなければならない。

　企業においては，株主などの出資者が資金を提供し，消費者が対価を支払ってもサービスを受けたいと思えるような経営成果を目指し，この成果は配当となって株主などの出資者に還元される。また，消費者の要求を満たし，さらなる消費行動を生み出すことで恒常的な経営成果が期待できる。これらの企業経営の責任は経営者（経営陣）が負う。利益があげられなければ，退任に追い込まれることもあるだろう。最悪の場合には，経営する企業を失うことも考えられる。

　1960年代半ば，『フォーチュン』誌は次のように論じた。すなわち，19世紀が産業化の時代であったとすれば，20世紀は経営の時代であった。1900年にはほとんど認識されていなかったマネジメントが，いまや，経済発展の速度や質，行政サービスの効果，国家防衛の強さも決め，私達の社会の将来に影響を与えている。

　つまり，どんな組織においても経営（マネジメント）が最重要課題とみなされているのだ。企業においては，大量生産のためのライン整備，組織管理，人間の管理，品質管理，戦略の研究を進め，さまざまな要素が複雑に絡み合ったスピード感ある経営管理が声高く叫ばれ，日々発展している。しかし，自治体・学校・病院などではやや停滞気味のようだ。たとえ財政難であっても事業を廃止することのできない背景が，企業のような収益重視型マネジメントの実践を妨げる要因となる。よって，企業とは性質を異にした，政策重視型マネジメントを実践しなければならないと言えよう。

---

**もし以上の項目以外にアピールしたい事項があれば以下に書いてください（前で述べたことを繰り返さないように）。**

---

　以下は，大学院派遣社内選考の応募論文の要旨（一部）をまとめたものである。
　昨年度よりB社が進めてきた「Hプロジェクト」は，来年度の創立100周年に向けて，商品の枠を超えた顧客情報管理は経営戦略の最重要課題とされていた。
　しかし，要件定義が進まないうえに仕様変更が相次ぎ，当初から大幅な開発

遅延となっていた。おまけに誰もが「本稼動延期もやむなし」と考えていたのである。「何をしたらよいかわからない」と決定を先送りするB社の事務設計担当者と、「決まらないので開発できない」と待つE社の開発担当者。66億円にも及ぶ予算を投じた意義は何なのか。

　私が常々考えていたマイナス面がはっきり見えていた。それは、システム子会社と親会社の馴合いの構造である。「少しくらい遅れても平気だろう」と甘え、「決まらないから仕方ない」と指をくわえて待つ。これでは、E社はシステムインテグレータとしての役割は果たしていないし、B社は66億円をドブに捨てるかのようだ（実際には、何とか無事に本稼動を迎えたが…）。

　次回は同じ過ちを繰り返すことのないように声を大にして言いたい。B社は、これほどの投資をする理由の明確化と確実なプロジェクト・マネジメント、顧客データベースの具体的なプロモーション（構築でなく、活用に意義がある）をするべきである。E社は、もっとコンサルティングに踏み込まなければ失格である。経営戦略とシステム戦略は一体であり、システムによって企業経営の可能性は無限に広がる。両社はお互いの役割を正しく演じられるようにならねばならない。

★　2002年入学・男性・29歳・ソフトウエア業界出身

> 大学（学部・大学院）での自分の学業成績（成績証明書の内容）は、あなたが本研究科修士課程で勉強するにあたっての能力を推察する資料たりうるかについて、あなたの考えを述べてください（必要ならば、全体的な成績について、あるいは特定の分野の成績について、分けて記述してください）。

　まず、A大学での成績の中では、本格的に企業経営に関して興味を持ち始め、授業を履修した「選択必修科目」「選択科目」がGPA3.03（認定を除く）である点に注目していただきたいと思います。

　また、B大学における学業成績に関する証明書に関しては、同大学にコンタクトを取ったにもかかわらず、A大学からの留学生という立場で同大学の授業を履修したため、成績証明書の発行が困難であったため、同大学での履修内容に関して説明させていただきます。1993/8月〜1995/5月の留学期間中、同大学の一般の学生としてマーケティングを専攻し、成績証明書に記載されている

数の約2倍の授業を履修しました。当然のことながらすべて英語での授業にもかかわらず，A大学で取得した成績以上（GPA3.0以上）を収めました。

> あなたは大学（学部・大学院）時代に表彰されたことがありますか。また，どのような課外活動やサークル活動をしていましたか。それらはあなたのキャリア形成にとってどのような意義があったかを述べてください。

　1994年から，趣味であるラグビーのクラブチームを結成し，1991年から1994年まで部長を務めました。その期間中，C県クラブチーム・リーグ大会にて優勝しました。

　学生・社会人の混在チームであったため，如何に有効な練習時間を確保し，チームのモーティベーションを向上/維持させることの難しさを学びました。これは，会社等でチームリーダーとしてチームを率いる際に非常に重要なスキルであると考えます。

> あなたが大学（学部）を卒業してから現在までの実質的な実務経験について，あなたが重要と判断するものを，3つまで，古い年代順に，下記欄に記述してください（学部卒業見込みの方は，在学中あるいはそれ以前に，実質的な実務経験をしていれば，それを記述してください）。

1）期　　間（1997年3月～1999年5月）
　　　　所属部署　E本部　　　　企業・団体名　D株式会社
　　　　どのような仕事でしたか。またそれから何を得ましたか。

　他社DBからD社DBへの移行技術支援サービスを日本にて立ち上げる業務を担当しました。元々D社・アメリカ本社で提供されていたこのサービスを日本に輸入するため，3ヶ月間アメリカ本社においてノウハウを習得し，期間の終盤には，アメリカ・同サービスの顧客に対して，単独で技術支援を行うにいたりました。

　この経験をもとに，日本市場において，他社DBを採用しているパッケージソフトのD社対応を行うプロジェクトを担当し，無事DB移行を完了させ，該当ソフトのD社版の発売を実現しました。この期間中，業務外では，D社DBおよび他社DBからの移行に関する書籍を出版しました。

2）期　　間（1999年6月〜2001年1月）
　　　所属部署　F本部　　　　企業・団体名　D株式会社
　　　どのような仕事でしたか。またそれから何を得ましたか。

　パートナー企業へのD社製品技術の浸透を目的とし，Technology Network for Partners（パートナー技術者向けWebサービス）を立ち上げ，メーリングリストの運営，セミナーの企画/開催，各種技術資料の作成/配布を行いました。セミナー開催/技術資料作成などで培った知識を2つの書籍で出版しました。

　当初，数十名の会員から始めたこのサービスを現在は，6,000名を超え，年内には8,000人を超える会員を抱えるサービスまでに拡大させました。

3）期　　間（2001年2月〜2001年9月）
　　　所属部署　F本部　　　　企業・団体名　D株式会社
　　　どのような仕事でしたか。またそれから何を得ましたか。

　企業の基幹業務システムを担うERP（Enterprise Resource Planning：統合業務パッケージ）製品に関するパートナー技術支援を担当しました。

　主要な業務は，コンサルティング・ファームでの製品検証プロジェクトをリーダーとして管理し，D社社内で未知の領域に関する検証を無事終了させるだけでなく，検証内で培われたノウハウをもとに，エンド・ユーザー向けセミナーを東京/大阪（計300名弱を集客）で開催しました。

　これにより，技術ノウハウの蓄積，実案件の獲得，パートナー企業技術者の育成を同時に実現しました。

> 本研究科修士課程で勉強することは，あなたの将来にとって，どのような意味を持っていますか？　将来の計画ないし希望を具体的に記述してください。

　学部在学中に専攻したマーケティング中心に，さらに知識を深め，KBSでのケーススタディを通して，企業経営におけるマーケティング戦略に関して正確かつ実践的な手法を学びたいと考えています。

　5年半に及ぶD社での実務では，コンピューター・ソフトウエア製品の市場浸透およびマーケットシェア拡大を最大の目的とし，技術的側面からパートナー企業への製品の啓蒙活動を行ってきました。この実務経験で培ったITスキルとKBSで習得を目指している経営管理手法（特にマーケティング関連）を駆使して，企業内に蓄積された様々な情報を最大限に活用し，マーケティング戦略を立案・実施していける人材になりたいと考えています。

## 第5章 合格者の研究計画書実例

　この目標を実現する上で，KBSは私の中で非常に重要な意味を持っています。1つの企業に勤務し，その実務でマーケティングに関わる業務を担当していたとしても，そこから得られる経験・スキルは画一的なものになりがちであると考えます。

　KBSにて実施されている講義や多種多様なケーススタディに参加することで，幅の広い視野からの情報収集や状況分析を行うスキルを身につけられると考えています。これにより，実務のみを通して得られる能力を駆使する場合よりも，より選択肢の広い判断を行うことのできる人材になれると考えています。

> あなたは，自身にどのようなリーダーとしての素養があると考えていますか。あなたのこれまでの経験をもとに具体的に説明してください。

　学生時代の課外活動や，業務でのチームリーダーとしても経験を考慮すると，私はチームを統制・管理し，牽引していく能力に長けているような社長タイプの人間ではありません。それよりも，チームの目標設定を行い，チームメンバーがその目標の達成のために環境を整え，それをサポートしていく形で，リーダーシップを発揮する人間です。実業においても，目的達成のために問題が発生した場合など，その解決を自らの責任のもと，メンバーに適切な役割を与える形で，問題を解決していきました。

> あなたは，自分の仕事あるいは勉強以外で，どのような事項に強い関心や興味がありますか。たとえば，趣味・地域活動・ボランティア活動，あるいは政治・社会・文化等を含めて，具体的に記述してください。

　折しも，本調書作成中，米国にて大規模な同時多発テロが発生しました。人類史最大級の惨事となってしまい，大きな衝撃を受けています。このような有事において，救助活動におけるボランティアが大きな意味を持つことは明らかであり，そのような活動にも興味を抱いています。

　小学校の頃から大学2年までボーイスカウトに所属していたこともあり，社会貢献活動は私の中で身近な存在でありますが，現在，会社員として行っている活動としては，社内のボランティア・バザーへの私財提供しかあげられません。私自身スポーツ愛好家ということもあり，日常的な社会貢献活動としての「身体障害者のスポーツ大会の運営」といったボランティア活動にも非常に興味を持っています。

〈ミニ分析課題〉以下の設問について自由に意見を述べてください。
自治体・学校・病院等の存在目的が企業の目標と異なることはいうまでもありません。では，マネジメントについては両者のどういう点が共通で，どのような点が異なるでしょう。

　両者の企業目標の違いを考慮し，マネジメントに関して比較すると，まず一般企業のマネジメントにおける目標は，「継続的な利益を追求するためのマネジメント」と言えます。経営の格言に「赤字は悪である」とあるように，一般企業のマネジメントは，お客様に喜ばれる商品/サービスを，適切な価格で提供し，継続的に利益を上げていく必要があります。そのような商品/サービスを提供するだけで，利益を上げられない企業は，資本主義経済の中で，企業に出資している個人・組織への配当を実現することができず，その存在は危ぶまれ，強いては倒産に追い込まれることも多々あります。このような側面を踏まえると，一般企業におけるマネジメントは「地域社会への貢献」よりも「継続的な利益の追求」に重きをおく必要があります。
　一方，自治体/学校/病院といった組織におけるマネジメントでは，組織の利益追求よりもその公共性の高さから「地域社会への貢献」を重要視する必要があります。
　一般企業でも「地域社会への貢献」を目標の１つに様々な活動が行われてはいますが，自治体/学校/病院においては，提供しているサービス自体に非常に高い公共性が存在します。そのサービスの公共性により，赤字でありながらもサービスを提供していく必要があります。つまり，「継続的な利益の追求」よりも地域社会への貢献という意味での「継続的なサービスの提供」を最重視したマネジメントが必要になると考えます。
　このような事実を踏まえ，両者におけるマネジメントの共通点は「顧客への継続的かつ良質な商品/サービスを適切な対価にて提供」することであると考えます。一方，異なる点は，優先順位の相違と考えられます。
　一般企業では，「継続的な利益の追求」を最優先させ，自治体/学校/病院では，「地域社会への貢献」を最優先させる必要があります。

もし以上の項目以外でアピールしたい事項があれば以下に書いてください（前で述べたことを繰り返さないように）。

　ソフトウエア業界でのエンジニアとして日々活動する中で，常に斬新なアイ

デアとパートナー企業を統制するリーダーシップ性が求められます。特に当部署では，基幹業務パッケージを中心に，顧客の業務に適用させるソリューションを提案しております。顧客の業務を深く知り，いかにすれば効率よく改善できるかを最優先させなければなりません。また，顧客業務を知ることが一番重要ではありますが，いかにして当社の製品が適用できるか，投資対効果はどれくらいかということを具体的に述べる必要があります。

　以上のことを踏まえ，会社においても外部講師による研修や社内教育等が催され，研修を受ける機会が多くありますが，今のこの変貌の時代に，情報システム産業のバックグラウンドを持ったうえで，論理的な経営研究をする必要があると考えました。当社は，外資系企業という理由もあり，海外への出張が入社してから多くありました。海外でマーケティングを勉強したということもあり，とても入社5年以内の社員でやらせてもらえない仕事とも数多く接する機会に恵まれました。

　今までの実務で身につけたビジネス感覚と，ケースメソッドから学ぶ理論とをいかに融合させられるかを常に念頭に置き，大学院生活での研究活動をしていきたいと考えております。

# 神戸大学大学院
## 経営学研究科

★ 2000年入学・男性・30歳・IT業界出身

> 研究の背景・問題意識

　1980年代から90年代中盤にかけて，高度な製品開発力と高効率な生産管理能力を背景に世界市場をリードしてきた日本の製造業（以下，日本企業）が現在，最新の情報技術（IT）の先進的かつ戦略的活用によって復活した欧米企業に激しく追い上げられている。例えばフォードは，「C3P戦略（3DCAD/CAM/CAE/PIM）」と名づけられた最先端のコラボレーション手法を新車開発プロセスに適用し，それまで日本の自動車メーカーが標準としていた4年という新車開発サイクルを半分の2年に縮めている。またノキアもフォード同様のコラボレーション手法を用いコンカレントエンジニアリングを実現，携帯電話という消費者ニーズが短期間でめまぐるしく変化する市場においてタイムリーに製品を市場に供給することで一人勝ちを収めている。

　こうした潮流のなかで，これまで得意としてきた「改善」と呼ばれるQCD向上活動による成果に限界と感じた日本企業においても，先進的ITツールの導入は進みつつあるが，欧米企業並みの成果を生み出せていないのが現実である。それはITの戦略的活用に対する欧米と日本の企業文化の違い，つまり「製品開発プロセスの全体最適化」を考慮しつつイノベーションをトップダウン的に推進する欧米企業文化と，ミドルマネジメント主導でIT導入推進が行われる日本企業文化との相違，が理由であるように感じる。

　イノベーションの実現において，ミドルマネジメント主導でのIT導入推進は結果として「各担当部門の最適化」に成果が限定されがちであり，このことはプロセス全体の効率化を阻害する要因ともなっている。

　製造業における製品開発プロセスのイノベーションを，3DCAD/CAM/CAE/PIMテクノロジーのような戦略的ITの活用によって成し遂げようとするならば，今後日本企業の経営者はより積極的にIT推進のリーダーシップを発揮していかなければならない。一方で，現場の担当者やミドルマネジメントにお

いても，これまでのやり方から脱却するカルチャーチェンジは必須である。

本大学院において，欧米企業と日本企業における経営手法の相違点を理解し，日米欧の製品開発プロセスの実態，最新のITソリューションの適用効果，を調査することによって，「ITの戦略的活用による製品開発プロセスのイノベーション」について研究したいと考える。

単なる欧米追従思想ではなく，日本企業のコアコンピタンスを踏まえ，「次世代の日本型製品開発プロセスモデル」を模索していきたい。

## 自身が利用可能なリソース

所属企業であるA社は，世界最大のコングロマリットであるB社と広告会社のC社との合弁会社として1970年に設立され，当初より欧米の先進的な情報技術（IT）を日本市場に展開する事業を行い順調に成長してきた。欧米の先進的なITの多くは欧米企業文化に適応する製品として開発されるため，日本企業にこうした先進的ITを提案するためには，パイオニア的な普及啓蒙活動と，各企業に適合した形でのインプリメンテーションが必要とされる。私は入社以来約8年間一貫して電機メーカーを担当するセクションに在籍し，重要顧客担当として，欧米最先端の3DCAD/CAM/CAE/PIMテクノロジー導入のコンサルティング営業に従事し，各企業の製品開発プロセスのイノベーションを支援してきた。

ITソリューションの提供元である欧米企業との付き合いから得られる各種先端技術情報や欧米先行事例に日々接するとともに，CIM Data, Daratech, といった調査機関の情報ソースを日々の業務において活用している。また，営業担当として日米欧各企業の業務改革推進リーダーとの付き合いも多岐にわたり，各企業のIT推進の実態にも明るい。

## 神戸大学で利用しようと考えているリソース

本研究科の誇る，幅広い分野における第一人者の教授による応用研究や特論の講義ならびに様々な事例研究等は，企業経営やマーケティング理論のファンダメンタルを体系化して理解することを促進し，研究テーマに取り組む上で論理的バックボーンとなる。

また，プロジェクト研究における教授・異業種の他院生とのディスカッションは，自らの発想法や論理的思考，ならびに対人折衝力に磨きをかける場とし

て大変魅力的であり積極的に取り組みたい。多くの専門的蔵書を抱える図書館の存在，内外関係機関からの情報収集手段としてのインターネットの活用は，研究に関連する日米欧企業の実態把握など様々な関連文献を入手する手段として必須である。

### MBA取得後の進路などについて

　講義科目を理解し，研究テーマについて多面的に調査・考察を行うことは，企業経営やマーケティング理論のファンダメンタルを確実に身につけ，さらにITの戦略的活用が企業競争力を強化することの理論武装と説得力のある信念を自らに確立できる手段と考える。

　イノベーションを必要とする事業環境の変化は理解しつつも，現状を変える勇気と方法論を持たない企業経営者はまだまだ多い。

　MBA取得の過程を通して得るであろう論理的思考と戦略的発想ならびに研究成果は，コンサルタント営業としてこうした企業経営者のプロセス改革意欲を刺激し，イノベーション推進を後押しする上で重要な要素となる。MBA資格取得は同時に，コンサルタントとして企業経営者の信頼を勝ち得る有効な手段ともなる。また近い将来，欧米の先端ITソリューションの日本展開を行うマーケティング業務に従事したいと考えており，MBA取得はその実現に向けてのアドバンテージとなる。

　さらに，本大学院で得られるものは知識だけではない。教授陣，異業種の他院生との間で培われるであろう人的ネットワークは，ビジネスマンとして成長していくうえで自らに様々な影響を与える存在として，卒業後も継続した関係を保っていきたい。

### 研究計画

　　第1年次前期　企業経営・マーケティング理論のファンダメンタルを体系的に理解する。
　　第1年次後期　企業経営・マーケティング理論のファンダメンタルを体系的に理解する。
　　　　　　　　日米欧製造業の経営手法の特徴，相違点を理解する。
　　　　　　　　日米欧製造業の製品開発プロセスの実態を調査，考察する。
　　第2年次前期　日欧米製造業の様々なイノベーション事例を調査，考察す

る。
製品開発プロセスのイノベーションを促進するITソリューションの適用効果を調査する。
研究論文作成にあたって，テーマの具体的絞り込みと課題形成を行い，自らの考えをまとめる。
第2年次後期　研究論文の作成
所属企業において，コンサルティング営業としてのキャリアアップを図り，マーケティング部門での欧米ITの日本展開業務担当を目指す。

## ★ 2000年入学・男性・50歳・医薬品業界出身

　バブル崩壊以降，日本経済が後退・停滞し，日本の社会全体が新しい価値観を創出できず，先の見えない状況に陥っています。銀行や証券業界のビッグバンにより，山一證券や北海道拓殖銀行等の大企業においても，その経営が破綻しています。
　一方，医薬品業界においても，下記の要因によりビッグバンともいえる激動の時代に突入しています。
1)　医療行政の動向
　　・医療制度，介護保険制度改革　　・薬剤費抑制政策
2)　新薬開発競争の激化
　　・ICH-E5ガイドラインの導入　　・グローバリゼーション
3)　創薬に関する革新的技術の台頭
　　ゲノム解析，ポストゲノム研究，バイオインフォマティクス，コンビナトリアルケミストリー，ハイスループットスクリーニング，in silico創薬等
4)　代替医療の進歩
　　・遺伝子治療　　・再生医療
　国民皆保険のもと，護送船団方式の経営は過去のものとなり，次元の異なる多くの選択肢の中から的確にスピードをもって経営判断をすることが求められる時代になっています。製薬企業のバリューチェーンは「世界に通用する真に患者の役に立つ新薬の開発」である事は疑う余地がありません。日本の製薬企業として21世紀を勝ち抜くため，研究開発戦略として決定すべき重要な課題が山積しています。

- 莫大な資金の必要な革新的創薬技術の開発や導入をどのように行うべきか？
- 開発のスピードを速め，世界三極同時開発を達成するにはどうすべきか？
- どの疾患領域にフォーカスするのか？
- ベンチャーや製薬企業とのコラボレーションをどう評価し，どのように進めるのか？
- 情報収集能力の向上を如何にして達成するのか？
- 近い将来起こるであろう企業の吸収合併についてどう対応すべきか？

　欧米の大手製薬企業は，大型製品の特許期間終了に伴う売上高の減少を回避するため新薬パイプラインの補完と，新薬の研究開発費の高騰と開発期間の長期化に対応するために，互いに吸収合併を繰り返し，規模の拡大により企業の維持・発展を目指しています。

　この変革の時代に，「継続的に新薬の開発を達成するにはどうすべきか」，多くの選択肢を洗い出し，経営戦略の一環として分析・考察することにより，「21世紀を勝ち抜くための日本の製薬企業の研究開発戦略」を策定したいと考えます。

★　2001年入学・男性・30歳・医薬品メーカー出身

**研究テーマ**

医薬品業界におけるナレッジマネージメントによる
PDCA評価及びキャリアパスについての研究

**研究課題**

《本研究科において探究しようとする研究課題を，具体的な研究テーマにふれながら述べること。》

　医薬品業界は大きな変革期を迎えています。ゲノム革命の影響も受け，新薬の研究開発費は高騰しており，従来のように自国だけで資金回収することは困難であり，海外市場でも販売網を構築する必要が出てきました。そのためグローバルなM&Aが以前にもまして加速しています。

日本国内では超高齢化と少子化社会を迎え，医療費高騰の抑制策として医療制度改革―次期DRG・PPSや医療高度化による医薬分業導入が今後，進んでいくことになります。
　こうした環境の中，医薬品業界では人材の流動がますます激しくなってきております。医療高度化に対応して，より専門的知識をもったナレッジブルな人材育成が急務とされており，会社としていかに知的資産の確保をしていくかが問題になっております。
　IT革命による急速な情報機器（パソコン，企業LAN）の普及により，≪形式知≫はデータベース化されてきました。しかしながら，≪暗黙知≫の表出化は現場のOJTによるところ大きく，SECIモデル上最も重要な位置を占めております。この過程で身につけたスキルをPDCA評価し，将来へのキャリアパスにつなげてこそモチベーションにつながり，知的資産確保及び伝承また企業成長になると考えます。
　そこで私はいかにしてナレッジマネージメントによるPDCA評価をキャリアパスにつなげていけば組織の活性化・業績向上につながるかをテーマに研究を進めていきたいと考えております。

　　参考文献：　個人と組織のナレッジイノベーション/アスキー
　　　　　　　　ワーキングナレッジ/生産性出版
　　　　　　　　「暗黙知」の共有化が売る力を伸ばす［日本ロシュ］/プレジデント社

---

研究の背景となる経験・資源
《これまでの経験，仕事上の業績・経験についてふれながら，それらが上記の研究課題に対してどのように役立つか，関連性を述べること。なお，今後の研究にかかわりのある範囲内で，これまでの経歴を通じて利用可能な情報源［データベース，経済団体等］にも言及すること。》

---

　私は，入社当初は医薬情報担当者（MR：Medical Representatives）として医療機関を訪問し，医師・薬剤師等へあらゆる医薬関連情報の提供活動を行っておりました。医療現場では，医療の高度化による診断・治療法の多様化や画期的な新薬の登場により，MRには，ますます専門的な知識が要求されてきました。当時，私は，これに対応した高度な専門教育の必要性を強く感じ，また情報の多様化・加速化を鑑み，時間的な制約の中での効率的な教育システム

が必要であると感じておりました。

　本社ではそうした経験を踏まえ，販売戦略，市場動向分析を担う傍ら，MR研修体制について検討するプロジェクトにも関わり専門領域別の研修体制の提案とその研修コンテンツの作成に関わってきました。当社では数度のM&Aが行われており，統合による専門知識の共有化は，プロジェクトの過程で早急に対処されてきました。しかしながら，各部署・現場でのノウハウは目に見えない資産であり，容易に共有化できるものではありません。現在，暗黙知の共有化が重要な課題にあげられております。医薬品業界ならず，どの業界におきましても，統合過程では避けられない課題であります。異なる事業領域にはおのおのの≪暗黙知≫が存在しており，シナジーを最大にするには，この共有化の壁を乗り越えることが必要です。

　この問題解決のためには何が重要か，社内の他部署，社外では個人的にマネージメント・スクールを通じて知り合った同業他社，異業種の方々にも意見を伺ってきましたが明確な解答は見いだせておりません。今後，各製薬メーカー，日本製薬協，MR情報担当者教育センター等の協力を仰いでいきたいと考えております。

---

**本研究科との適合性**
《上記研究課題の達成のために本研究科が有するどのような資源［教官，図書館，コンピューター施設等］をどのように活用していくか，簡潔に述べること。》

---

　現職を続けながら，通学できる体制が大きな魅力であり，夜間講義や土曜日の集中講義の実現により，大学院で学び研究した成果を即，実務に活かすことが可能であります。

　またプロジェクト方式という他大学にはないユニークな教育方法を採用しており，実務で直面している問題を共同して洞察・分析，解決策を探ることができ，クリティカル・シンキングを身につけることができます。

　平成元年から開始されたビジネスマンのためのMBAプログラムの修士論文が納められた図書館，コンピューター環境が自由に利用できることは，研究する上で大きな財産であります。現代経営学研究学会会員のA教授はキャリアに関する実態調査にも精通されており，さまざまな観点から分析を行われており，ご教授賜りたいと考えております。

　関西には比較的，大学研究機関等が多く，大学時代の人脈を通じて各方面に

も足を運ぶことが可能であります。

### 研究成果の活用
《本研究科での研究成果を今後の仕事の上でどのように活用できるか，その期待や希望を述べること。》

　実務に導入し，人的資源の有効活用，知識の伝承，ナレッジブルな人材育成を目指す。
　また今後，加速していく更なるM&Aによるグローバル展開や医療環境変化においても柔軟に対処できる体制を確立していきたい。
　この研究成果を異業種にも拡大し，評価・意見を伺っていければと考えている。

### 研究実施計画
《上記研究課題の各項目を実施するために，どのような研究活動をどのような日程で進めていくか，具体的に述べること。》

① 修士課程1年上期
　問題点の洗い出し：
　― ≪暗黙知≫の表出化をする過去のOJTのプランのレビュー実施。
　― OJT実施によるスキルのUP度の確認と乖離調査。
② 修士課程1年下期
　― 現場リーダーやマネージャーから具体的な要望点・キャリアパスの明確化につながる方法論について意見を集める。
　― 同業他社の業績評価・キャリアパスについて調査。
③ 修士課程2年上期
　― PDCA評価項目の数値化及びキャリアパスとの相対化を行いモデル構築。
④ 修士課程2年下期
　― 修士論文の作成

### 前期課程終了後の希望進路

　研究成果をまず自社において導入し，社員が将来の目標―キャリアパスを明

確にすることで，会社の業績に反映できるよう努力していきたい。
さらに他社とのベンチマークも行い広く社会に認知してもらうことを希望する。

★ 2002年入学・男性・44歳・製薬業界出身

研究課題
《本研究において探究しようとする研究課題を，具体的な研究テーマにふれながら述べること。》

＜研究課題： 国内製薬企業における特許戦略＞
　特許は，自社技術や製品をコピーから守るという法律分野でのツールとしてだけでなく，企業資産や戦略的ビジネスツールとして取り扱われ，企業が成功する上で重要な役割を果たすようになってきた。私は，特に具体的テーマとして，製薬分野に的を絞り，特許に関する実体・意識調査を行い国内製薬企業として生き残るための特許戦略を研究したい。

＜本研究課題を選択した理由＞
　医薬は研究開発投資が活発で，研究開発成果の中から厳選されたもののみが特許出願され，結果として1件あたりの特許の価値が高い。このような過程を経て生み出された特許は高い収益力を有しているので特許戦略は今後ますます経営にとって重要になってくる。私は日常の特許交渉を含んだライセンス業務で他社を訪問した時に，製薬会社は製品を上市するまでに費やす研究開発費の高騰により治療領域を特化した戦略を選択することが余儀なくされ，戦略治療領域以外の特許は休眠状態であることを知った。従って特許戦略の一つとして製薬会社，大学などが保有する休眠特許を証券化して流通させる戦略が企業経営にとって有益となるのではないかという仮説を持つようになった。この仮説から導き出された方法論を採用して行動すると資源の有効活用の観点から医薬品業界および国民の福祉に貢献できると思われる。従って私はライセンス実務経験を生かし，論理的に検証する知識を身につけ，じっくり本研究に取り組みたいと考えるようになりました。入学が認められれば，休眠特許について時価評価，その特許を用いて医薬品として開発する事業性の評価などからリスク・リターンを考慮して開発型特許の証券化を実践する仕組みと組織などを研究し，

経営を意識した医薬品の特許戦略について体系的にまとめたいと考えている。

> 研究の背景となる経験・資源
> 《これまでの経験，仕事上の業績・経験についてふれながら，それらが上記の研究課題に対してどのように役立つか，関連性を述べること。なお，今後の研究にかかわりのある範囲内で，これまでの経歴を通じて利用可能な情報源（データベース，経済団体等）にも言及すること。》

　製薬企業に入社し，動物あるいは細胞レベルにおける薬理学的研究，ヒト臨床試験を経験した後，現在のA部に所属している。従って薬理研究時代に論文を学術雑誌に数報投稿した経験があり経営学的研究と分野が相違しても論理的な思考法の基礎は習得していると考える。現在所属しているA部の業務は他業種，ベンチャーあるいは他の製薬企業と交渉して，研究開発の種になる化合物，技術あるいは既に販売されている製品についてもライセンス・イン・アウトすることを目的としている。私は相手企業が権利所有している化合物などについて自ら技術評価，マーケティング分析を行った後，正味現在価値（NPV）を計算して相手会社と自社がWin-Winの関係になるようにライセンス導入交渉を取り纏めてきた。本研究課題は日常の極めて現実的な問題意識から生まれ，ライセンス交渉の実務経験ともに事業性評価法の基礎となる医薬品開発における不確実性となる要因の抽出は業務を通じて理解している。従って，より現場を意識した研究をすることができると思われる。
　研究に際しては，
・医薬品以外の企業も含めグローバルな視野から見たライセンス戦略についての動向は団体としてB協会，C協会，D協会，E研究会，製薬会社としてF部あるいはG部から入手できる。
・事業性の資金回収に相当する医薬品の売上価格についての情報はH社を利用できる。
・ベンチャー情報はI, J通商代表部，K政府産業開発省，L総領事館から入手できる。
・インターネット上のホームページではM研究会などを中心にして自分の考えについて検証，意見交換，新しい情報の入手を行っていきたい。

**本研究科との適合性**
《上記研究課題の達成のために本研究科が有するどのような資源（教官，図書館，コンピューター施設等）をどのように活用していくのか，簡潔に述べること。》

　本研究は，コストマネジメントなどを含んだ管理会計，経営戦略の全体像の把握が必要と考えられるので加登教官に指導をお願いしたく考えております。また，費用を盛り込んだリアルオプションによる事業性の計算，経営戦略策定・遂行の考え方は実務の応用に精通されている小島教官のご意見や助言をいただきたいと考えている。また，図書館に蔵書されている特許戦略，経営戦略，知的財産時価評価，事業評価方法，知的財産の証券化に関する研究論文，書籍などから最新情報を入手して，それらを研究方向性の模索および仮説の検証などに活用したい。各種情報はインターネットを中心に行いたいが，経済文献を読んだ経験が少ないので情報出所に対する信頼性，正確性に対する判断ができないとも思われる。従ってはじめは検索式を多用でき，信頼性のあるオンライン検索を併用したい。また，神戸大学内のイントラネットを活用して情報交換およびディスカッションをしていきたいと考えている。

**研究成果の活用**
《本研究科での研究成果を今後の仕事の上でどのように活用できるか，その期待や希望を述べること。》

　現在まで小職は他の製薬企業を訪問して開発候補品についてライセンスイン交渉してきた。科学的に評価して良い品目テーマであっても，事業性が成立することを経営層に対して客観的に納得させることができず残念な経験をしてきた。医薬品開発は化合物の発見から上市まで8～15年という長い期間と多額の研究開発費を要するので大変リスクが大きい。また，ある一つの開発段階が終了しなければ，次の段階に進めない。例えば動物実験で副作用が現れる，または効能が認められないなどの場合，そのプロジェクトは次の段階である人体での実験に進めない。これはコール・オプションを購入していることと同じことであり，事業性評価法として適切な方法があるのではないかと考えている。従って本研究から医薬品に関する最適な事業評価法が構築できた場合，現在までに不採用になってきたテーマも再検討することが可能になる。
　本研究から得られた休眠特許を証券化して流通させる戦略を論理的に検証で

きた場合，今後の業務に生かし，他の製薬企業，TLOなどから特許をライセンスインして事業に立ち上げることが可能になると確信している。さらに本研究から論理的に考えられる方法論を身につけることは，現在業務のライセンス交渉術に有用であると考える。

> 研究実施計画
> 《上記研究課題の各項目を実施するために，どのような研究活動をどの様な日程で進めていくか，具体的に述べること。》

### ＜基礎固め，論理的思考習得期間＞

02年4月～03年3月
　経営学の基礎知識を習得するとともに論理的に考える基礎を構築する。さらに収集したデータを客観的に評価するための統計理論を習得する。

03年4月～03年9月
　プロジェクト研究を通じて研究活動の進め方についてフレームワークを体得する。

### ＜研究実施期間＞

02年4月～02年9月
　特許戦略，経営戦略，知的財産時価評価，事業評価方法，知的財産の証券化に関する研究論文に関する文献の多読，各種セミナーに参加して研究に対するセンスを磨く。併せて上記について報告されている事例を研究し，同級生とディスカッションする。

02年10月～03年3月
　研究課題において自説を展開する仮説を立てる。

03年4月～03年6月
　国内外資，国内製薬企業に対して現在実施している特許活用（①市場の独占強化，②財務実績の向上，③競争手段の改善，④休眠特許），特許時価評価法，組織体制，事業性評価，特許流通性などについて，アンケート調査および聞き取り調査を行い，情報を入手する。その調査は各製薬会社ライセンス部，法務部あるいは団体であるライセンス協会，医薬品企業法務研究会，アナリストなどを対象に実施する。

03年7月～03年9月
　収集した情報をもとに仮説を検証する。

ワーキングペーパー，ビジネス誌，各種調査報告，その他書籍の活用，フィールドワークによる情報収集を行う。なお，プロジェクトに参加している同級生にもご協力をいただき，広範囲な情報入手もしたい。

03年10月〜

研究論文の執筆を開始する。

★ 2002年入学・男性・37歳・機械製造業出身

研究テーマ

「産業財マーケティング戦略とそれに必要な戦略組織設計」

研究課題

現在所属している企業をはじめ多くの企業では，戦後間もなく製品別事業部制を採用し，分権管理による独立採算制によって原価・収益・人材等の管理を行ってきた。この組織は，製品の多角化への対応，社内での競争意識，責任制の確立の点で日本企業成長の原動力となった。しかし，タテ割り組織によってヨコの連絡が悪く，多重の組織構造や重複した業務プロセス，階層的な指揮・命令系統によって無駄が多く情報伝達スピードが遅くなる。また，部門間にまたがる問題の解決，ネットワークや総合力の活用にとって弊害となり，限られた経営資源でのさらなる生産性や収益の向上の阻害要因になっている。一方，成長を前提とした拡大路線による戦略性のない経営（事業戦略や製品戦略も含めて）は，方向性が不明確・不統一で各人がばらばらの行動をとり，部分最適（各事業的視野）・短期的視野によって自社製品にカニバライゼーションを引き起こし，競争優位が確立できない状況に陥っている。国内外には，様々な分野に進出し，複数の製品市場で事業展開している総合企業が数多く存在する。これらの企業は個々の製品や複数の製品の組み合わせによるマーケティングをどのように行い，それに効果的な組織をどのように作り上げているのか。一部で導入されているカンパニー制や持株会社化等は従来組織を凌駕できるのか。本研究科ではマーケティング戦略と組織人事戦略に絡む実社会の経営課題に即して，欧米及び国内先進企業のケース分析やフィールドスタディを通じて学びながら，マーケティング戦略と持株会社化をも含めた次世代の企業組織を探究し，

## 第5章　合格者の研究計画書実例

具体的かつ実践的な戦略の策定・提言に結びつけていきたいと考える。

### 研究の背景となる経験・資源

1989年（平成1年）4月，機械メーカーに入社，同本社のA部門配属となり，官公需および民需向けの国内営業販売を担当する。

1989年（平成1年）11月，B新聞社主催「C論文コンクール」において，応募1,512編中同率5位となる優良賞を受賞する。

1993年（平成5年）5月，海外向けDプロジェクトチームが発足し，E担当を命ぜられ，1993年（平成5年）11月より1997年（平成9年）4月まで，米国及び欧州（スペイン，ドイツ，ポーランド，チェコ，デンマーク，オーストリア，イギリス，イタリア）へ計10回の海外出張を重ね，英語は，打ち合わせ及び交渉レベルにある（TOEIC 700）。主な出張目的は各国FGDコントラクター並びにプロジェクトオーナーへのプレゼンテーション及び仕様打ち合わせ・価格交渉，各国下請企業の調査・選定及び納期・価格交渉，プロジェクトのクロージング。

1997年（平成9年）5月，所属事業部の中期営業戦略策定会議に若手部員を代表して参画する。

1998年（平成10年）5月，民需向けの国内営業販売専任となり，関東甲信越地区（1都10県）のグループリーダーとして，E等を手がける。

1999年（平成11年）6月，同社本社　FのG部門勤務となり，現在に至るまで計5回の社内月例拡販賞を受賞する。

一方，閉鎖的・画一的で集合的なピラミッド型企業組織や同質化された従業員の中では，秩序や協調性を重視するあまり，新しい着眼や思考・行動を行うことが難しくなっているのが実状である。その世界から一歩離れて多様性に富んだバックグラウンドを持った学生との交流・議論・刺激を通じて，私が蓄積してきた実務経験・経歴を体系的に整理・分析し，新しい視点から自己の問題意識を研究テーマとしてさらに深耕させていきたいと考える。

### 本研究科との適合性

① 教官：　経営学の様々な分野で日本トップクラスの学識を有する教授陣との接触・交流・議論を積極的に行っていく。

② 図書館：　神戸大学付属図書館には経営学分野の書籍が集積するという

方針なので，これを十分に活用し高価な書籍購入をミニマムに抑えて研究に活用していく。
③　コンピュータ：　様々な制約の多い社会人学生同士や教官との意見交換や議論を行う手段として活用していく。時間・空間を超えた交流を実現していくために自主的なメーリングリストの開設も考慮に入れた。
④　コントリビューション：　所属企業での体験や実状を伝え，積極的に議論・発言することによってクラスの活性化を図り，自分自身も本研究科の資源となって他の学生に対して貢献していく。

### 研究成果の活用
### ：自分の将来に与える影響と期待

異分野・異業種・異文化出身の人達との交流・議論を通じて，①前提条件にとらわれない，発想の柔らかさ，②問題の背景を整理する構造化（フレームワーク）の能力，③仮説を立てながら問題の原因を分析する力，④複数の代替案を導く切り口の多彩さと一つを選ぶ意思決定力，⑤解決策の有効性を数字に落とし込む定量的センス，⑥自らの意見を効果的に伝え，相手の考えの真意を的確に読み取るコミュニケーションスキル，⑦漏れもなく，ダブりもない，順序だったロジックの展開の仕方を身につけ，語学力及び国際感覚をさらにブラッシュアップできると考える。

また，積極的な交流・議論を通して密接な人的ネットワークを形成し，課程修了後も活用できると考える。

### 研究実施計画

〈第1学年　前期〉
①　アカウンティング・ファイナンス・マーケティング・経営戦略の基礎知識（フレームワーク思考）の習得。基本的には，土曜集中講義を受講するが，可能な限り夜間開講の講義を受講していく。
②　プロジェクト研究に先立ち，自主的なワーキンググループを設定し勉強会を実施していきたい。
〈第1学年　後期〉
①　分野別応用知識の習得。

第5章　合格者の研究計画書実例

〈第2学年　前期〉
① プロジェクト研究開始——文献研究。
② 仮説の設定　──→　欧米及び国内先進企業からの帰納法的アプローチ
　　　　　　　　↓　　　　　　　　　　　　　　　　　　↓
　　従来型組織の反対の法則（一般論）　　マーケティングをベースにした
　　をイメージ　　　　　　　　　　　　　次世代組織の設計
③ フィールドスタディ企業の設定。
④ 修士論文作成——具体的かつ実践的な戦略の策定・提言として修士論文
　　にまとめる。
〈第2学年　後期〉
海外経営大学院への短期留学——海外の多様性に富んだバックグラウンドを
　　　　　　　　　　　　　　　持った学生との交流を通して自己の研究テー
　　　　　　　　　　　　　　　マ（仮説）をさらに深めていく。

### 前期課程修了後の希望進路

　現在の所属企業で，企業内の一部門にとらわれず専門横断的に，マーケティングをベースにした組織設計・改革に携わり，企業活性化への誘導によって社会貢献できるプロフェッショナルなビジネスリーダーを目指したい。

★　2002年入学・男性・35歳・食品製造業出身

### 研究テーマ

　『バランスト・スコアカードを支援する管理会計の仕組みと定量化目標の設定について』

### 研究課題

　近年，国際会計基準に基づいたグローバルスタンダードが叫ばれ，日本企業でもキャッシュフロー経営を実践して，企業価値を向上させるためのアクションを起こしている企業が増加している。花王，ソニー，松下電器産業，TDKなど日本を代表するエクセレントカンパニーの多くは，企業の業績評価システ

ムや報奨制度を変更して，EVA（経済的付加価値）を導入している。これらの先進企業の事例は，専門誌だけでなく新聞でも取り上げられている。その一方，財務的な指標のみの経営管理では不完全であるとも言われている。企業価値や資本コストの概念を従業員に理解させて具体的な業務に反映させることは非常に難しく，アクションに結びつきにくいことが一因である。企業価値と相関が高いと言われているフリーキャッシュフローを，将来にわたって創出し続けていくには，キャッシュを増加させる短期的な視点と長期的な価値創造を行うための先行的な活動とをどのようにバランスさせていくかが，企業にとってデフレの時代に勝ち残るための非常に重要な課題であるといえる。

この課題をサポートするシステムとしてキャプランが提唱したバランスト・スコアカード（BSC）は，有効なツールである。しかし，組織全体が具体的な定量目標を設定して，PLAN－DO－SEEのサイクルを回すためには，その企業にフィットしたカスタマイズが必要であると考える。特に，非財務的であるプロセス目標をどのように設計していくかが，重要な課題となる。これらの目標の設定時に，できるだけ曖昧性を排除して定量化していくには，ABC（ABM）や品質コストマネジメントが，BSCをサポートする有効なツールとなり得ると考える。そこで，財務目標と非財務目標を連動させた管理会計システムや報奨制度のあり方や，定量目標化を支援する仕組みづくりの可能性と問題点についての研究を志す所存である。更には，社内の人材育成や，地球環境にも範囲を広げていきたいと考える。

＜参考文献＞
企業会計2001年2月号（企業価値創造の管理会計：中央経済社）
ABCの基礎とケーススタディ（櫻井　通晴　東洋経済新報社）
ケースブックコストマネジメント（加登　豊・李　健　新世社）

## 研究の背景となる経験・資源

私の所属しているA社は，2001年4月にグループ企業の企業価値向上を目標とした長期経営構想をリリースした。私は，2000年4月からBに所属し，この長期経営構想の策定に携わり，A社が直面する経営課題を克服すべく経営計画の立案に参画してきた。その策定プロセスでBSCのツールを初めて知ったわけであるが，長期的な視点と短期的な視点をバランスよく経営していくには，BSCは，非常に有効なツールであると実感している。ただ，A社にフィットさ

第5章　合格者の研究計画書実例

せるためにはどのようにカスタマズするかが，ポイントであると考える。特に，下位組織になればなるほど，目標が具体化していくため，現在の目標が本当に全社のベクトルにあっているかは，疑問の余地が多く，この目標設計を更に研究していく必要性を感じていた。本学での研究は，まず，この目標の具現化に役立つものと考える。

　また，2001年4月からは，新しいキャッシュフローベースの業績指標の詳細設計のプロジェクトメンバーとして活動してきた。この活動で，新業績指標を新しいマネジメントツールとしての反映のさせ方，情報システムの設計，予算の設計，浸透のさせ方からこれらに関わる様々な問題点に直面してきた。プロジェクトの現在のステータスは，詳細設計から実践へとフェーズが移行しており，2002年4月からこの新業績指標がスタートする予定である。しかし，この指標も導入とともに進化させていく必要があると考えている。この進化のプロセスにも本学での研究を反映させることができる。

　更に，経営企画室に配属となる前は，生産供給系の業務や品質保証業務を行っていたので，原価企画や品質コストマネジメントについても，経験を活かせることが可能であると考える。

　A社の帰属する業界は，2003年の小売免許緩和を迎え，ますます競争が激化するものと予測する。そのため原価コストダウンの取り組みは，必要不可欠であり，これらのコストダウン活動を最終的に企業価値向上へと結びつけることが，コーポレートサイドのみならず，事業推進サイドからみた研究に役立つと考える。

　これらの取り組みを通じてシンクタンク等から得られた新しい知見や業界の動向，そして社内の活動を事例として取り上げることも可能である。

### 本研究科との適合性

　私は，2001年4月から，本研究科の科目等履修生として前期に6単位を履修した。後期も2単位を履修中である。科目等履修生からの経験から本学では，特に次の3点が，役立つものと考える。第一にコーポレートのみならず，研究開発やマーケティング等の事業推進サイドの知見について深めることができる。ビジネスの世界に実際に直面している問題を例にして，解決する方法論，分析力，プレゼンテーションスキル等を磨くことができる。第二に多彩な教官や同じMBAスクールで学ぶ仲間とコミュニケーションをとることができる。グローバルな事業展開を考えた場合，国際的な人脈を持つ先生方と協力関係を持つ

ことができることは魅力的である。第三に経営管理に関わる文献が，質，量とも豊富であり，これらを閲覧することで企業価値創造に関する情報を収集することができる。更にeレポートや土曜集中講義が実施され，時間的な拘束を緩和するなどの配慮がなされているため，経営学を学びたい私にとって，最高の勉学の場であると考える。特に，今まで接したことのない分野の文献を読むことにより知見が更に広がり，自然科学的な専門分野のみならず，経営全体を通した思考をすることができると考える。

　私は，本研究テーマを追究することのみならず，生涯の中でも最も充実した学生生活となるように精進努力する所存である。

## 研究成果の活用

　A社では，2002年4月より第5次中期計画がスタートする。同時に，純粋持株会社を設立し，各事業部門を分社化する予定である。この経営機構改革は，連結経営を実践していくために行ったわけであるが，本格的にグループ経営を実践していくためにも，現在，進めようとしている戦略的マネジメントツールであるBSCや新しい業績指標を実行するための支援活動に積極的に活用していきたい。

　また，顧客のニーズが多様化し，なおかつ，製品のライフサイクルが短くなってきている時代を迎え，生産供給系は，SCM（サプライチェーンマネジメント）を実践していく必要性があると，社内では認識している。しかし，A社では，企業内SCMも実践できていないのが実状なので，これを企業内で実践していく基盤作りからはじめ，更には企業間SCMへと発展させていきたい。そこで，SCMを実践していくためにBSCを活用していくには，どのような目標にしていけばよいのかも，社内に応用できる可能性があると考える。

　そして，業績に表れるのに一番時間を要する社内の人材面についても，インセンティブの仕組みを含めて，一番効率的に反映させていくためには，どのようにすればよいのか，その研究した結果を，社内に反映させていきたい。

## 研究実施計画

### 1．EVA経営の問題点の抽出

　業績指標としてEVAを実践している企業についての調査を行い，EVA導入に至った背景と運用する上での問題点を抽出する。専門誌や新聞紙上を通じて，

先進企業での取り組み事例を収集する。（1年目上半期）

2．日本企業におけるBSCの導入方法と将来性

　当社を含めて，日本企業でBSCを導入する企業は，増えつつある。キャプランが提唱したBSCは，業績評価システム用として開発されたが，戦略的な目標設定ツールとしても活用できると考える。従って，BSCの更なる発展性とその可能性の仮説を立案し，その検証を行う。特に，管理会計システムへの応用について，ABC（ABM）や品質コストマネジメントについての有効性も検証していきたい。（1年目下半期）

3．定量目標の設定方法とその具現化

　BSCの中で，一番実践が難しいと考える具体的な定量化についての調査を行い，その具現化を行う。（1年目下半期）

4．社内の人材育成及び地球環境面への活かし方を研究する

　BSCを活用して，社内風土の改革や戦略的な人材育成についての応用を研究していくとともに，地球環境と企業経営の在り方についても研究していきたい。（2年目上半期）

## 前期課程修了後の希望進路

　本学で学んだことをベースにして，今後もA社の戦略スタッフとして活かし活躍していきたい。

## 神戸大学 MBAcafé からのお知らせ

　MBAcaféとは，神戸大学MBAコースの在学生，修了者の同窓会のことです。しかし，単なる同窓会組織ではなく，情報交換やネットワークの拡大を目指した活動をおこなっています。

　神戸大学にMBAコースが開設されて，早くも15年になります。修了者も400名を超えています。在学中は，授業やレポート，プロジェクト研究などを通じて，同期生間の交流は非常に密なものになります。しかし修了後は，一部では継続しているものの，どうしても「点」でのつながりになりがちでした。さらに年度を越えた縦のつながりとなると，ほとんどなかったのが実情でした。せっかくの財産であるこの質の高いネットワークが，時間とともに失われていくことは非常に惜しいことであり，これをなんとかしていこうという考えが，MBAcaféの基本理念です。幸い，1998年度生の有志の情報交換の場として立ち上げたWebサイトと，MBAcaféという素晴らしい名称が存在していたことから，これを母体とし，2000年12月にMBAコース修了者および在学生全員を対象としたこの同窓会組織が立ち上がりました。その名のとおり，様々な年代の価値観や経験を持った人たちが，好きな時間に，気軽に集まって語り合う，まるでカフェに居るような気軽さ，心地良さを狙いました。

　現在の活動の柱は大きく3つです。それは，webによる情報提供，勉強会，交流会です。まず，webによる情報提供ですが，会員ページの最大の"ウリ"は，過去の論文，レポートのアップです。在学生にとって論文を書く時，普段の授業において非常に参考になります。また，一般用ページでは，一部授業のシラバスの掲載や，授業の連絡事項や勉強会の告知などに使う掲示板などが用意されています。また，「MBA学生奮戦日記」もあり，在学生だけでなく今後入学しようとする方にも神戸大学社会人MBAコースの雰囲気がわかっていただけると思います。毎週1回，メーリング・リストを通じたメールマガジンも発行されています。もちろん執筆者は神戸MBA関係者で，ときには先生方からのものもあります。

　開店して間もないMBAcaféで，ようやくインフラ整備が整った段階ですが，今後さらに充実したメニューで多くの人に喜んでいただいて，集まっていただけるカフェにしたいと思います。是非とも一度，遊びにきていただければと思います。

　MBAcaféのWebページ：http://www.mbacafe.org/

# 産能大学大学院
## 経営情報学研究科

★ 2002年入学・男性・36歳・人事コンサルティング業界出身

### 今後の仕事上の重点課題及び将来展望

現在，法人（企業）を対象としたコンサルティング活動に従事しております。主な，仕事の流れは以下の通りになります。

```
クライアント企業との情報交換・打ち合わせ
    ↓
課題の明確化・仮説検証
    ↓
ドラフトプロポーザルの提示
    ↓  ↑
内容の確認・意見交換
    ↓
正式プロポーザルの提示
    ↓
プロポーザル承認のうえ契約締結
```

しかし，「モノを売りたいがためのコンサルティングになってはいなかったか」と最近感じるようになってきました。

過去の事例を持ち出し定性的な情報や一般的に言われるメディアの動きなどから，課題を企業側に提示し，ありきたりの企画を提案していたように感じています。

① 課題抽出による個別検証

これからのコンサルティングは「完全に個別の事情を分析することから課題の抽出を行うこと」が重要であると考えています。

具体的には，インタビューを通して，クライアント企業の各プロセスにおける個別の課題を抽出します。

② 個別課題の解決方法

各プロセスにおける課題解決の方法論を提示します。その際には，解決不能な方法論も一緒に提示します。そして，クライアント企業に代わって，その課題解決が可能な企業にコンタクトを取り，アライアンス関係を保持して，クライアント企業の課題解決プロジェクトに参加してもらいます。

③ 最終プロセスまでコミット

今後は，コンサルティング業界においても成果コミット主義が定着してくると思われます。よって，プロジェクトの最終プロセスまでコミットしたコンサルティング活動が重要であると考えています。

### 本学の教育プログラム/カリキュラムが能力向上に役立つと考えられる理由

今後，クライアント企業から求められるコンサルテーションは更に高いレベルのものになってくると思われます。

その場合，専門分野における知識/スキルは必須であると考えられます。

貴校のHR業務における専門性の高さは実証済みであり，私自身の能力向上に必ず役立つと考えています。また，通常の場合，社会人になってから専門的な分野を修得することは難しいと思われますが，貴校のシステムであれば自己のスケジュールで修得することが可能であると思われます。

### 学習・研究計画

平成14年4月入学～平成16年3月卒業予定として
A：現在，既に行っている業務
B：平成15年3月までに実行可能な領域
C：平成16年3月までに実行可能な領域

■ Human Capital
A：コンピテンシー分析，能力評価制度の設計と構築
B：意識改革トレーニング
B：評価者研修・トレーニング
C：職務評価による報酬水準分析および組織分析
C：目標管理制度，業績評価制度の設計と構築
C：給与制度，賞与制度，各種インセンティブの設計と構築

第5章　合格者の研究計画書実例

> ■ Organization Improvement
> 　　C：企業風土の魅力度調査～分析
> 　　C：企業風土の改革
> 　　C：コミュニケーション改革
> ■ Recruiting　Consulting
> 　　A：採用予算を大幅に削減させる「コストダウンコンサルティング」
> 　　A：クライアント企業分析に基づいた，採用プロセス，プロモーションプランの作成
> 　　A：競合他社動向調査，学生動向分析調査
> 　　A：アウトソーシングプラン作成
> 　　A：セミナープラン作成
> 　　A：各採用フェーズごとの「採用業務アドバイザリー」
> 　個人的な見解ではありますが，HR業務全般について網羅できるコンサルタントに上りつめたいと考えています。
> 　私の場合，自社コンサルティング部門での実践的な業務を行っているため，
> 　　[大学院での学習] ＋ [通常業務での実践] ＝ [結果というアウトプットを出す]
> というフローが可能であり，その可能性は無限大であると確信しております。

★　2002年入学・男性・42歳・小売業界出身

> **背景——大証一部上場・通信販売/流通業A社における「新規事業戦略」の推進**
> 　私は，現在，株式会社A社（大証一部上場・通信販売/流通業）において，東京オフィス代表として，同社が推進する「新規事業戦略」の責任者を務めています。同社で私が「新規事業戦略」を推進する理由は，2つあります。第1は，新規事業戦略が，社会環境の変容に対応する柔軟な組織運営の原動力としての役割を担うことができるという点です。21世紀の日本社会は，社会構造変革の必要性に迫られています。このような環境下で企業は，多様なニーズに対応する柔軟性が必要になってくると考えているからです。第2は，新規事業戦略が，新事業を創造する多面的な組織運営の原動力としての役割を担うことができるという点です。それは，21世紀の企業経営は，差別化された利益重視の事業群を揃え，多様なニーズに対応する多面的な組織運営が必要だと考えているからです。

**仕事上のミッション——「新規事業戦略プログラム」の策定と実施**

私は，この「新規事業戦略」推進をするための「新規事業戦略プログラム」を策定実施していきます。

(1) 新規事業開発：社内・社外の事業機会・アイデアを活かして新規事業を創造する施策の策定と運用
(2) 新規事業支援：社内・社外の事業機会・アイデアを活かして生み出された新規事業をインキュベートして支援する施策の策定と運用
(3) 新規事業評価：新規事業の事業評価（事前評価・期中評価・事後評価）の施策の策定と運用

### 産能大学大学院志望の理由

　産能大学大学院　経営情報学研究科　課題研究コースの各カリキュラムは，経営情報学全般の知識と経営戦略・起業論に関係した知識習得をすることができると考えています。
　さらに，課題研究テーマとして「経営戦略・情報戦略の策定と実践」を選択したいと考えています。

### 課題研究テーマ

(1) 研究領域：「ベンチャー」
(2) テーマ：「企業のベンチャー創造過程における事業評価」
　　　日本におけるベンチャー育成は，政策的重要課題です。反面，日本では，ベンチャー育成のインフラ整備が欧米と比較して不充分かつ，ベンチャーを育む風土も醸成されていないといわれています。特に，ベンチャーのスタートアップ期（創業期）から成長期に至る大切なインキュベーション期間のファイナンシャルギャップが，ベンチャー企業経営を難しくしています。その中で，新規事業創造を目指す企業は，社内外の事業創造に関わることで日本的なベンチャー育成の風土と環境整備に貢献できるのではないかと考えます。そこで企業は，社内外の事業機会をどのように事業創造していくか，その事業をどのように評価していくか，そしてこの評価をどのように活かしていくのか，という点が重要になってくると思われます。
　　　従って企業のベンチャー創造過程における事業評価手法の比較研究は，

第5章　合格者の研究計画書実例

> 今後，事業評価手法が，事業成長過程で生まれる数々の知恵と教訓を残すための大切な物差しとして機能し，企業のベンチャー育成の環境作りに貢献するはずです。
> (3)　研究手法：
>   1）国内のベンチャー・新規事業創造のメカニズムとその評価手法の理論研究と，1）ベンチャー育成を推進する企業，2）企業からスピンオフしたベンチャー企業，3）VC・インキュベーターへのインタビュー・アンケート
>   2）欧米のベンチャー・新規事業創造のメカニズムとその評価手法の理論研究と，1）ベンチャー育成を推進する企業，2）企業からスピンオフしたベンチャー企業，3）VC・インキュベーター等へのインタビュー・アンケート
>   3）株式会社S社の「新規事業戦略プログラム」の推進における事業創造と事業評価の実践事例研究
> (4)　研究成果：
>   株式会社S社への成果報告，新規事業戦略プログラムで実施するメールマガジンでの配信，独自のHPメールマガジン配信，ベンチャー支援団体での発表を予定

## ★　2002年入学・男性・34歳・電機業界出身

> 〈研究テーマ〉「半導体営業におけるSFAシステムの研究」
> ——従来型3K(勘・経験・根性)営業から科学的分析営業へ転換の考察——
>
> ### 研究背景
>
> 　日本の多くの主力産業が成長産業であったが，1990年代初期以降，日本の景気減退の影響や人口層・社会環境の変化・各産業の成熟度が増したなどの要因により，多くの産業が成熟産業・斜陽産業となりつつあり，日本の産業構造の変化，改変が進行しつつある。
> 　その中で，私がいる半導体産業はいまだ成長産業のIT産業を牽引する産業であり，他の主要産業と比べ，中・長期の視野においても稀有な成長産業である。

半導体産業の需要先の多くはエレクトロニクスを生業とするメーカーであり，特にPC・情報家電に需要が多いため，バイイングパワーも強く，彼らの商品サイクルが短期間に移行しているため，サプライヤー側の半導体メーカーも同様に短期間の対応を迫られている。

　そのため，近年半導体市場を取り巻く市場環境は，以前にも増して急激に変化しつつあり，最前線の営業部門もスピードを要求され，迅速な意思決定や行動・顧客対応をせねばならない状況である。

　現状の営業システムは組織として市場環境に合わせた営業活動・情報収集・意思決定がされておらず，市場環境に対応できる営業システムの再構築が必要ではないかと私は考えている。

　現状の市場環境に即した意思決定・営業システムをSFAで提案を行い，営業情報・分析の提供による意思決定の支援を行えるシステムの研究をし，営業に役立て成果に結び付けたいと思う。

## カリキュラムによる能力向上に役立つ理由

- カリキュラムより研究課題作成の知識・考察の支援として役立てたい。
- 選択必修科目──課題研究の基礎知識習得を図るため習得する。特にHRM関連・マーケティング・情報システムは課題研究の研究促進をさせるため重点的に学習する。
- 専門選択科目──マーケティング及び経営戦略を学び，自社の取るべき戦略及びその実行の立案を計画できるよう，学習する。
- 共通選択科目──情報系科目が多く，SFAシステム構築の知識として非常に役立つ教科が多く，共通選択科目から情報科目を選択し，学習したいと思う。
- サブコース必修科目──戦略診断より企業の取るべく経営戦略から，営業戦略を学習する。特に企業から見た営業戦略とは何かを考え，その企業の取るべく戦略を考察し，研究課題作成に役立てたい。

## 学習・研究計画

　課題研究テーマ：マーケティング・リサーチとその周辺

　所属している職場にて調査・システム構築・検証を行い，実際の営業活動にて反映させる。

- 現状の営業システムの調査――自分の営業グループより約30人をサンプリング抽出し、各個人の営業活動の調査を行う。
- 他社の営業システムの調査――他業界の営業システムの調査（主に文献・書籍による）及び同業者の成功事例の調査（雑誌・同業者へのヒアリング・インターネット）。
- 各種SFAシステムの調査――現在販売されているSFAシステムソフトのシステム調査。
- 上記営業システムの分析――上記3件の調査を行い、各種営業システムの分析を行う。各営業システムの利点・不利点の分析を行う。
- 新営業システムの考察――上記の調査・分析から、目指すべき営業システムを考察する。特に営業情報の収集・分析・DOリスト・プロジェクト進行管理表等のシステムを考察し、基本システムの構想を行う。
- システム構築――マイクロソフトのアクセスにてシステムの構築を行う。
- システムの検証――自分の営業グループ数人によりシステムの検証を行う。主にシステムの検証とユーザビリティー向上の検証を行う。
- システム検証とフィードバック――上記システム検証後、訂正点をフィードバックし、営業グループでテスト導入開始。

### 研究成果の利用法

　研究成果を実際の営業活動に役立てたいと思う。現場の意見を組み入れたシステムを構築し、中間管理職の意思決定支援と担当者の営業戦術支援を主に考え、営業成績に結びつけたい。

　まず、私の所属している大手電機メーカー販社より導入をはかり、他部門へ広げていき、営業統括部門の大手総合電機メーカー半導体グループに提案していきたいと思う。

# 筑波大学大学院
## ビジネス科学研究科

★ 2001年入学・男性・30歳・生保系シンクタンク出身

### テーマ

インターネット上の情報探索行動および購買行動に関する研究

### 研究の背景

(1) インターネットの普及

日経BP社インターネット視聴率センターの調査によれば，日本のインターネット普及率は着実に伸展しつづけており，2000年8月末時点では30.6%に達している。

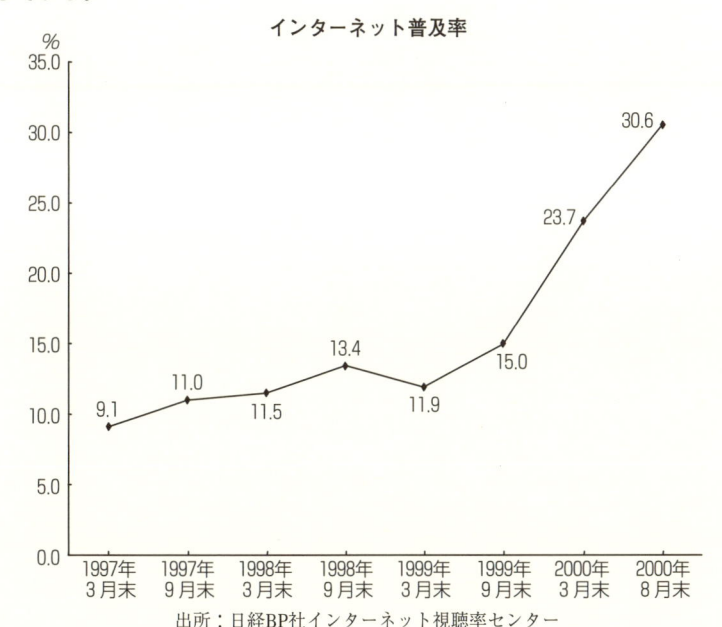

**インターネット普及率**

| 年月 | 普及率(%) |
| --- | --- |
| 1997年3月末 | 9.1 |
| 1997年9月末 | 11.0 |
| 1998年3月末 | 11.5 |
| 1998年9月末 | 13.4 |
| 1999年3月末 | 11.9 |
| 1999年9月末 | 15.0 |
| 2000年3月末 | 23.7 |
| 2000年8月末 | 30.6 |

出所：日経BP社インターネット視聴率センター

第5章　合格者の研究計画書実例

　また、Prudential社が2000年2月に実施した調査によれば、日本のインターネット利用者の38％がネット以外で商品を購入する前に、インターネットを利用して情報収集している。

　証券市場や投資信託に関するオンラインでの調査経験を持つ利用者は、17％となっている。この比率は投資経験者ではさらに高く、26％とほぼ4人に1人がオンラインでの調査を行った経験を有している。

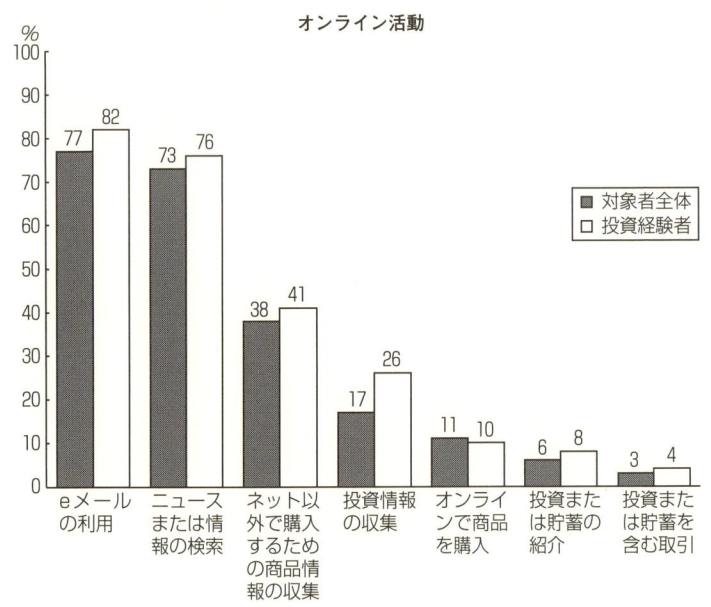

**オンライン活動**

| 項目 | 対象者全体 | 投資経験者 |
|---|---|---|
| eメールの利用 | 77 | 82 |
| ニュースまたは情報の検索 | 73 | 76 |
| ネット以外で購入するための商品情報の収集 | 38 | 41 |
| 投資情報の収集 | 17 | 26 |
| オンラインで商品を購入 | 11 | 10 |
| 投資または貯蓄の紹介 | 6 | 8 |
| 投資または貯蓄を含む取引 | 3 | 4 |

出所：「プルデンシャル・日本の消費者（貯蓄・運用）動向調査」

　インターネット利用者にとってインターネットは、金融商品についても購買前の情報源として欠かせない存在となりつつあるといえる。

**(2) 商品・サービスの多様化**

　金融ビッグバンに伴って商品、サービス等の自由化・多様化が急速に進んでいる。

　規制により、取扱会社間で差のなかった商品価格や運用利回りに格差が生まれ、また、従来の業態ごとの垣根を超えてあらゆる商品の取扱いが可能になりつつある。

| ビッグバン関連の主な動き | |
|---|---|
| 1996年 10月 | 生損保相互乗り入れ |
| 1998年 4月 | 自動車保険料率の自由化 |
| 12月 | 銀行・生保の投信窓販解禁 |
| 1999年 10月 | 株式委託手数料の完全自由化 |
| 2000年 1月 | 第三分野への生損保本体相互乗り入れ解禁 |
| | 銀行の保険窓販解禁 |

　従来同質的であった金融機関や金融商品について，様々な差異が生まれており，消費者が最適な金融商品を選択するためには，多くの情報について探索・比較する必要性が高まっていると言える。各金融機関にとっては，自社の商品を選択してもらうために，効果的な情報提供が求められていると言えよう。

(3) **比較・評価情報の提供**

　金融機関の商品・サービスの多様化に対応して，第三者機関や一般消費者による様々な比較・評価情報の提供もインターネット上に現れており，投信市場などのコミュニティホームページや消費者個人の運営する掲示板，BBS上では，消費者の経験に基づく金融機関や金融商品の評価情報が発信されている。

　このような情報は，従来であれば口コミ情報として家族や友人・知人など限られた範囲でのみ流通するものであったが，インターネットの普及による到達範囲の拡がりと到達速度の向上により，企業のマーケティング活動に大きな影響を与える可能性がある（このような消費者間インタラクションが企業のマーケティング活動に与える影響に関する研究は，国領（1996）や森田（1998）が行っているが，ケーススタディが中心であり，数量データによる実証研究や消費者の購買行動に与える影響といった視点からの研究は少ない）。

## 研究課題

(1) **研究目的**

　本研究では，消費者の金融商品購買前の情報探索行動を題材に，次の研究を行う。

① インターネット情報源のうち，商業的Web，非商業的Web（口コミ評価サイト等）それぞれが，消費者の情報探索行動において，どのような影響をもたらしているか。

② それによって，購入した商品の満足度・ロイヤルティにどのような影響を及ぼしているか。

これら2点の検証によって，最終的には
③ 消費者のインターネットを介した情報探索行動が金融商品購買行動の中における位置づけを明らかにする。

**(2) 研究経過**

勤務先において，1999年10月に実施したパネル調査のデータを用いる。具体的には，パネル調査対象者のうちインターネットを日常的に使用しているサンプルに限定し，パス解析を用いて分析する。分析は以下の2つの手順にわけて行う。

1つは情報源の役割に関する分析であり，商業的か非商業的か，インターネット上の情報源かリアルな情報源かの2つの分類軸から種々の情報源を分類し，各々の情報源が消費者の情報探索行動においてどのような影響をもたらしているかを明らかにする。

2つ目の分析は，情報探索行動の評価が商品満足度やロイヤルティに与える影響に関するものである。この分析においては，コントロール変数として，金融機関や購入先，金融商品の品質評価を分析に追加し，商品満足度に対して情報探索行動の評価がもたらしている影響を明らかにする。

① 情報源チャネルの分類

本研究では，インターネット上の新たな情報源が消費者の情報探索・商品選択行動に与える影響について明らかにするという目的から，第1の分類軸として情報源の存在する空間がインターネット上のバーチャルなものか，現実の空間にあるリアルなものか，といった軸を提示する。次に，第2の分類軸として，チャネルから提供される情報が個人を対象に編集（カスタマイズ）されたものか，対象として個人を想定せず，画一的に提供されているものかといった軸を提示する。

これら2つの軸により，消費者が探索する情報源を4つのタイプに分類できる。4つの情報源タイプは，その性質により，それぞれ以下のように命名できよう。

第1象限：マス・リアル情報源
第2象限：マス・バーチャル情報源
第3象限：パーソナル・リアル情報源
第4象限：パーソナル・バーチャル情報源

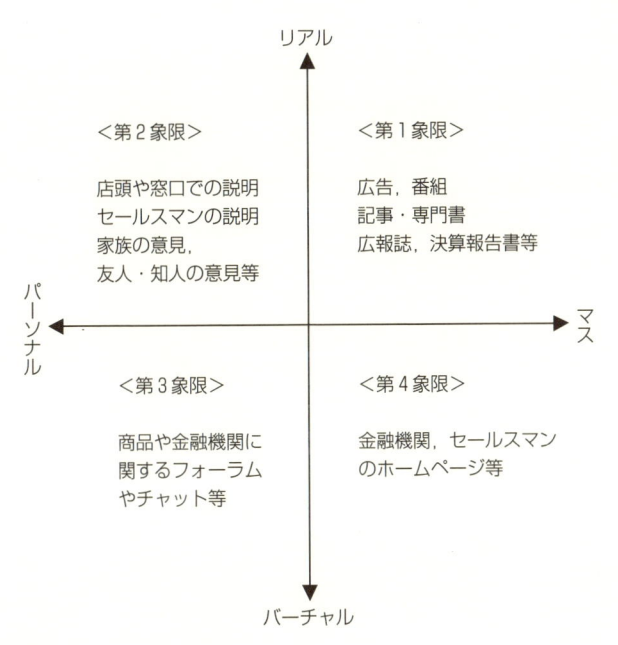

```
                    リアル
                     ↑
    <第2象限>          |    <第1象限>
                     |
    店頭や窓口での説明   |    広告，番組
    セールスマンの説明   |    記事・専門書
    家族の意見，        |    広報誌，決算報告書等
    友人・知人の意見等   |
パーソナル ←――――――――――+―――――――――――→ マス
                     |
    <第3象限>          |    <第4象限>
                     |
    商品や金融機関に    |    金融機関，セールスマン
    関するフォーラム    |    のホームページ等
    やチャット等       |
                     ↓
                    バーチャル
```

② 情報コンテンツの分類

　本研究では，消費者の探索する情報をその内容により，2つに分類して捉えることとする。

　1つは当該金融商品や金融機関，購入先そのものに関する情報であり，2つ目は，それら相互間について比較・評価し，価値判断を付与された情報である。

　これら情報コンテンツは，その性質によりそれぞれ以下のように命名できよう。

---
① 機能情報：当該金融商品や金融機関，購入先そのものに関する情報
② 評価情報：金融商品や金融機関，購入先間について比較・評価し，価値判断を付与された情報

---

③ 情報探索行動の評価概念

　各々の情報源チャネルを利用して情報探索することによって，消費者がどのような便益を得ているかを明らかにするため，本研究では以下の3つの評価概念について測定することとする。

① 情報探索に要した時間：要した時間が短ければ，効率的な情報探索が行われたといえる。
② 情報探索に要した費用：要した費用が少なければ，効率的な情報探索が

第5章　合格者の研究計画書実例

　　行われたといえる。
　③　代替案の削減率：代替案の収集・削減能力を見るものであり，この能力
　　が高ければ，効率的な情報探索が行われたと考えられる。

**(3) 今後の研究課題**
**①　情報源と情報探索行動の評価モデルの検討**
　4つに分類した情報源を情報探索に利用することで得られる効用を明らかに
するため，下図の関連性について分析する。

**情報源と情報探索効率の評価モデル**

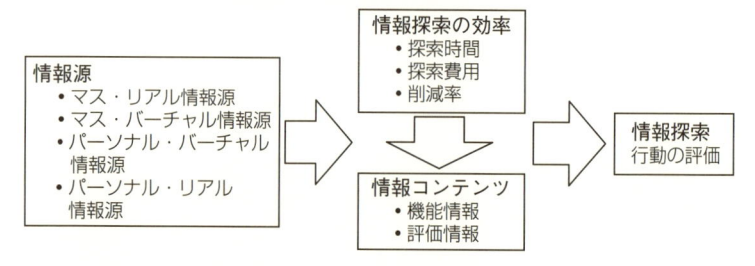

```
情報源                    情報探索の効率
・マス・リアル情報源        ・探索時間
・マス・バーチャル情報源    ・探索費用         ⇒  情報探索
・パーソナル・バーチャル    ・削減率              行動の評価
  情報源                   ⇩
・パーソナル・リアル        情報コンテンツ
  情報源                   ・機能情報
                          ・評価情報
```

　情報源と情報探索の効率性との関係を明らかにすることで，商品選択を効率
化するために有効な情報源を特定することが可能となる。逆に言えば，このよ
うな情報源が良質な情報を提供することで消費者に利便性を提供していると言
うことができよう。また，こうした情報探索の効率性がどのような情報コンテ
ンツを探索することから得られているのか，消費者の探索する情報コンテンツ
が情報探索行動に対する評価にどのように関係しているのかを明らかにするこ
とで，消費者の情報探索行動に対する理解を深めることに役立つと考えられる。
**②　情報探索行動と商品満足度・ロイヤルティとの関係性評価モデルの検討**
　情報探索行動に対する評価と購入した商品の満足度やロイヤルティとの関連
性について，下図のようなモデルをもとに検証する。

**情報探索評価と商品満足度・ロイヤルティの関係性モデル**

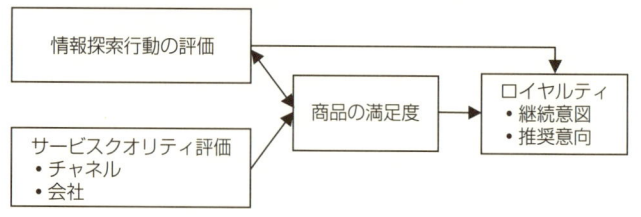

```
情報探索行動の評価 ──────────┐
        ↓                      ↓
      商品の満足度  →  ロイヤルティ
        ↑                    ・継続意図
サービスクオリティ評価          ・推奨意向
・チャネル
・会社
```

　十分満足のいく情報探索行動が行えた結果として，購入した商品から得られ

る効用が最大化されている可能性がある。ただし，購入した商品に満足できているか否かは，会社や販売チャネルから得られるサービスの品質の影響をうけることが想定されるため，サービスクオリティに対する評価を分析上のコントロール変数として追加する必要があろう。

③ 情報探索行動と情報源特性との関係からみた，情報提供のあり方に関する考察

上記の検証結果を踏まえ，金融商品購買行動における情報探索行動の位置づけについて整理するとともに，検証結果より明らかにされたそれぞれの情報源および発信されている情報コンテンツがもたらす効用から，消費者間インタラクションの企業活動への組み込みと，効果的な情報提供のあり方について考察する。

(補) 研究課題と職務との関連

私の所属部署では，生命保険や生活設計に関わる情報を消費者に提供し，消費者の生命保険商品選択を支援している。近年では，インターネットを通じた情報提供のあり方について，試行錯誤しつつ情報の充実に努めている。インターネット利用者は着実に増加しつつあり，また，金融商品はますます多様化しつつある。消費者の情報探索の重要性がますます高まっていくなかで，有用な情報を提供していくため，消費者の金融商品購買行動や情報探索行動を理解する基礎的な資材としたい。

---

★ 2001年入学・女性・32歳・人材派遣業界出身

**研究課題**

CRMにおけるデータクレンジング戦略の研究

**課題選択の理由（職務との関連）**

IT業界では，コンピュータ技術者が常に不足していることは，以前より問題視されております。私は現在，コンピュータ技術者を専門とする派遣会社において，社内システムの開発と運用に従事しておりますが，日々，顧客から送られる案件データをチェックしておりますと，現場の悲鳴にも似た叫び声が聞こ

える時があります。しかし、人員不足に悩みながらも、技術者である以上、人材レベルを下げるにも限界があるため、決して誰でも受け入れられるわけではありません。それどころか、年々技術者への要求技術が細かくなり、人選が厳しくなってきているのが事実です。この原因は、次の2点にあると考えております。

 ① コンピュータ技術者を扱う派遣会社が急増し、競争が激しくなったこと。
 ② パッケージソフトの利用増加に伴い、技術者にもコンサルテーション能力が強く求められるようになったこと。

①については、次のような理由が考えられます。派遣会社の大多数は事務系スタッフの供給を主とする会社が多かったのですが、近年の不況下で、相次ぐ途中解約や利幅の低下、社会保険料徴収の問題が発生したため、契約期間が長く、利幅の多い技術者系派遣に移行する会社が多く発生したことです。加えて、昨年12月に改定された労働者派遣法にて、取り扱い職種が原則自由（ネガテブリスト方式）になったことが、これに拍車をかける形になっております。また、②はERP、SFA、EISなどの優秀な統合型パッケージソフトの売上が急激に加速していることが証明しております。

そして、技術者の職場選択における要求も、多様化しております。これは、

 ① 終身雇用制度の低下により、客観的に自らのスキルをデザインする考え方が労働市場に広まったこと。
 ② ITの労働市場が売り手優勢のため、選択肢が多くなっていること。

などが原因であると思われます。このような細分化されていくニーズに対応するため、私の所属する部署では、CRMの導入を行い、売上増進を狙う役割を担うことになりました。個別的には、CRM（SFA）パッケージソフト導入担当者という役目を担っております。

CRM（Customer Relationship Management：顧客関係管理）とは、顧客との関係を維持、向上させることを通じて、効率よく収益を上げる考え方を意味します（日本オラクル社/CRM通信より）。

日本では、まだ導入事例がそう多くありませんが、変化の激しい市場動向を考慮するかぎり、急速に普及していくと思われます。

CRMは顧客の声を拾い集めるための仕組みと、それを的確に分析、次の製品やサービスへと結びつけていくプロセスを作り上げることこそが重要となっております。

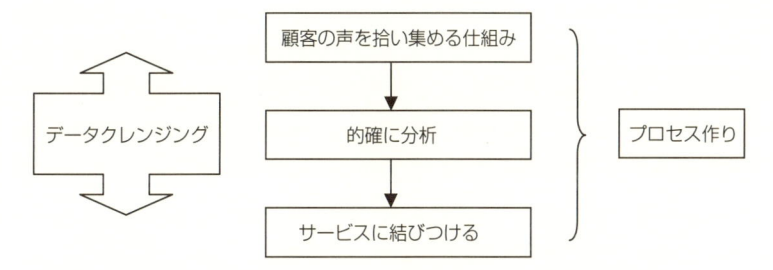

```
                    ┌─────────────────────┐
                    │ 顧客の声を拾い集める仕組み │─┐
                    └─────────────────────┘ │
                              ↓             │
 ⇔ データクレンジング ⇔      ┌─────────┐      ├ プロセス作り
                    │ 的確に分析 │      │
                    └─────────┘      │
                              ↓             │
                    ┌─────────────────┐     │
                    │ サービスに結びつける │─┘
                    └─────────────────┘
```

　顧客の声を拾い集め，集めたデータの鮮度を保ち，最新のデータベースを作成し，共有する。CRMの活動は，この統合顧客データベースに節目需要，クロス・セリング，アップ・セリング，アフターマーケット，紹介利益といった需要創出の手法で接触するわけですが，ここで，正確な分析に結びつけるためには，共有データを常に最新の状態に保ち続けることが重要なキーとなってまいります。これができなければ，データはゴミの山と化し，CRMの目的を遂行することが不可能となります。加えて，データの更新を通じて，常に最新の情報（要因）と思われるものをフィードバックし，分析に必要とされるカテゴライズの再考に反映させることが目的に沿う形であると考えます。そういった意味では，単なるデータインプットの問題ではないことを認識いたしております。

　データの鮮度を保ち続けるには，相応の仕組みとコストを覚悟する必要があります。

　データクレンジングは地味な作業でありますが，CRMには必要不可欠な基盤部分であり，問題なく運用されることが強く要求されます。そのため，この仕組みを構築するのは，初期導入運用段階における大きな山場であると考えます。CRMの成功には，このデータクレンジング戦略が重要な意味を持つ要因の1つと考えます。

### アプローチ方法

#### ① 組織的アプローチ

　安定したデータクレンジングの仕組みを構築するためには，組織論的なアプローチを考える必要があります。人に依存するのではなく，企業組織そのものに定着した仕組みこそ，安定した運用を可能にすると考えるからです。また，CRMは部門を超えたデータの統合が必要とされるため，部門組織の壁が邪魔する可能性があります。このリスクを回避するためにも，組織的に取り組むこ

とは有益であると考えられます。そのためには，対象となる業界や，各企業で採用されている一定の営業パターン，管理するデータ量，サービス通信手段（電話，e-Mail，Web，モバイル）に沿った形が存在すると考えられるため，それらを考慮し，いくつかの形態に分類し，データクレンジングの仕組みを構築する際の参考になればと考えております。

② システム的アプローチ

多量なデータを処理するため，CRMにおいてシステム利用の側面は重要であると考えられます。優秀なパッケージソフトが存在する反面，初期導入コストの増加や保守契約コスト，ユーザー数増加に伴うライセンス料といったランニングコストは運用における大きな制約です。また，いままでシステム化していない（できないと思われていた）とされていたセールス部門のシステム化を行うことにより，通常より追加開発の可能性も多く存在します。そのため，常にプロセスとシステム化のどちらを先に手がけるべきかという議論が繰り返される傾向にあります。このことから，ある一定のプロセスが出来上がるまで，安価なサブシステムを検討し，運用が落ち着いた時点で本体システムのモジュール追加を行う方法を検討するのがよいと思います。また，ユーザーインターフェースの設計により，データ更新が促される方法があるかどうかを検証したいと考えます。

参考文献：
1．CRM　東洋経済新報社／アンダーセンコンサルティング著
2．CRM入門　東洋経済新報社／グレン・S・ピーターセン著
3．"Serving up CRM" 米国Profit誌　1999年8月／Aaron Zones著
4．日本オラクル社／CRM通信
　　http://www.oracle.co.jp/apps/crm2shin/index.html

★　2001年入学・男性・40歳・外資系ソフトウエアベンダー出身

研究テーマ

「経営戦略とITの融合性に関する研究」

## 研究目的

　我々は21世紀を目前に，変革期の真っ只中にいる。インターネットを中心とする情報技術（以下，IT）が広く産業界で利用され，特に米国では続々，新興企業がこのITを駆使し事業を立ち上げるケースが増えている。現在は「ネット社会」などと言われ，農業革命，産業革命につぐ革命期の到来とも言われている。米国企業においては，いち早くインターネットなどのITを取り入れ企業革新に取り組んでおり，ヤフー，インターネット書籍販売で有名なアマゾン・ドットコム，AOLなどは，IT戦略を経営戦略に取り入れ，他社より先行し新たなビジネスモデルを構築した企業として有名である。

　一方，現状の日本企業におけるIT投資に関する状況はどうであろうか。日本企業の情報システム投資は現状においても既存業務の支援という内向きな投資に費やされており，一部の先進企業を除き，CRMやSCMに代表される顧客価値の創造や，パートナー企業を含めた企業間連携による企業価値創造のための投資という外向きな投資にはまだ至っていないというのが現状である。企業の情報システム部門，並びに経営部門の方たちは，現在の技術変化の早い時代の中，インターネットを含めたITを，効果的に活用し経営戦略を立案する技術，及びそれを支援する情報システムと融合させる構築手法を確立しているとは言い難い。CIO連絡協議会の調査では，情報システムの投資目的の80％が現行業務のオペレーションをサポートするものという調査結果が出ている（下記参考資料①参照）。また，現在私はERPパッケージを核として，SCM，CRM，B2B，B2Cなどのアプリケーション・パッケージを研究・開発，販売並びにコンサルティングサービスを行うなど，顧客に対しソリューションを提供する企

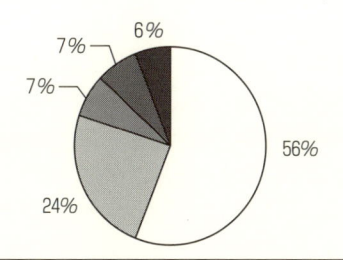

- 現在のオペレーション・サポート 56%
- 現在のオペレーションの改造 24%
- グローバル・マーケットへの対応 7%
- 顧客サービスへの新たな対応 7%
- 新製品・サービスへの新たな対応 6%

参考資料①　出典：CIO連絡協議会「2001年3月期における情報システム予算動向」報告書

業に従事している。現在まで製造業,流通業の顧客を中心に,販売管理,ロジスティクスなどのビジネス・アプリケーションの分野において,システム化計画,設計開発,及びコンサルティングを手がけ15年のキャリアを有するが,実際のコンサルティングの現場で感じることは,今年に入り「IT革命」などと新聞紙面などのメディアにおいてITの重要性が問われてはいるが,それほど容易にかつ急速に,日本における実際の現場でIT革命が花開くのは難しいのではないかということである。日本の企業が米国の成功企業同様,ITをいかに有効活用し経営革新を今後はかれるかどうかが,日本経済の復興,成長にとっても重要課題の1つであると考える。

　従って,私は本研究において,ITをビジネスのドライバーとした経営として,ITが最適融合化され企業価値を生み出すビジネスモデル構築に必要なコンセプト及び技術要素は何かを考察し,そのモデルを支援するビジネス変化に強い情報システムを構築するための最適なソリューションを提言したいと考えている。

### 研究課題に関して

**1. 戦略ベースのIT活用型ビジネスモデルの構築に関して**

　ネットビジネスを成功に導くカギは事業戦略にどうIT技術を絡ませ,戦略的に事業をどう運営していくかにほかならない。しかし,「日本の企業の現段階では,ITインフラ整備と既存システムとの統合をはかるなど,技術的なインフラから着手しているのがほとんどである」と日本IBM社長,大歳卓麻氏が述べている通り,現実問題として既存の企業では,新興企業を除いて,既存のシステムにおいて膨大なデータ,プログラムの資産を抱えている状況では,容易にビジネス・アプリケーションを変更できないという問題を抱えている[1]。技術的インフラのみの統合だけで,経営戦略とITとの融合がなされていなければ,今後市場での生き残りはむずかしくなるであろう。急成長をとげているデル・コンピュータでは経営戦略とITを見事に融合させ,ビジネスモデルを完成させた。その仕組みでは,顧客がWeb上で自分の希望する製品の仕様,価格を確認し,発注処理を行うとその発注情報は直ちに生産工場に送信され,在庫部品がなければ,部品メーカーに発注され部品が納品され,製品の組立てが行われる。そして完成した製品はキャリアを通じ,消費者に届けられる。通常PCはディーラを通じ販売され,在庫をメーカーが抱えるという業務形態であり,リスクとコストをいかに削減するかが,どのPCメーカーの課題でもあった。しかし,デル・コンピュータの場合,業務プロセスを受注・組立型のビジネスに

変革し，顧客から直接オーダをもらうというビジネス・プロセスに作り変えた。このモデルでは，納入リードタイムは5～6日を達成しており，顧客満足度を高めているとともに，在庫は持たないので，在庫のリスクを抱える必要がない。この仕組みはITがなければとうてい実現は不可能であり，また，ITがあるからこそ可能になる企業活動へと，経営課題をシフトさせていった好例であると言える。

　また，これまで企業の情報システム部門の置かれていた立場，役割の変遷を見ると，1960～70年代では，情報システム部門は経理，給与計算などの手作業の仕事の自動化を支援する業務を手がけ，80年代では「静的」にビジネス戦略を支援する立場であった。90年代に入り，クライアント・サーバー型のアプリケーション構築が主流になり，再利用できるコンポーネントウエアやオブジェクト指向技術が発展し，90年半ばぐらいから，インターネット技術を活用したアプリケーションの開発が可能となった。しかし，冒頭でも述べたように，日本のユーザ企業のIT部門のメインの役割は現状においても，オペレーション効率にあり，一部の先進企業を除き，経営戦略構築にITを有効活用するまでには至っていない。

　また，ハーバード・ビジネススクールのマイケルポータ教授は，日本企業は企業内でのオペレーション効率のみを追求し戦略を考えることをしなかった，と指摘する[2]。日本の経営者の重要な課題は「戦略志向」にもとづく，自社あるいは，自社製品のポジショニングを考え顧客指向にビジネスモデルを変えて実践していくことであり，今にも増してその重要性を増すであろう。そして今，米国では，ネット社会を象徴するような出来事が起こっている。「ビジネスモデル特許」をめぐる争いである。有名なケースとしてアマゾン・ドットコム（以下アマゾン）のワン・クリック特許があげられる。これは，顧客の属性情報や，顧客情報などを，一度入力すれば，2回目以降は入力しなくとも取引きできるビジネスの仕組みである。このアマゾンに対抗しようと，マイクロソフトの子会社，バーンズ・アンド・ノーブルは同様なインターネット販売を開始した。その時アマゾンの「ワン・クリック方式」を導入したが，逆に1999年10月，提訴されてバーンズ・アンド・ノーブルはこれを認め，自社のウエッブ・サイトからこの機能を持つボタンを削除するに至った[3]。

　現在，私は日本の先進的ユーザ企業で，グローバルレベルでの物流業務の課題を解決すべくニュービジネス立上げのためのシステム開発プロジェクトに参画している。そこではインターネットを利用したe-Commerce等，新しいビジネスが急激に増加したのに伴い各ビジネスライン別に個別のシステムが構築さ

れており，同時に物流情報も多元化され，一元管理が困難となり，結果的に荷主側の物流費の負担が増すなどの課題を抱えていた。その課題を解決すべく，インターネット利用により通信コストを削減し，情報連携方式には実質的な世界標準を採用するなど，一元物流管理機能により，ニーズの多様化に対応した世界共通のポータルサイトを提供するビジネスモデルを構築し，そのビジネスを支援する情報システムを導入・開発中である（ビジネスモデル特許申請中）。このように，「ITで実装されたビジネスの仕組み」そのものが特許になる時代が到来し，今その重要性がクローズアップされている。しかし，日本の一部の先進ユーザ企業を除き，この取り組みは始まったばかりということもあり，現時点では，ビジネスモデルに関する構築手法が確立されているとは言い難く，日本企業が今後のグローバル化，規制緩和への対応などのビジネス環境の変化に対応できる企業としてサバイバルしていくために，取り組まなければならない課題の１つであると認識する。

次に，構築されたビジネスモデルに対して「いかにシステムを作るか」という視点で，現状私が認識している検討課題について述べる。

### ２．経営情報システムの構築に関して

理想のビジネスモデル（to beモデル）が構築できても，実装させる手法や技術がなくては机上の空論にしか過ぎない。現状，企業の情報システムの構築においては，マルチベンダー，マルチ・プラットフォームは常識化されつつあり，そこではさまざまな情報技術が適用されている。実装技術としては，ネットワーク，ハードウエア，ソフトウエア，ミドルウエア，アプリケーションなど多岐多種にわたるため，私の過去及び現在の経験からビジネス・アプリケーション分野にフォーカスし，以降述べていきたい。

そのアプリケーション構築手段として選択肢は，

１．パッケージ（ERPシステムなど一つまたは組合わせで）を適用する。
２．生産性のよい，使い勝手のよい分析・設計・開発支援ツールを適用する。
３．開発言語を使用した独自開発を行う。

の３つが考えられる。日本のユーザ企業に目を向けてみると，企業情報システム，特に基幹業務システムを初めからスクラッチで再構築する体力は，日本経済の低迷による企業収益の鈍化等の影響等で失われつつある。従って，ERPパッケージを適用し導入するという選択肢がまず選ばれ，日本のユーザ企業でERPの導入が進んでいる[4]。1980年代後半，SIS（戦略情報システム）という言葉がIT業界でもてはやされたが，コンセプト先行でありそれを実装できるパ

ッケージ，ツールは存在せず，ブームだけに終わった。しかし，ERPを代表にSCM，CRMという言葉が市場を賑わせているが，これらはコンセプトを具現化できるパッケージを伴っているので，経営者からの期待は大きい。次に，アプリケーションを構築する2番目の選択肢として開発ツールを使うケースがある。特にCASEツールでシステムの分析，設計，開発を行う場合，コンポーネントベースでの設計・開発が可能であるため，生産性，保守性，運用性，及び品質の面で通常の開発言語での開発より数段すぐれている。私は7年以上にわたり，コンサルタントとして，ユーザ企業に対しCASE，及びその方法論の導入に従事してきたが，それは周知の事実である。しかし，ユーザ企業に対し，ソリューションを提供するという観点からすると，パッケージ適用によるソリューションの方が時代の流れに適合している。また，研究論文「Evaluating Adaptability of Software Systems Based on Algebraic Equivalency」の中で，パッケージもコンポーネントも「モノリシック」なシステムに対しては有効に働くが，ビジネス要求仕様からの機能分解の結果を反映していない為，ビジネス要件を満たしているかどうかを認識するのは難しいとし，ビジネス・プロセスに対するソフトウエア・システムの適合性をΣ代数及びCCSを利用し評価するアプローチの提言を行っている[5]。このようなアプローチに見られるように，急速に進歩するビジネス，EC（電子商取引）に代表される企業間連携業務などに対応し，いかにその業務要件を満たし，企業価値を生むシステムにどうシステムを進化させていくかが課題であり，特にこれら2つの選択肢それぞれが決定的な解決アプローチになっていないのが実情である。それらの課題に取り組むためには，まずERPシステムは企業競争優位を確立する上での基盤となるものであり，それらのステップへ飛躍するための必要不可欠なシステムであるとの認識に立つ必要があるとの意見もある[6]。しかし，ERPシステムはシステムの「既製品」であり，競争優位性をシステムに反映させるには独自開発が必要であり，パッケージとコンポーネントベース開発を組み合わせたアプリケーションの導入が必要不可欠であると考える。また，コンポーネントに関しては，コマーシャル・ベースでのコンポーネントが流通しており，それらを活用するか，インハウスでコンポーネントを開発し，それらを組み合わせ，開発を行うことができる環境，すなわち，それらをつなぎ合わせるための標準化対応も課題である。ビジネス変化のスピードは以前より増しており，環境変化にも柔軟に対応できる情報システムの構築が望まれていることからしても，まずパッケージの適合性を検討し適合できない部分を外部，インハウスのコンポーネントを組み合わせて独自で開発するというアプローチがもっとも開発工

期を短縮し，品質を確保することができ，現代のスピード経営に対応できうる情報システム構築手法であると考える。この観点から現在では，「作る」システム作りから，パッケージやコンポーネント化されたオブジェクトを「組み合わせて利用する」システム作りへの移行時期にきており，パッケージを活用したソリューション・アプローチとその拡張機能の支援技術と再利用技術との融合がIT面における検討課題であると考える。

　私は，現在ERPパッケージをベースに顧客に対しソリューションを提供する立場にあり，経営革新をはかる上でIT活用の重要性を認識しすでに述べた検討課題を解決すべく，ITを有効活用したビジネスモデルを構築しそれと最適融合された情報システムの構築において最適なソリューションを提言したいと考えている。

### 方法論・アプローチに関して

〈研究に際してのスコープ〉

　現段階での研究におけるスコープとして，私の経験上，ビジネス・アプリケーション関連分野を対象に研究を進めていきたいと考えているが，検討分野の決定は，研究開始後，様々な要因を加味し決定していきたい。

| 研究フェーズ | アプローチ内容 | 研究方法 |
|---|---|---|
| フェーズ1：事例研究 | 研究にあたっては，まず海外において，ITをベースに経営革新に成功した企業の現状を調査し，それらの事例を収集しITがどのように有効活用されビジネス上の課題を解決するために適用されているかを明らかにしたい。次に，日本企業に対しても同様な調査・分析を行い，海外，日本企業を対象に比較検討を行い類似点，相違点及びそれぞれの特徴などを整理，検討し，企業価値を創出するのに最適なto-beモデルは何かを明らかにしたい。ここでのアプローチは前記述「1．」にリンクする。 | 事例研究 |
| フェーズ2：モデル化 | フェーズ1で導き出されたビジネスモデルを具体化するために，そのモデルをソフトウエアのモデルへ展開する必要がある。現在，ソフトウエア・テクノロジーも進化しており，多種多様なモデリング手法が存在するが，研究開始時点で最適なモデリング手法を検討し，モデリングを実施していきたい。 | |
| フェーズ3： | フェーズ2で求められたモデルをベースに，ソリュ | システム工学 |

| | |
|---|---|
| 最適化 | ーション構築のために，コンポーネント（パッケージもコンポーネントのひとつとして考慮）の組み合わせによるシステム構築における実現化アプローチを考察する。CORBA，EJB，及びCOM/DCOMなどのコンポーネント技術が標準の主流となりうる可能性を加味し，それらとの連携性及びインターフェース標準を考慮し，最適な実現化方式を導き出すことを当フェーズの目的としたい。現在，企業統合システム（EAI）が注目を集めていることから，この視点からの考察もしていきたい。<br>また，最適化手法においては，システム工学的アプローチにより，指導教授のもと，研究開始時点で検討し決定したい。<br>ここでのアプローチは前記述「2．」にリンクする。 |
| フェーズ4：評価 | 最終的な成果として，ビジネス・アプリケーション領域における，ITの最適融合による実現性を内包した経営に資する情報システム構築手法に対する評価を行い，ソリューションの提言を行い研究の成果としたい。 |

## 【参考文献】

[1] 大歳卓麻「巻頭言」『ダイヤモンド・ハーバード・ビジネス』2000. 7, p. 3

[2] マイケル・E・ポーター「競争戦略論Ⅰ」ダイヤモンド社，1999

[3] 磯豊「eビジネスモデル特許」『ダイヤモンド・ハーバード・ビジネス』2000. 5, p. 155

[4] 「ベンダーにおける取り組み」『情報通信白書2000』p. 81

[5] Masao J.Matsumoto, Yoshiyuki Shinkawa 'Evaluating Adaptability of Software Systems Based on Algebraic Equivalency' "IEICE TRANS. INF. & SYST., Vol. E82-D, No. 12 December 1999"

[6] トーマス H. ダベンポート「競争優位を生み出すエンタープライズ・システム」『ダイヤモンド・ハーバード・ビジネス』2000. 7, pp. 42-53

第5章　合格者の研究計画書実例

★　2001年入学・男性・38歳・電機業界出身

> 研究の背景

**貿易金融EDIとは**

　インターネットを中心とした商取引の電子化が進む中で，世界的な規模で電子化が最も遅れている分野の一つと言われているのが国際貿易取引である。貿易取引においては，貿易当事者である輸出入業者のみならず，銀行，保険業者，船会社，関係諸官庁といった多岐にわたる関係者間で，多数の書類を取り交わす必要があり，電子化に向けての標準化が困難とされてきた。また，国ごとに貿易に関する法律が異なっていることも，標準化・電子化を妨げる大きな要因となっている。日本においても80年代後半からは，港湾業務や通関業務といったところでは一部電子化が進んだが，貿易取引業務全般を電子化するという動きまでは至らなかった。

　ところが，煩雑な貿易業務の効率化といった本来のニーズに加え，製品ライフサイクルの短縮化やグローバルな規模でのサプライチェーン構築ニーズといった周接的な要因も手伝い，90年代後半から世界的規模で金融決済を含めた貿易取引業務の電子化に向けたプロジェクトが次々と発足するようになった。

　このような金融決済を含めた貿易取引の電子化は，一般的に貿易金融EDIと呼ばれており，現在貿易金融EDI標準化の動きとして注目されるプロジェクトが，国内外においてそれぞれ一つずつ存在している。

　日本においては，通産省を中心に1997年度からEDEN（Electronic Delivery for Negotiable documents）プロジェクトが発足し，貿易金融EDIの標準化を目指した実証実験がスタートした。EDENプロジェクトは，1998年に実用化に向けた「TEDI」（Trade Electronic Data Interchange）プロジェクトへと発展し，現在センター運用会社の設立検討や法的基盤整備等が，プロジェクトに参画した貿易関連企業にて行われている。

　もう一つは，日本に先駆けて1999年9月に全世界にて貿易金融EDIサービスを実施した，欧州のSWIFT（Society for Worldwide Interbank Financial Telecommunication）を親会社に持つ「bolero.net（以下，Boleroと略す）」である。Boleroは，欧州において1994年にEUがスポンサーとなってスタートした，Boleroプロジェクトという貿易手続効率化のための船荷証券（Bill of Lading　以下B/Lと略す）の電子化を目指すプロジェクトが起源である。

Boleroプロジェクトでは，欧米及び香港の多国籍企業25社がコンソーシアムを組み，パイロットシステムによる実証実験を積み重ねることにより，電子化に向けてノウハウを蓄積していった。1998年には，SWIFTとTT Club（Through Transport Mutual Insurance Association Ltd.）が50%ずつ出資し，Bolero International Limitedというジョイントベンチャー企業が設立された。Bolero International Limitedは，Boleroプロジェクトの成果をバックグランドとして，Launch Programといった実証実験を行った後，世界で初めて貿易金融EDIサービスを開始した。Boleroサービスの特徴は，以下に示す3点に集約される。

(1) PKIを用いたセキュアなメールベースでのEDIを実現

　　Boleroでは，PKI（Public Key Infrastructure：公開鍵暗号方式を用いたセキュアな通信基盤）技術を用いて，インターネット上にオープンでかつセキュアなEDIメッセージ基盤を確立している。

(2) 電子的な証拠性の確保

　　Boleroでは，CMP（Core Messaging Platform）と呼ばれるメッセージセンターによって，メッセージのハッシュダイジェストを保存し，貿易当事者間でのデータの改竄防止やトラブル発生時の電子的な証拠性を確保している。また，タイトルレジストリという所有権移転管理サービスによって，B/Lといった電子有価証券の権限移転管理を実現している。

(3) Boleroルールブックによるマルチユーザ間契約を実現

　　Boleroでは，Bolero利用における統一契約ルール「Bolero Rule Book」を用いて，Boleroのコミュニティ内のユーザ同士で契約条項を共有するマルチラテラルな契約形態を実現している。このBoleroルールブックを用いることで，電子文書の証拠性に対して解釈の異なる国際取引に対し，みなし契約による英国法制下での民法解決を図ることで，法的バックグランドも整備された電子文書交換を実現している。

本研究では，現在A社が将来のe-businessの柱の一つとして考えている貿易金融EDIビジネス，特に小生が製品開発のプロジェクトリーダーを務めているBoleroの事業化について，経営的課題抽出並びにその解決策について探求していく所存である。

## 研究の目的

### 1 普及が進まない貿易金融EDI

　Boleroが世界的に貿易金融EDIサービスを始めて約1年が経った。Boleroが商用サービスを開始する前は，サービス開始とともに世界各国の大手グローバルカンパニーがBoleroにこぞって加盟することが予想された。しかしながら，現時点では世界全体で40社強という，予想を遥かに下回るユーザ企業しかBoleroに加盟していないのが現状である。

　普及の足かせになっている最大の要因と考えられるのが，貿易といった特殊な業務形態である。

　貿易業務は，先にも述べたように，数多くの企業が複雑に絡み合って一つのトレードチェーンを構成している。そのため，一つの企業が単独でBoleroに加盟しても電子化におけるメリットがほとんどなく，電子化におけるメリットを享受するためには，貿易業務を共有するトレードチェーン企業がすべてBoleroに加盟することが大前提となる。そのため，貿易関連企業は自社が関係するトレードチェーン各社の加盟状況を静観しているのが現状である。

　また，グローバル企業が自社の傘下にある企業をBoleroで繋ぐためには，年間15万ドルの会費を支払う必要がある。一般的な貿易関係企業は複数のトレードチェーンを持っており，すべてのトレードチェーンに一括でBoleroを導入することは不可能である。そのため，小さなトレードチェーンからトライアル導入を検討する企業が大半であり，このような実験レベルの合理化実証では，年間15万ドルの投資を回収するシナリオにはなかなか結びつかない。もちろん，Boleroを導入するためには，自社のシステム再構築等の費用も発生するために，実際にはその10～20倍の投資が必要になる。そのため，貿易業務の合理化といった直接的なメリット以外に，貿易金融EDIを導入することによる二次的なメリットを検討する必要がある。ここでは，世界的規模のサプライチェーンマネジメントシステムの構築や，最近流行のe-Market Placeとのシームレスな連携等といった，Boleroを利用した新しいe-businessのコンセプト立案等が考えられるが，残念ながらBolero International Ltd.からは具体的なキラーコンテンツは提案されていないのが現状である。

### 2 本研究によって明確にすべき解決課題

　本研究では，小生がA社において進めている製品開発や社内導入実験等の，Bolero事業化に関する具体的な施策をフィージビリティスタディとして，リ

アルビジネスにおけるビジネススキーム確立を目的とする。具体的には，以下のプロセスに従ってBolero普及の足かせになっている経営的な課題を抽出し，その具体的な解決策を立案し，並行してA社，Bolero International Ltd.等へ積極的に提案を行い，Bolero事業成功を推進する。

〈フェーズ1：Boleroのビジネススキーム再検討〉

　国際法的な観点，経営学的な観点，マーケティング的な観点から，Boleroのビジネススキームを再度分析し，彼らのビジネスにおける強み，弱みを明確化する。

〈フェーズ2：競合分析〉

　日本の貿易金融EDIサービス「TEDI」や，UNEDIFACTを母体とするXML文書の標準化プロジェクト「ebXML」といった競合プロジェクトの現状を分析し，Boleroとの事業性の比較，世界標準化の可能性等を検討する。

〈フェーズ3：貿易金融EDIビジネスモデルの立案〉

　フェーズ1，2の結果に加え，貿易関連企業におけるBolero導入に向けた経営課題を抽出。貿易当事者における経営課題の具体的な解決手段を検討するとともに，Bolero導入の具体的なコンセプトを立案。それらを総括して貿易金融EDI全体のビジネスモデルを確立する。

〈フェーズ4：提言〉

　Bolero International Ltd.に対しては，貿易金融EDIサービスプロバイダーとしてあるべき姿，A社に対してはユーザI/F提供ベンダーとしてあるべき姿を提言し，Bolero事業の成功に向けて両社における協調関係を確立する。

## 3　スケジュール

本研究における具体的な実施スケジュール（案）を以下に示す。

| | 研究フェーズ | 平成13年度 | 平成14年度 |
|---|---|---|---|
| カリキュラム体系に沿った知識創造 | 基礎科目<br>専門基礎科目<br>修得 | 基礎科目<br>　　専門基礎科目 | |
| | 経営学専門科目<br>共通専門科目<br>修得 | | 経営学専門科目<br>共通専門科目 |
| | 修士論文<br>経営学 | | 修士論文 |

第5章　合格者の研究計画書実例

| フィージビリティに沿った研究計画 | <フェーズ1> Boleroの ビジネススキーム 再検討 | 学術的分析 | | | |
| --- | --- | --- | --- | --- | --- |
| | | 強み/弱み分析 | | | |
| | <フェーズ2> 競合分析 | | 競合分析 | | |
| | <フェーズ3> 貿易金融EDIの ビジネスモデル立案 | | | 経営課題分析 | モデル立案 |
| | <フェーズ4> 提言 | | | | ▲ 提言 |

　なお，本研究の目標スケジュールは，修士課程が2年間で終了することを前提として立案しており，小生としては一日でも早い知識の取得とその体系化を図り，本研究を前倒しで進めることができるよう努力する所存である。

　また，本研究計画書作成にあたっては，小生の著書であるB書から貿易金融EDIの説明等一部抜粋している。A社における貿易金融EDIビジネス戦略の具体的な施策等に興味がある場合，こちらの第5章を是非ご一読いただきたい。

# 日本大学大学院
## グローバル・ビジネス研究科

★ 2002年入学・男性・37歳・外資系エンターテインメント業界出身

　研究テーマとして日本におけるDemographicの変化に着眼し，新しいエンターテインメント事業展開を３つのセグメントでとらえ，それぞれの切り口を検証し，現実にBusinessとして成立するBusiness Planを提案したい。
　その３つの切り口とは，①高齢化社会に向けてのEntertainment Business，②少子化に向けEducation＋Entertainment，③若年層へのSports Entertainment事業の展開である。
　私の基本理念は「人に感激を与えることがビジネスの成功につながる」である。「Entertainment」と一言にいうと「歓待すること（もてなし）」「娯楽」などと訳されるが，日本においてはアメリカでいうところの「Entertainment」とはまだ格差があると思われる。確かに文化的・習慣的なものにより日本人の楽しみ方には違いがあるが，「心から楽しめる娯楽」「感動するような娯楽」はまだまだ日本には少ない気がする。しかし，今まで既成概念にとらわれていて見過ごされていた部分にフォーカスを当てることによって多大なビジネス・チャンスを発見できると考える。
　まず第一のセグメントとして高齢者に注目をしたいと思う。年々お年寄りが増えていく日本社会において高齢者が楽しめる「Entertainment」を提案したいと思う。何よりこのセグメントに注目したのは「一番お金を持っている層」であるからである。高齢者介護施設や老人ホームを増やしていくことだけではなく，それらの施設で生活していくうえでの楽しみを提供する娯楽が必要であるはずだ。また在宅の高齢者や「アクティブおじいちゃん・おばあちゃん」などは更に可能性が高い。ありきたりの娯楽ではなく，お年寄り達が本当に求めるもの，感動するような「Entertainment」を探っていきたい。
　第二に少子化により親達がそれぞれの子供一人にかける教育費が以前より増加していることに注目する。ディズニー社が提唱する「Edu-tainment」という造語があるが，これは「Education」と「Entertainment」を合わせたコンセプトである。今までは「Education＝お勉強」であったが，「Edu-tainment」

のコンセプトの定義は「学ぶことの楽しさを知る」ことである。例えばインターネットのインフラ整備が進む中, これからの子供達は無限の好奇心をインターネットを通じて探求していくであろう。親達が安心して子供達に使わせることのできるポータルサイトの展開により, 幅の広いビジネス・チャンスが存在すると考える。

　第三番目の切り口は「Sports Entertainment」である。日本人はまだまだSportsを娯楽として本当の楽しみ方を十分にしていないと思う。また, Sportsに携わる企業や人間もそれを理解して, 手を打っていないように思える。例えばアメリカではESPNというスポーツ専門のケーブルチャンネルがあるが, ただ単に24時間スポーツニュースや試合を放送しているだけではない。テレビを通じてさまざまなスポーツの良さや感動を人々に伝え, それらのコンテンツを幅広く利用しSportsというものをビジネスとして確立している。特にこれからの若年層に対し本当のSportsの楽しみを啓蒙するとともに, 日本におけるESPNのビジネス・モデルの展開を模索していきたい。

★　2002年入学・男性・27歳・製造業出身

中小企業における従業員満足度向上要因
〈中小企業の経営戦略に従業員満足度はどのように関与していけるか〉

### はじめに

　現在, 日本において若年層における転職希望の高まり, フリーターの増加などの現象が現れている。これは連合総研の調べでも明らかになっている。この中で転職理由として「会社への将来に不安」「給与・賞与が少なかった」「労働時間が長く, 休みがとれない」「自分の能力や適正に合わなかった」など自発的理由が多い。

　しかし実際には日本能力マネジメントセンターの調査によると67％が「業務内容は変わらないのに上司が代わったら考課結果が変わった」とし, また「上司との相性によって考課結果が左右される」や「どこに配属されてどんな上司についたかの運不運で評価が決まる」と答えたものがそれぞれ71％, 87％に達している。

　これは言い換えるとよい評価をされることで仕事内容や賃金に変化はなくと

も満足度が向上することが言える。

これらのことを踏まえ，従業員満足度にはどういった因子が深く関与し，また一般に言われるところの大企業と中小企業との満足度とはどういった因子が違うかなどを明らかにする。

## 研究目的

本研究は
① 大企業・中小企業において従業員満足度にはそれぞれどのような因子が関与しているのか
② 限られたコスト（賃金）や部署を有効に使い従業員満足度を上げ，かつ経営戦略として生かせるか。さらには離職の歯止めとなり得るかを明らかにする。
③ 大企業と中小企業を比較して，満足度に差を生じさせるものは何かを明らかにする。

また業務内容による格差も見いだす。

これらの結果が中小企業を経営していく上で十二分に経営戦略に貢献し，最終的には中小企業を継続発展させていくプログラムを作成することを目的とする。

## 研究方法

対象は都内に存在する企業で，地区・業種なども無作為に抽出する。これにより格差に偏りをなくす。

また対象数は大企業5社，中小企業5社の計10社とし1社につき無作為に抽出した社員を各50名ずつ選出する。50名以下の事業所においては全社員の半数を対象とする。

調査方法は無記名のアンケート調査，その後統計学的処理を行う。また事前に同意した者のみを被験者の対象とする。

調査にあたり以下のことを定義する。

　　　大企業……業種業態は問わず従業員300人以上のところとする。
　　　中小企業…条件は上と同じで従業員300人以下の規模とする。

### 研究結果

アンケートの結果をもとに大企業と中小企業の満足度の差にはどういった因子の違いが見られるか，また仮に大企業の満足度が高かった場合，その因子を中小企業に取り入れることが可能かを検証する。

さらにアンケートの結果をもとに満足度の低かった企業が満足度を高めるプログラムを導入した場合，業務がどのように変化し，それが製品やサービスにどのような結果となって現れるか，また収益の向上に繋がるかの関連も見たい。

参考文献
宮田安彦　著「日本企業の組織編成原理の権力性についての一考察」
連合総研　永田有　著「勤労者のキャリア形成の実態と意識調査」

## 一橋大学大学院
### 7　商学研究科　経営学修士コース

★ **野田令**さん　2001年入学・男性・32歳・株式会社デンショク勤務

> **志望動機**

　今日，多くの日本人がそうであるように，私もまた受験社会の中に育った。少しでも偏差値の高い大学に進学し，安定した大企業に就職することが，価値のある生き方だと思っていた。

　私は大学を卒業して銀行に就職したが，その時初めて自分もまた画一的な人間であることに気がついた。自分の仕事は，他の誰でもできる仕事であった。ルーティンワークに追われる中で，「自分とは何か」という疑問が次第に膨らんでは忙しさに打ち消される，という繰り返しが続いていた。銀行業務は機械的業務である。マニュアルに記載されたとおり，忠実に実行できる人間が良しとされる。そこには，「アイデンティティ」とか「創造性」といったものは必要とされるどころか，「出る杭は打つ」ような保守的風潮があった。

　単に「生きる」だけであればこのままでもいい。しかしどうせ生きるのなら，生きるに値する充実した人生を送りたい。不満というよりむしろ危機感を覚え始めた頃，私は転職を決意した。

　転職先は，父の経営する会社であった。創業後65年を経ながら，未だ年商20億円足らずの発展途上にあるこの会社には，伝統的体質を引きずる問題点が山積していた。そして問題点を解決するために，組織改革を行う必要があった。しかし，議論の中で，理論的な根拠に基づいた解決案は出なかった。私はその時，将来経営に携わる人間として，改めて体系的に経営を学んでおく必要性を感じた。

　目を世に転じてみれば，マツダの社長に若干38歳のビジネススクール出身の米国人が就任した。日産の社長には，ブラジル移民でビジネススクール出身のゴーン氏が就任した。ハーバード・ビジネススクールに代表されるMBA大学院などは，米国においてはここ20年来の現象にすぎない。にもかかわらず，終身雇用制にしがみついて日々の学習と自己改革を怠ってきた日本人は，MBA

大学院出身の外国人経営者に平伏している有様である。しかしそれは、ビジネススクールが経営者にとっていかに価値のある教育機関であるかを物語っている。

　私は、貴大学院のMBAプログラムを通して、経営者としてのアイデンティティを確立したいと思っている。それは単に企業に利益をもたらすためではなく、1人の経営者として、企業を通して社会的責任を全うするためである。そして、それこそが生きるに値する充実した人生を送ることだと信じている。

## 今までの経歴

　大学においては、経済学部経営学科に在籍し、経営に関する基本的な知識を一通り習得した。在学中に英国ケンブリッジ大学のサマースクールに参加するなど、英語に関する能力の養成に努めた。

　株式会社A銀行では、支店において貸付業務を中心に担当した。住宅金融公庫業務、各種個人ローン業務、法人融資の稟議書作成および実行を行った。担当した当時はバブル崩壊による地価下落が著しかったため、融資先の担保価値の再評価や追加担保の設定作業を行った。中小企業に対する評価は、業績や担保力と同時に、経営者の能力、人間性が重視される。信頼できる経営者か否かによって、銀行の対応が変わるということを学んだ。

　株式会社デンショクに入社し、一般社員と同じく研修を受けた後、営業部に所属し、企画・営業活動を行った。当社の業務内容は、ビジュアルサインの企画・製作である。

　営業部においては、受注活動はもちろんのこと、協力業者の選定や工程管理、予算管理まで行う。特に協力業者の選定と契約は、最終利益に直結する重要な仕事である。

　私は、実際に協力業者と契約し、仕事を遂行する中で、「献身的な協力関係」を体感した。それについて、詳しく研究していきたいと思っている。

## 本研究科で学びたいこと

　協力業者との契約は、仕事の内容と支払金額の擦り合わせによって成り立つ。契約関係には、契約内容の完全履行と、完了後の契約金支払いを約束するという、非常にドライなイメージがある。

　しかし実際には、私が担当した仕事においては、契約内容には存在しない献

身的な協力関係がしばしば存在した。献身的協力は，義務感から生じるものではない。それは，仲間意識や思いやりから生じる，好意的な労働姿勢である。献身的協力は，お互いの欠点を補完し合い，1つの仕事を完成に導いていくために欠かせない原動力となる。私は，契約相手に対し，人間的にお互いを信頼し通じ合うことが，1つのインセンティブになると実感した。

一方，雇用関係においては，賃金が労働に対する対価という視点で考えれば，労働の成果は賃金を上回るものでなければ組織が成り立たない。逆に，従業員の献身的協力を得るほど，組織は利益を得ることができる。従って，いかにしてより大きな献身的協力を得るかは，経営上の重要課題であると言える。

私は，献身的協力の発生要因を追究し考察することによって，理想的な雇用関係および企業間協力関係を探りたいと思っている。

## 修了後の計画

私は，MBAを取得することが，会社の成長に直接つながるとは考えていない。しかし，経営活動において生じるさまざまな問題を解決するきっかけとして，貴研究科での学習が活かされるものだと思う。

私の所属するような中小企業においては，経営判断が社長の独断で行われることがしばしばある。裏を返せば，経営者としての能力がそれだけ大きく問われるということになる。誤った判断を下せば，従業員や顧客の信頼を損ない，一瞬にして会社自体の存続さえ危ぶまれることになる。

私は，後継者としてそのような重要なポストに就く上で，貴研究科での学習が強力なバックボーンになると信じる。きちんとした根拠に裏付けされた経営判断であれば，会社を成長へ導く可能性が広がる。私の場合，自己の成長と会社の発展は，表裏一体である。祖父，父が2代で築き上げた「会社という財産」の価値を高め，より社会に貢献するために，持てる能力を惜しみなく発揮したいと思っている。

第5章　合格者の研究計画書実例

★　2001年入学・男性・26歳・医療機関出身

（研究題目）　低成長期の「日本企業の経営システム」について

### 今までの職歴・地位など

　現在，私は社団法人A病院の施設課事務として，①診療材料の選定・購買・在庫管理，②医療機器の購入・保守・管理，③施設の保守・管理（増改築の計画を含む）とそれに伴う他業者との契約の3点を主な日常業務として担当している。①に関しては，診療材料は厚生労働省の保険点数指定により，患者様から材料費として請求の可・不可があり，請求不可物品を使用すると，病院経営を圧迫してしまう。2年に1度の法改正（指定品目の改正）を視野に入れながら，請求可の同等品を選定している。また，診療材料の価格は極めて不透明なため（定価の8割引きもある），絶えず価格交渉をし，安価な同等品を購入するようにしている。次に②に関して，医療機器は高額であるため，他の系列病院と情報を交換しながら，高性能の機器を低価格で購入することを目標にしている。また，修理も高額になることが多いので，保守契約も取り行う。最後に③に関して，病院施設は患者様の生命に直接関係するため，特に電気・ガス・水道・酸素などは細心の注意を払い定期点検を行っている。

　私は，入職3年目で役職には就いていないが，B課は3人であり，課の中心業務の一翼を担わせていただいている。

### 志望動機

　私は，1998年3月に大学を卒業し，社会人となって早くも3年目を迎えた。この間，私は，自らに与えられた業務を習得し，組織固有の文化を学ぶことで，精一杯であった。しかしながら，現在も私自身を取り巻く経済環境は変化し続けている。①情報通信技術革新，②競争のグローバル化，③高齢化社会，④規制撤廃である。まず①は，米国が現在，先頭を走っているが，新しいネット急成長企業が誕生し，既存の製造業を中心とする企業を脅かしつつある。次に②は，成長著しいアジア諸国の経済発展が，製造業を中心とした日本の産業と重複しているため，安価な労働力を背景としたアジア諸国に日本企業が駆逐される恐れがある。さらに，③は貯蓄が減ることにより，現在よりも企業の投資環

境は悪化する可能性がある。最後に④は，「金融ビッグバン」や外資系企業の圧力により，新たなビジネスチャンスを生むことだろう。私が属する医療業界は，日本の社会福祉としての役割から，厚生労働省に保護された安定産業の1つであるが，財政を取り巻く環境も厳しいため，この変化に巻き込まれる恐れは十分あり，将来は不透明である。

このような危機感から，私は，次代を担う社会人として，ある固有の組織内での経営文化というレベルではなく，厳しい経済環境の変化に対応できるような，国際的に通用する経営の手法を体系的に学びたいと願うのである。一橋大学大学院の経営学修士コースは海外のMBA課程に見られる標準化された教育方法と，「古典・哲学・方法論」「頻繁なレポートの作成」「小人数の討論」「シュミレーション・ゲーム」「ケースメソッド」「フィールドワーク」など，他の大学院では見られない独自の教育方法を併せ持っており，そして何よりも優れた教授陣を擁されている。私は，研究活動をするに際して，貴学の素晴らしい環境を活用させていただくことを希望するものである。

## 入学後の計画

日本経済は，上記のような時代の変化から，バブルの崩壊による一時的な不況ではなく，経済システムに関わる構造的な問題を内在している。したがって，日本は，経済システムを高度成長期のシステムから，低成長期のシステムへと，劇的に変革する必要に迫られている。さらに，企業は需要の伸び悩みに苦闘し，グローバル競争のあおりも受けて将来の展望が開けない厳しい経済環境の中にある。このような状況において，企業はこれら経済環境に対応した経営システムをいまだ確定できない。今こそ，経営システムの再構築が必要である。

私は，以上のような問題意識から，低成長期の「日本企業の経営システム」として，以下の内容を重点的に研究したいと考えている。

(1) 経済環境の変化と「日本企業の経営システム」

高度成長期の日本は，「ジャパン・アズ・ナンバーワン」と評され，三種の神器と言われる「終身雇用」「年功序列」「企業別組合」をはじめ，「メインバンク制」「分社化」などの「日本企業の経営システム」が世界に認められ，実際に輝かしい実績を残した。しかし，バブル崩壊から数年経った現在までの間に，これらが日本企業の足枷になっているとの論調が支配的である。わずか数年の間に何が変わってしまったのであろうか。これら「日本企業の経営システム」が生成した背景と，最近数年間

の経済環境の変化を考慮に入れながら，現在における「日本企業の経営システム」の問題点を探る。
(2) 現在における「日本企業の経営システム」の問題点
「日本企業の経営システム」は，現在は有効に機能しなくなってきている。この点に関してはいくつかの議論もあるが，現実を直視し，「日本企業の経営システム」の問題点を1つひとつ解決しなければ，日本経済の活力は失われ，将来の持続的発展も繁栄もないだろう。(1)で得られた現在の経営システムの問題点を個別に検討する。
(3) 躍進中の既存企業の経営システム
現在，有効に機能しない状態となってきている日本企業の経営システムであるが，業績を伸ばしている製造業を中心とした既存企業がある。事例研究を通して，これらの企業は(2)で得られた問題点をどのように克服しているのか，何が優れているのかを帰納的に検討する。この際，米国などの海外の企業も参考にする予定である。
(4) 最近誕生した，新しい企業の経営システム
(3)と同様に事例研究として，現在の変化の激しい経済環境の中で誕生した，急成長企業を分析する。これらの企業群がどのようにしてグローバル競争に参入し，勝ち続けているのか，どのように需要を開拓しているのかについて調査し，帰納的に検討する。
この場合も，海外のベンチャー企業などを参考にする予定である。
(5) 「日本企業の経営システム」の再構築
最後に(1)から(4)までの過程を通して，現在の低成長期における「日本企業の経営システム」を演繹的に再構築する。

## 将来の計画

研究を通して得られた「日本企業の経営システム」という「理論」は，経済環境の変化に実際に対応できるか，実務的に実行できるか，という「行動」との相互作用を通して，改善されていくべきものと考える。研究は研究だけで終わってはならないだろう。私は，以上の研究が実際に生かされる可能性のある，コンサルティング企業か，中小企業（ベンチャー企業），新規事業（起業）などへの参加を通じて，実践していきたいと考えている。

## 7 一橋大学大学院

★ 2001年入学・男性・27歳・金融業界出身

### 志望動機

　大学院を志望した理由は，①将来的なキャリア形成の礎となる知識を習得するため，②大学時代に触れた経営組織論をより深く学びたいと考えたため，である。

　私は生涯の目標として，「中小企業の成長の一助となる人間となること」を掲げており，新卒時の就職先には中小企業との接点が多い銀行を選択した。しかし，融資係として肌身に感じていたことは，銀行内には取引先企業の成長を促したり，経営上の問題を解決したりするノウハウが蓄積されておらず，取引先に対して適切なアドバイスが行えないということだった。このまま銀行員というキャリアを積むと生涯の目標を果たすことはできないだろう。複雑な経営上の問題を解決する能力を身につけるには，大学院で学びなおすのが最良の選択であると考え志望した。

　また，大学時代に触れた経営組織論をより深く研究したいという純粋な向学心がある。卒業論文では，「商店街の組織化に関する研究」と題し，商店街活性化を阻んでいるのは，商店街組合におけるリーダーシップ不在，組合員同士の結束の弱さという組合組織内部の問題であるととらえ，解決策として商店街株式会社が有効であることを実証分析によって提示した。この研究を通して，一般的な企業においても組織内部の問題が活性化を阻んでいるのではないかと考えるようになり，より深く研究を進めるには大学院で学ぶのがよいと考え志望した。

### 入学後の計画

1　研究テーマ

「中小企業のM&Aに関する研究～組織風土融和とトップマネジメントの役割～」

2　問題意識

　近年，日本国内でM&Aが活発になってきた。これまでは大企業の事業戦略の一環として行われたケースが多かったが，最近では，急成長する中小企

業の事業拡大・再編（リストラクチャリング）の一手段としての活用事例も見られるようになってきた。しかしながら，合併の時間節約効果や相乗効果が期待していたほど得られず，逆に組織の統合に苦慮しているケースが散見される。組織統合失敗の原因としては，組織風土の融和の失敗が主な原因であるとの指摘がある（林［1985］）。

中小企業の組織風土形成に大きな役割を果たすのはトップマネジメントであると私は考える。買収側のトップマネジメントが被買収側の組織風土を十分理解し，そのうえで変革のビジョンを管理者・一般従業員に対して提示し，相互関係の中で上手（うま）く組織風土を醸成していくことが中小企業のM&A成功の鍵となるのではないだろうか。

まず，中小企業同士のM&Aの特徴，組織統合のプロセスを明らかにしたい。つぎに，組織風土の融和の成功要因・非成功要因とトップマネジメントが合併後の組織風土形成にどのような役割を果たしているのかを実証し，実効性のある理論モデルを提示したい。

### 3　研究計画

〈入学1年目〉

① 当該分野の先行調査研究のレビューを徹底的に行い，批判的に検討したうえで，中小企業のM&Aの特徴，組織統合のプロセスを明らかにする。また，アンケート調査に先立ち，中小企業の実情に合った組織風土測定スケールの開発，統計学の勉強に努める。

〈入学2年目〉

② 合併後2，3年経過している企業の経営者・管理者・一般従業員に対してアンケート調査を行う。経営者に対しては，合併前後のビジョンの変化，組織風土に対する認知の変化，業況の変化に関する質問を行う。また，管理者，一般従業員に対しては，合併前後の組織風土に対する認知の変化，職務満足度の変化，職務業績の変化に関する質問を行う。アンケートは，買収側，被買収側メンバー双方を対象とする。

③ 研究仮説は，「買収側のトップマネジメントが被買収側の管理者・一般従業員の組織風土を十分理解し，変革のビジョンを提示して，相互関係の中で新たな組織風土を積極的に形成していくことが企業の中・長期的な業績向上につながる」というものである。

④ 仮説の検証は，アンケート項目の相関から統計的に検証するという方法をとる。この仮説の検証過程を通じて，組織風土の統合とトップの役割に

ついて理論モデルを構築し，実効性のある提言を行いたい。

### 4　参考文献
① 林伸二［1993］『日本企業のM&A戦略』同文舘
② 中小企業事業団編[1993]『中小企業のM&A戦略』同文舘
③ 松村司叙［1999］『企業リストラクチャリングとM&A』同文舘
④ 林伸二［1996］「組織風土の測定―現状とスケール開発」『青山経営論集』第30巻第4号，青山学院大学経営学会

### 修了後の計画

卒業後は，大学院で得られた体系的な知識とM&Aに関する専門知識を活かして，中小企業のM&A仲介を専門とするコンサルティング会社，もしくは中小企業事業団といった調査機関に就職し，日本のM&A市場の活性化に貢献したい。M&Aというキーワードは，経営学の入門書に必ずといってよいほど掲載されているが，実務ではほとんど行われていないというのが実情である。日本に株式会社は約250万社あるといわれているが，日本国内企業間のM&Aは年間わずか700件程度である（中小企業事業団［1999］）。M&A市場を活性化することで，長年蓄積された経営資源が撤退や倒産によって失われてしまうという問題や，中小企業の成長に時間がかかってしまうという問題を解決していきたい。最終的には中小企業の成長の一助となれるコンサルタントになりたい。

---

### ★　2001年入学・男性・26歳・自動車業界出身

私が本研究科を志すに至った理由，また入学後の計画について，学部生時代から振り返ることで明らかにしたい。

私の学部生時代の研究テーマは，「自転車交通がもたらす便益とその評価」である。この研究は，交通手段として様々な問題が露見してきた自動車の代替手段として自転車に注目し，費用便益分析によってその可能性を明らかにしたものである。

交通機関としての自転車は，政府行政機関やマスメディアも重要性に注目しはじめたばかりで，研究テーマとして新鮮である一方で実例が少なく，新しい分野に挑むおもしろさと苦労を味わうことになった。

最終的に完成した論文は，自転車先進国といわれるオランダで収集した資料・実地調査をもとにして，独自に設定した日本のモデル都市における自転車道投資の費用便益分析をオランダのある都市のものと比較し，日本における自転車交通の有益性を論じたものとなった。

　この論文は学会で発表する機会にも恵まれたが，その一方で大きな疑問を感じていた。確かに研究は自動車道より自転車道に投資するほうが，費用対効果が高いと導き出した。しかし，これは自動車から自転車への一定の乗り換えを前提とした結果であり，本当の問題はこの前提，つまり自転車道が整備されれば人々が自動車の代わりに自転車を使うようになるのかという点なのである。実際，オランダでは車道と遜色のない高度な自転車道が整備され，様々なキャンペーン・サポートプランが行われているにもかかわらず，自動車から自転車への転換は思うほど進んでいない。結局のところ一番重要なのは，数値上よいものを作るのではなく，人が使いたいと思う魅力づけをすること，つまり数字に表れない人の心こそが大切ではないだろうか。

　こうした研究の反省をふまえ，私は就職先であるA社に入社した。

　研究テーマとは一見正反対の行動であるが，モノを創って売るという行為を通して，研究の反省点である人の心を相手にしたいと思ったからである。

　A社での業務は，日々あがってくる販売台数のデータをまとめ，マーケットシェア拡大，販売台数増加のための方策立案を行うという業務であった。

　マーケットシェアを重要視するのは日本企業独特の経営目標といえるが，自動車業界では特にこれが強く，この部署ではすべてが販売台数増加，マーケットシェア拡大のために動いているという印象を受けた。

　この時期，A社には大きな新製品投入がなく，持ち駒をいかに売るかが課題となっていたのだが，販売台数，マーケットシェアの圧力の前に取られた方策は，インセンティブを積み増し，安さを訴求して量を売ることであった。

　クルマが憧れの商品で，誰もが求める時代なら「安いこと」は十分価値になり得たであろう。しかしクルマがほぼ行き渡っているこの状況で，「安いこと」がクルマを買ってもらう一番の要素なのか。それは台数を稼ぎたい企業の押しつけではないか。そういう疑問が私にはあった。

　実際インセンティブの効果は一時的で，長期的な販売増には貢献しない。「人はクルマを買うことに対して，もっと違うものを求めている」そう思い始めていた。

　この思いが深まるほどに，業務で台数の大きさを追い求めている現実と，自分の思いとの間に矛盾を感じ，「何のためにクルマを売るのか，何が正しい価

値観なのか」という疑問が大きくなっていた。
　この疑問への解決の道を示してくれたのが,「ブランド論」である。ブランド論が目指すところの「他に真似できない価値を提供し,心のシェアを得る」という点は,私の思いと同じであった。改めて見ると,確かに多くの企業がブランドの持つ重要性に注目し,新しい方向性を模索している。しかし,ブランドは目に見えないものゆえ,その理解が曖昧で,単にイメージ戦略としか捉えられていないように感じた。
　「ブランド」とは何か？　この先求められるのは,その答えを導き出し,具現化していける能力であろう。そして,私はそこに自分の可能性をかけたいと思った。しかし今の自分に何ができるのか？　もっと本質を追究し,論理的裏付けを持つことが必要ではないか？　一企業の従業員でどこまでできるのか？
　こうした自問自答を繰り返した結果,私は本研究科に入学し「ブランド論」を学ぶことを決意するに至った。
　特に2年という短い期間を有効に使うために,私は「「場」の創造とブランド」というテーマに絞って研究を進めたいと考えている。
　消費者はもはや「商品」を欲していない。商品ではなく,商品を買うという「体験」であり,商品を使用するという「感動」を欲している。そして,そのための場の提供こそ重要であり,それがブランド確立の要素である。そう私は考えている。
　たとえばビーナスフォートやイクスピアリなど新しい形態のショッピングモールは,個々のテナントよりショッピングをする「場」の魅力で人を引き寄せているのではないだろうか。あるいはSONYは,パソコン,AV機器,音楽や映画,ネットなどのコンテンツ,これらのものを体験するひとつの「場」として機能し,魅力を高めているのではないだろうか。こうした「場」の創造こそが,ブランドを確立する重要な要素でないかと考えるのである。
　ではどのようなアプローチを取るのか？
　それは様々な実例に学ぶことである。特に今までのブランド論が扱ってきた商品やサービスという分野にとらわれず,例えば「なぜ東大に優秀な人間が集まるか」「なぜ高校球児は甲子園を目指すのか」「なぜ夏の北海道にバイクや自転車の旅行者が集まるのか」といった広範なテーマに目を向け,いかに「場」が創造され,ブランドとなるかを解き明かしていきたい。また,これらの理解のバックグラウンドとして,社会人経験をふまえつつ講義を受けていくことで,幅広い知識を整えていきたい。
　最終的には,何らかの方法論を確立することで,消費者も生産者も得るもの

の多い豊かな「場」の提供に繋げられればと思う。また、この研究は単にビジネスにとどまらず、地域社会の発展に貢献できるものと考えている。

情報技術の進展によって立地上の差異がなくなっていく中で重要なのは、その土地土地の特性・資源を生かして他とは違う発展を歩むことであろう。地域社会をひとつの「場」として捉えるなら、その答えを私の研究から導けるものと考えている。

私の修了後の希望は、ブランドを通して人とビジネスとのつながり、そして人と社会とのつながりを、実りある豊かなものに変えていくことである。その第一歩として、企業において、特にこれから成長していく企業で、研究を生かしつつブランド確立に関わる仕事に就きたいと考えている。そして将来的には、ブランドという切り口で地域社会の発展に寄与し、よりよい社会を実現する一助を担っていきたい。

★ 2001年入学・男性・31歳・金融業界出身

本計画書では、①今までの職歴、②志望動機、③入学後の計画、④修了後の計画、の順で将来計画を示したい。

第一に、職歴についてであるが、1995年4月にA銀行B支店入行後、新人研修を経て学校法人C等を担当。1998年10月会社派遣にてD学院入学、ビジネス英語の基礎を学ぶ。1999年1月、現在のE支店へ着任、中堅中小企業向け融資・営業を担当し、現在に至る。

第二に、志望動機であるが、銀行に入行後5年が過ぎ「日本企業の経営のあり方」に大きな疑問を感じていることに端を発する。銀行員の職業的魅力の一つに、若いうちから多くの経営者に会うことができる点が挙げられる。中小企業経営者の多くは、第二次大戦後、裸一貫から事業を立ち上げた元祖「ベンチャー経営者」であり、魅力的な人間が多い。その一方で、長い不況下、已むなく倒産の憂き目に遭う経営者もいる。彼らを見ていると、「経営者」という職業のリスクを実感せずにはいられない。

翻って、上場企業の多くでは、株式が公開されてオーナー色が薄まるのと同時に、経営のリスク管理力も薄まっていった。ほとんどの企業では、役員などの「経営者」はよく頑張った「労働者」のゴールであり、「経営者」と「労働者」の境界線は限りなく細い。故に頼りない「サラリーマン社長」が存在し得たのである。経済全体が右肩上がりの時代には経営者の巧拙は目につきにくい

が，今後経営者の巧拙がそのまま企業の巧拙に繋がっていくことは自明である。上場会社でも，経営者本来のリスクを理解し，それを受け入れ得る社長を輩出する仕組みを追究することが入学の目的である。

　第三に，入学後の研究計画についてであるが，「金融機関におけるコーポレートガバナンスモデル」を構築したい。その中でも，「社長（もしくはCEO）選任システム」に焦点をあてていこうと思う。

　高度成長期からバブル期までの強い日本経済を支えたのは，終身雇用を中心とした日本的慣行であった。当時としては理想的なシステムで，ピラミッド型人口構成・右肩上がりの経済成長のもとでは，勤続年数に応じて年功賃金やポストを与えることが可能であった。その中で最も優れた資質を持つと思われる労働者が，ゴールとして社長に選任されていた。しかし，その資質を判断するのは，往々にして前任社長及び会長であり，属人的な判断が幅を利かせていた。すべての社長が経済的合理性のみに基づいて後任を指名するとは限らず，「院政」を目的に「子飼い」を選ぶケースも多いにあり得る。

　大多数の日本企業では，社長の社内への影響力の根源は「人事権」である。人事権が社長に集中しているために，出世志向のある役員は社長の意に反する発言を控えざるを得ない。部長の時までは切れ者だったが，役員になったとたんイエスマンになった，とはよく聞く話であるが，企業にとっては多大な損失以外の何物でもない。株主総会・取締役会・監査役会の無力化が最大の原因であるが，事実上日本では社長が取締役を決め，取締役会が監査役を決めるので，取締役会・監査役会に多くを望むのは無理である。残る株主総会には本来，取締役及び監査役を選任するという権限が与えられているが，「物言わぬ株主」として名高い日本の株主は，その権限を事実上放棄し続けてきた。取引先としてその企業の存続を第一義とする株式持合主義のもとでは，それで充分だったのである。

　金融不安・時価会計導入を引き金とする株式持合解消の動きは今後拍車がかかり，外資の参入と相まって，株主総会に限らず株主の影響力は加速度的に増大することが予想される。強い株主の下では，社長の人事権は大幅に制限される。強い株主の下では，企業の株式価値を高めることが至上命題とされ，能力のない社長を後任として指名してしまった場合はその社長は即更迭されてしまうだろうし，当人が会長などにとどまっていたとすれば，その責任問題も追及されることとなるからである。その結果，企業価値を高めることのみを目的とする，「プロの経営者」が誕生する素地は整うわけである。このプロの経営者は当該企業の生え抜きである必要はなく，企業価値を高めることに失敗すれば

即株主によって更迭され，場合によっては株主代表訴訟で訴えられるという運命を負っている。前述した中小企業のオーナー経営者と同様のリスクテイクを迫られていると言っても過言ではない。

　以上は，米英ではすでに実施ずみのガバナンス形態であるが，日本でもある程度自然に進行すると予想される。しかし，ここまで「労働者」を無視した形が果たして日本で完全に根づくかというと，疑問である。ドイツのように，監査役会に労働者代表を入れるという方法も考えられる。そもそも日本では一部を除いて採用・雇用体系がほぼ一本化されているケースが多く，極論すれば，誰でも新人のうちは社長になる可能性を秘めている。職種別に採用する米英型とは大きく一線を画し，故に将来の経営者も含めた労働者を無視することは，その企業のモラル上も得策とは言えない。また，「企業価値」の指標を株式時価総額，EVA，ROE等に定めることが本当に日本企業にマッチするのか。このあたりに今後の研究の余地は多いに残されていると考える。

　第四に，修了後の計画であるが，在学中に確立した金融機関のコーポレートガバナンスモデルを実践し，従来型との相違を実証することである。株主，場合によっては労働者の意向を汲んだプロの経営者は，明確な経営目標を具体的な指標で示し，企業価値を高める。4大グループ収束後の日本の金融機関は，総花経営から脱却し，グループ持ち株会社のもと，投資銀行会社・決済ネットワーク会社・中堅中小法人向け商業銀行会社・プライベートバンク会社などの事業会社に分裂することになる。その時，株価をはじめとする企業価値を高めておくことが，海外も含めたM&A及び戦略的提携を企業戦略として採用する場合に不可欠なものとなる。仮に買収される側の経営者であったとしても，「会社が買収されても，個人が買収されたわけではない」というメッセージを労働者あてに発信する度量が必要であるし，それがプロの経営者である。

　優秀な経営者が数多く輩出されるコーポレートガバナンスをいかに構築できるか，日本経済復興の鍵はそこにあるのではないだろうか。

〈参考文献〉

アンダーセンコンサルティング金融ビッグバン戦略本部著『金融業勝者の戦略』東洋経済新報社　1999年

高田輝男著『金融ビッグバン最終局面』NTT出版　1999年

西浦裕二著『金融マーケティング』東洋経済新報社　1998年

深尾光洋・森田泰子共著『企業ガバナンス構造の国際比較』日本経済新聞社　1997年

★ 2001年入学・男性・27歳・損害保険業界出身

### 研究題目

タイ，マレーシア，中国に対する中小企業，子会社及び関連会社における経営の現地化問題についての考察

### 職　歴

1998年3月A大学卒業。
同年4月，損害保険会社のB社に入社。
一般代理店の営業，マネージメントを職務とする。
2000年3月31日退社。

### 志望動機

在職中の営業活動を通して多くの中小企業の存在，活動を垣間見ることにより，中小企業の経営に興味を持つようになった。その中で，多くの経営者が中小企業における人材の不足を一番の問題であると認識しており，今後労働力の減少が確実な中，今以上に人的資源の制約が中小企業の事業の継続・飛躍での一番の問題であると考えている。近い将来，中小企業にとって外国人労働者の活用・教育が企業の競争力を決定する大きな要因になりうるとの認識から，優秀な教授と学生が在籍している御大学院で後述の課題を研究することにより，経営に対する知識を深め，自己を向上させるべく，御大学院に強く入学を希望している。

### 入学後の計画

「タイ，マレーシア，中国に対する中小企業，子会社及び関連会社における経営の現地化問題についての考察」

現在，平成8年に発生した，東アジアの通貨・経済危機を境に日本企業の東アジアへの海外直接投資は，急激に減少している。特に中小企業の投資件数の減少は，著しく平成9年の476件から平成10年に57件と激減しており，大企業

の平成9年556件から平成10年451件の減少幅と比較しても，非常に落ち込んでいると言える。しかしながら，中小企業の海外進出の目的が，親会社の要請によるもの，人件費の安い労働市場を求めての海外進出といった要因が大きいことや，日本における出生率の低下からもたらされる慢性的な労働力不足や，アジア経済の回復ぶりから考察して，近い将来，特に労働集約的産業において中小企業の海外進出は，再び活性化する可能性は高いと思われる。

東アジア地域において平成9年度に4,174社の大企業の製造業海外子会社，関連会社が存在し，1,420社の中小企業製造業海外子会社，関連会社が存在している。中小企業の東アジアへの直接投資は，昭和40年代後半から本格化し，増減を繰り返しながら，昭和60年のプラザ合意から始まる急激な円高により，昭和63年にピークを迎えその後減少傾向をたどりながら現在に至っている。直接投資が始まってから比較的時間が経過しているにもかかわらず，欧米諸国の現地子会社と比較して，経営の現地化，すなわち現地人の経営幹部への登用が進んでいないと，日系企業は被投資国からの批判を受けており，現地従業員のモラールを高める上でも，また優秀な人材を獲得するうえでも早急な対策が求められている。現に，野村総合研究所の平成10年の調査によれば，東アジアの米国系企業の26％，ドイツ系企業の23％が本国人主体として経営活動を営んでいるのに対し，日系企業は72％が本国人すなわち日本人を中心として経営活動を行っているということである。

大企業においては，最近アジアの日系現地法人のトップに現地の人材を積極的に登用するケースが目立ってきた。ソニー・シンガポール（VTR・CD用部品工場）社長に98年初N.T.フック氏が就任，シンガポール松下電子では同年4月マーガレット・タンという女性社長を登場させた。トヨタのタイ法人では99年末から今年初，プラモン会長（初），ニンナート副社長ほか取締役，ゼネラルマネージャー級に数名の現地人幹部起用を発表，「現地重視」の姿勢をアピールしている。一方，中小企業においては，経営の現地化が大きな経営目標になっているにもかかわらず，経営の現地化は，全体として満足するレベルまで進んでいないといえる。そこで，なかなか進まない中小企業の海外子会社における経営の現地化問題の要因を分析するとともに，企業の競争力の源泉をいかに移転していくか，また，現地との融合をどのように図っていくべきかについて一考察を加えることがこの研究の趣旨である。

この経営の現地化問題は，その国の文化，習慣等も大きく関係していると言え，ASEA4の中で比較的中小企業が多く進出している，タイ，マレーシアを選出し，両国における経営の現地化を進めるうえでの共通の問題点，相違点を

明らかにすることにより，問題の理解を深めることを目的とする。また，中国については，タイ，マレーシア両国に華僑として多くの中国系タイ人，マレーシア人が存在することと，平成8年の中国政府の外資系企業に対する優遇措置の撤廃により，中小企業の進出が激減している状態であるが，労働供給力の豊富さ，高い市場の成長性から中小企業の海外進出国としての潜在的願望が現在でも高いことから研究対象として選考することにした。

また，大企業ではなく，中小企業を研究の対象として選んだ要因としては，2点の理由からである。第一は，一般的に大企業の方が中小企業より日本人の人的資源が豊富であり，限られた人的資源を活用することにより競争力の優位の移転から経営の現地化を進めるまでのプロセスを考察するほうが，経営の現地化問題の根本的な理解が深まると考えるからである。第二には，今後，日本において，出生率の低下からくる慢性的な労働力不足が予想されており，労働力不足解消のため，海外からの労働者の移入が盛んに議論されている中で，労働力不足に陥るのは，大企業よりもむしろ中小企業，その中でも労働集約的産業であることは明らかであり，外国人労働者を活用するうえでも，また経営の一翼を担うように育成するためにも，今回の考察を少なからずとも応用することが可能であると考えるからである。

以上の点から，中小企業のタイ，マレーシア，中国における子会社，関連会社の経営の現地化問題について研究を成立させたい。

## 研究の方法

中小企業総合事業団が毎年発行している海外展開中小企業実態調査及び，野村総合研究所が発行している日米独のアジア事業展開に関する調査等を精読する事により，日系中小企業の現地化問題に考察を加える。また，海外進出を行っている中小企業に積極的に接触することにより，より具体的な考察の成立を目指す。

なお，研究の構成は下記のとおりである。

1　経営の現地化の必要性
2　経営の現地化が進まない要因
3　日系中小企業と欧米現地企業との経営方針の比較
4　経営の現地化問題におけるタイ，マレーシア，中国での類似点及び相違点
5　望ましい経営方針について

第 5 章　合格者の研究計画書実例

> **修了後の計画**
>
> 　経営の現地化問題を研究することにより，今後の中小企業の海外進出をアドバイスしたり，また，中小企業が有力な雇用の受け皿になるであろう，今後解禁される外国からの労働者の活用・育成についてのアドバイスを与え，日本の中小企業の更なる発展に尽くせればと考えている。具体的には，コンサルティング会社や，中小企業総合事業団等への就職を希望している。
>
> 　参考文献
> 　中小企業庁編　　　中小企業白書2000年版
> 　中小企業庁編　　　中小企業白書1999年版
> 　中小企業庁編　　　中小企業白書1998年版
> 　中小企業総合事業団編　　海外展開中小企業実態調査（平成12年3月）
> 　伊吹六嗣著　　中小企業の海外経営戦略
> 　名村久人・桑名義晴共著　　最新国際経営論
> 　巽信治・佐藤芳雄共著　　新中小企業論を学ぶ
> 　伊丹敬之・加護野忠男共著　　経営学入門
> 　中小企業総合事業団著　　海外投資ガイド155号，156号

★　2001年入学・男性・31歳・食品メーカー出身

> **入学後の計画**
>
> 　研究題目：下位企業のブランド拡張戦略の調査研究
>
> **研究の背景と目的**
>
> 　一般にブランド拡張とは，すでに市場において一定の地位を確立したブランドの資産や力を活用する形で，同一製品クラス内でライン拡張や他の製品クラスへのカテゴリー拡張を行うことである。近年，ブランドを1つの資産価値とする「ブランド・エクイティ」概念が注目されているが，その構築と有効活用を目指す動きに，新規ブランドの導入の難しさが加わり，企業による新商品の導入に占めるブランド拡張製品の割合は高まっている。市場地位別に見ると，

当然高いエクイティを持つリーダー企業はブランド拡張を行いやすく，幅広いカテゴリーで力を持つメガブランドへ成長している例も多い。逆に下位企業は，少ない資産を生かせず競合のブランド拡張によりシェアを奪われるケースも少なくない。

　食品業界を例とすれば，下位企業からの視点で大きな３つの脅威が存在する。①上位企業のライン拡張（低価格帯商品によるブランドの下方伸張を含む）：日清製粉，ハウス食品などの低価格帯商品，②他業種からのブランド拡張（同一業種の異なるカテゴリーからの参入を含む）：花王のエコナ，P&Gのプリングルスなどの食品へのブランド拡張，③問屋，小売店のPB品の台頭，である。これらにより下位企業はますますその活動領域を狭めている。

　このような背景の中で本研究は，ブランド戦略の研究に市場地位別のマーケティング戦略の枠組みを採用し，実態調査を行うことによって，下位企業にとって有効なブランド拡張戦略の策定に１つの示唆を与えることを目的とする。

## 研究方法

　特定業界内で行われている各企業のブランド拡張戦略の実態調査が中心となる。続いて，それに基づいて下位企業のブランド拡張戦略の成功，失敗のケースを抽出し，事例研究を通して得られた資料・データから実態についての知見を得たい。

## 研究計画

### 1　ブランド拡張の先行研究のサーベイ

　アーカーやケラーらによりブランド拡張の成功・失敗に関する数多くのケースや研究結果が提示されている。またそれに基づいてブランド拡張の長所，短所が指摘されている。これら先行研究のサーベイの中心作業として，下位企業にとって有効な要素の抽出を行う。具体的には下位企業に独自の示唆を与えるケース（例えば，アメリカの「クローズアップ」練りはみがきは，「クレスト」練りはみがきほど人気はなかったが，口臭予防カテゴリーへの拡張では「クレスト」より好意的な評価を得た事例などがある）をピックアップし，先行研究を市場地位別に整理する。

### 2　特定業界内における各企業のブランド拡張の実態調査

商品数，カテゴリー数ともに多い食品業界と，トイレタリー商品業界を中心に調査する。その際，代表的な量販店のある時点での売り場状況をモデルとする予定である。

調査は2種類に分けて行う。
① 業界の全体図を描き，カテゴリー間を移動する水平的なブランド拡張の動きを調査する。
② 続いて，特定のカテゴリーに注目し，カテゴリー内を移動するブランド拡張の動きを調査する。

### 3 下位企業のブランド戦略のケーススタディ

① 2の調査から，売上シェアや市場定着率などの指標を用いて下位企業によるブランド拡張戦略の成功例を抽出し，その要因を検討する。要因分析の切り口としては広告戦略，価格政策，拡張先カテゴリーの特徴などを用いる。なお，要因分析の切り口は先行研究を参考にし，適切なものを設定する予定である。また，この調査においては実際の企業へのインタビュー調査も実施する。

② 次に失敗例を取り上げ，逆の視点からの戦略分析を行い，その失敗要因や改善点を検討する。失敗例であるので市場から消えた商品も多く，データを集めにくい可能性がある。そこで予定としては，以前在籍していた企業において，失敗したブランド拡張や現在苦戦している商品の例を取り上げ，開発担当者，営業担当者からのインタビュー調査を中心とした共同研究を行う。

※ 参考文献：D・A・アーカー「ブランド優位の戦略」（ダイヤモンド社，1997）
　　　　　　K・L・ケラー「戦略的ブランドマネジメント」（東急エージェンシー，2000）

## 修了後の計画

修了後は食品，トイレタリー製品などの消費財メーカー，またはマーケティング系コンサルタント会社において商品企画，ブランド開発，販促プランの策定業務などに携わりたいと考えている。マーケティング職種の中途採用の現状は，不定期のうえその枠も小さいが，随時キャリア採用を行っている企業もあ

る（例えば，味の素は機能性食品の開発及び販売マーケティング職を募集している）。私の場合，営業としての実務経験しか持っていないため条件は厳しくなるが，積極的な就職活動で補っていくつもりである。

★ 2003年入学・男性・29歳・教育業界出身

### 今までの職歴・地位など（社会人のみ）

A社においてB事業部に所属し，数学・物理の講師，テキスト作成担当者，校舎責任者を経験。
【職歴】
A社（1996年4月〜現在）
◆1996年4月　B事業部配属
・テキスト作成担当や講師（数学・物理）及び校舎運営業務を行う。
◆2000年7月　C校舎責任者に昇進
・C校舎における父兄との応対，授業運営，講師管理など校舎マネジメントを行う。

### 志望動機

現在私は，教育産業に従事し，業務としては大学受験予備校の分校の責任者として校舎運営を行っている。2年前に責任者になってからは，自分が経営者であったらどうするだろうかという意識をもって，それまでの従業員的な視点ではなく経営者の視点からものを考えるように努めて行動してきた。特に責任者として自分の校舎が利益を出しているのかどうかに対しては心を配ってきた。そしてその2年間の中で，利益を上げるために現場がどれだけ頑張っても，しっかりとした戦略が会社になかったり，環境や時代の変化にあったビジネスモデルがなければ，限界があるということを感じた。たとえば，今勤務している校舎は，大手予備校をはじめとして多くの塾が乱立する激戦区にあるが，そこで生徒を集めるためには，短中期の戦略として，他社とどう異なりどう優れているのかという差別化が必要であり，中長期の戦略として少子化の影響と生徒の気質を考慮した新たなビジネスモデルへの脱皮が求められている。そして，その対応にしっかりと経営資源を集中してきた企業は現在利益を上げている。

このように，今後は社会の変化に対応していくためにも，企業はそれを取り巻くさまざまな変化に対する分析力と戦略性をもった活動が必要だと考える。

今後は，戦略構想力のある人材をもつ企業が勝ち残ると考えているが，残念なことに現在の私には会社に貢献できるほどの十分な経営戦略の知識と批判に耐えうる立案力がないと感じる。また，今の会社においては，その能力をあまり重視してないように思われるため，このまま働いていてもそれを身につけることは難しいと思う。今，十分な戦略構想力を身につけることが可能であれば，2年間の自己投資は，今後の約30年間の私の人生において価値があると判断した。そこで本学のMBAにて経営戦略を中心に経営学を学び，戦略思考を身につけるべく切磋琢磨したいと思っている。以上が本学を志望する動機である。

## 入学後の計画

入学後は下記の2点を中心に行動していきたい。

### ① 経営戦略を立案するうえで必要だと思われる知識の習得

これは，授業や教官に指導をいただくことにより身につけることが可能であると思われる。選択科目においても関連ある授業科目を中心に受講したい。特に，経営戦略を考える上で必要となる分析ツールのなかでもPPM分析をはじめとする定量的な分析方法に関してはしっかりとパソコン上でシミュレートできるように習熟したい。

### ② 教育産業における競争戦略の研究

現在の日本は，高度成長期の右肩上がりの成長から一転して停滞し，先の見えない経済環境にある。教育産業においても，中長期的には少子化など不安材料が多く見受けられる。近年は，小中高校生の学力低下に対する危機意識や文部科学省の授業内容3割減などの影響もあって学習塾市場規模は2兆円に迫る活況を呈しているが，今後は限られたパイをめぐって，競争激化の道をたどるのはさけられようにもない。

このような状況においては，今までのような効率性の向上や規模の拡大といった，これまで大手予備校が行ってきた経営方法では生き残ることはできないと思われる。各社とも生き残りをかけて様々な戦略をとっているが，総じて現役生重視や個別指導型への傾斜といった流れが鮮明になりつつある。そこで個別指導塾のなかでも大きく成長している会社と集団指導で成長している会社を

対比しながら経営戦略の分析を行い，それぞれの競争戦略の特徴を考察する。そしてその上で，中長期においての市場の変化がどのようにシフトしていくのかを考察し，今後の教育産業における有効な競争戦略を導き出したいと思う。

### 修了後の計画

　　修了後は，本学で学んだ経営スキルを生かすことができると思われるコンサルタントもしくは企業の経営企画部門への就職を希望する。特に，現職の経験を生かせる教育産業かサービス産業を考えている。どちらにしても一般消費者に直接働きかけることのできる分野を希望する。詳しくは，本学の履修中に判断していきたい。また，同期の学生を中心に一橋MBAの卒業者ネットワークをWEB上を通じて作りたいと思う。そこでは，仕事上における問題などに対し卒業生同士がアドバイスを言いあえるような環境や，仕事につながる生きた人脈を提供できる場を持ちたいと思う。

## ★ 2002年入学・男性・27歳・外資系食品メーカー出身

### 今までの職歴・地位など

　　大学卒業後，外資系食品メーカーの日本支社に勤務する。市場での情報を収集し，本社貿易部門とコミュニケーションをとりながら日本市場における食品原料のマーケティングに従事する。

### 志望動機

　　ここ何年かの間に食品原料の世界において業界を揺るがすようなイベントが相次いでいる。代表的な例としては畜産業界に吹き荒れた疫病の脅威，日本政府の輸入品に対するセーフガードの発動などが挙げられる。その渦中に身を置き日々仕事をこなしていて自分自身に体系だった知識と確固たる価値観が確立されていないことを痛感した。MBAコースで学ぶことによってそれらを鍛えあげたいと考えている。

### 入学後の計画

　バブル崩壊以降，あらゆる商品においてデフレが進行し，革命的ともいえる低価格が市場に登場している。その背景にはメーカーとサプライヤーとの力関係の変化，最終消費者と生産者との距離の短縮など様々な要因があると思われる。「価格破壊」の裏側にはこのような構造的な変化が存在すると考えられるが，こうした変化を業界に存在するあらゆるプレーヤーについて分析したい。現時点では対象として食品業界を考えているが，様々な業界を見渡しそのなかから最も先進的な例を研究する作業も同時に進めたいと考えている。

### 修了後の計画

　卒業後は研究によって得た成果を現場で実践してみたい。3年弱の実務経験を通じて時代が大きく変わっていることを実感した。それは食品業界のみならず，あらゆる業界で起こっていると考える。現在は自らをその変化の中に置き，イノベーションのプロセスに参画することによって自分自身を飛躍させたいと考えている。

### 研究課題：「価格破壊」の時代におけるサプライヤーとメーカーとの関係

　これまでの日本においてはサプライヤーとメーカーとの間には長期的な信頼関係が重視され，サプライヤーもメーカーも安定供給・安定生産をするための戦略を推進させてきた。しかし情報技術の発達および経済のグローバル化によってこのような関係は考え直さざるを得ない状況にある。これはあらゆる業界において発生していると思われる。

　その背景には様々な要因があると考えられるが，現在ポイントと考えているのは情報の流れである。今日，ファースト・フード，コンビニ，ファミリーレストランなどでは，消費者を飽きさせず，常に惹き付けておくために売上の状況に応じて随時，生産計画を改める。そしてそれに合わせるようにサプライヤーに原料の納入を求める。これは在庫リスクが川下から川上に移ってきたことを意味する。サプライヤーもまたメーカーと同様に市場の末端における情報を柔軟に生産計画に反映させるようなシステムを築きあげないことにはゲームにおいて弱い立場に追い込まれてしまう。

　またこれまで特に海外のサプライヤーとメーカーとの間に商社が介在してき

たことが多かった。上記のような変化も突如発生したものではなく，これまでは間に入っていた商社が吸収していた。最近ではサプライヤーとメーカーとの間に立ってきた商社が買収・合併を行い，川上から川下にまで進出する戦略を推進するようになった。鍵は川上から川下までの情報の流れをいかにスムーズにかつスピーディーに行うかであろう。商社の戦略はそれに対応したものであろう。

　そこで実際の分析では対象を様々な業界に広げ，いくつかの先進的な例をピック・アップし，これからのサプライヤーとメーカーとの関係を考察してみたいと考えている。

★　2002年入学・男性・24歳・新卒

　私は，卒業論文として「アサヒビールの企業戦略」をまとめる予定である。しかし，そこにはさまざまな要素が存在しており，卒業論文にまとめたからといって，それで十分研究できたとは言えないと思っている。よって，大学院でも，「アサヒビールの企業戦略」をより深く掘り下げて研究してみたいと思っている。特に研究に力を入れてみたいのがブランド戦略である。アサヒビールのみならず，あらゆる企業がブランド戦略の成功・不成功によってその浮沈が左右される今日，ブランド戦略を研究することが企業戦略の研究の重要な部分になると考える。アサヒビールにおけるブランド戦略は，まず今までの商品をすべて廃して新しい商品を出すということだろう。これは非常に危険を伴うことで普通，企業はあまりこの手を使わないのだが，当時業績悪化に悩まされていたアサヒビールはこれを実行した。これにより，アサヒビールは急成長の契機をつかむことになるのである。次に重要なのがフレッシュ・ローテーションと呼ばれるものである。これは商品の回転を速くし今まで以上にその品質を保証することで，鮮度の追求を社会にアピールし，鮮度という付加価値を商品に付け加えさせることに成功したのである。このことからみても，同社の戦略性が見てとれる。このようなアサヒビールの例を見ても分かるとおり，企業戦略の例をアサヒビールから抽出したいと考えるのである。もちろん，戦略に成功した企業のみならず，失敗した企業についても研究したい。また，キリンビールは，最近までシェアを落とす一方だったがその企業戦略についても，研究してみたいと思っている。例えばトップブランド商品の生ビール化によって顧客が離れていった事例が挙げられるが，これはどのように戦略を間違えたのかと

いうことを研究したいと思っている。このように，何が成功と不成功を分けたのかということを考察してみたいと考えるのである。

　ほかにも，フレッシュ・ローテーションに代表される流通体制の改革がアサヒビールの低迷と急成長の分岐点の１つになったと言えるが，それを含めた大きな意味での企業戦略を捉えて研究したいと考えている。例えばマーケテット・セグメンテーションである。アサヒビールでは新商品の開発においてこれを重視した。ライバル企業があまりこれを重視しないために無視される格好になった世代にターゲットを絞ったのである。これは当時としては画期的で，企業戦略としても優れていると思われる。

　そのほかにも着目すべきところがある。広告宣伝費と設備投資への資金の集中投下と特定のブランドへの生産の特化集中であり，この特化集中政策がアサヒビールにおいて最も戦略的なところであり，この特化集中政策がアサヒビールにどういう影響をもたらしたかを研究することは非常に意義深いことだと考えるのである。このように，いかに企業戦略が企業を発展させ，衰退させていくのか，よく研究してみたいと思っている。また，そのような企業戦略を立案し，実行していくプロセスについても，詳しく研究していきたいと思う。

　アサヒビールでも，村井勉，樋口廣太郎，瀬戸雄三と３代にわたる経営者が次々と効果的な戦略を打ち出していった。この三人の経営者の業績には興味があり，しかもそれぞれ果たした役割がちがうので，これについてどのような効果があったのかを詳しく検証する必要性があると考えるのである。アサヒビール以外の企業にも，これからの企業にとって非常に重要なことが隠されていると考えるので，この企業戦略のプロセスも，研究していきたいと考えている。

　以上のことに加え，最近特に企業に重要視されている企業の知識経営，ナレッジ・マネジメントについても詳しく研究してみたいと考える。現代は情報の時代と言われるが，その情報が氾濫かえって物事が見えなくなるということも考えられる。そのような状況下では，どの状況がより重要かを選別する必要性が出てくるのであり，そこで「知識」が重要になってくるのである。それが知識経営やナレッジ・マネジメントが必要とされる素地であり，今の情報化社会が進めば進むほど，その重要性は増していくと考えられるのである。しかし，一言でナレッジ・マネジメントといっても，そこにはさまざまな要素があり，それを理解する側にもさまざまな受け止め方をされているようである。私はこれを整理し，何がナレッジ・マネジメントの本質かを探り，その効用と限界について一層の研究をしてみたい。それによってこれからの企業戦略を研究する上で有益にもなると考えるのである。

以上のように，企業戦略については，アサヒビールを例にとりながら，ブランド戦略や企業戦略のプロセスを研究したい。また，ナレッジ・マネジメントについても，その本質を理解したいと考えている。それを通じてこれからの企業にとって重要であると考えられる点を，過去の企業の軌跡や現在の企業のあり方を通じて研究し，これからの企業のあり方をどうすべきか考察する材料にしたいと考えている。また，修了後は，実社会に出て，研究したことを仕事に生かしていきたいと思っている。特に，企業戦略を本研究科で研究したことは，かなり重要なことであると考えるので，実社会でどこまで役に立つか試してみたいと思う。また，ナレッジ・マネジメントについてもその本質について理解したことを実社会で活用していきたいと考えている。

## 法政大学大学院
### 8 社会科学研究科　経営学専攻

★　2001年入学・男性・45歳・独立系シンクタンク出身

　　私は，A研究所で10余年あまりEUの市場統合，通貨統合について調査研究してきた。本大学院修士課程では，このような欧州統合，あるいは広く，地域経済統合の動きが企業にどういう影響を及ぼすのか，また企業はこの動きにどう対応すべきなのか，を研究することにしたい。
　　その場合の焦点は次の3点である。①まず，国境の存在，通貨の異同が企業経営にあたえる影響を整理する。②次に，そのような諸影響の中で欧州統合は企業の立地戦略にどういう影響をあたえるのか分析，検討する。③そして，企業の立地戦略を考える場合，「集積のメリット」をどう考えればよいのか，考察する。以下①～③を説明する。

① グローバル経済の時代，あるいはボーダーレスエコノミーの到来と言われる。それまで，国内市場での競争にのみ注意していればよかった企業が世界レベルでのメガコンペティションに巻きこまれ，見もしなかった外国の企業が突然競争相手になる。また，ITの発達により，世界中から最適調達が可能になり，これまで考えられなかった低価格の商品を日本市場で販売できるようになった。しかし一方で，企業にとって単一通貨，単一法制度の経済圏がもつ便利さ，強みは相変わらず大きい。EUの市場統合，通貨統合はこの強みを生かすために行われた。実際に，その結果として域内の産業再編成のために行われた投資は増加し，域外に対する競争力が増したとも考えられる。
　　この2つの現象の関係，つまり一方で経済のグローバル化が進む中での地域統合された経済圏のもつメリットはどう捉えたらよいのか，整理・検討をしておきたい。
② 統合レベルの差異はあるものの，一般に地域経済圏の内部では企業間競争が激化する。そのため，企業はさまざまな拠点の最適立地を行う必要性がいやが上にも増す。
　　一般に従来型産業は，生産コスト（主に労働コスト）の低いところに生

産拠点を集中させることが望ましいと言われる。国別立地が主流であった消費財産業にとって市場統合のインパクトは強かった。

ハイテク産業の場合，そのインフラともいうべき科学者，技術者，熟練労働力は歴史的・文化的要因によって特定地域に偏在している。そのため単純に生産コストの低いところに立地するのが良策とは言えない。

以上は，一般に言われる通説であるが，では，何が基準になって従来産業とハイテク産業という立地戦略の区分けをするのか，かならずしもこれまで明確ではなく，個別企業の戦略，あるいは「たまたまその場所に工場を誘致された」という偶然性の問題として取り扱われてきた。またサービス産業の最適立地に関しては，あまり研究がない。本課程ではこうした産業区分と立地戦略の関係，それに対する欧州統合のインパクトを検討したい。

③ 日本企業にとっての示唆という面では，ハイテク産業，サービス産業の立地戦略が重要であろう。そこでは，産業集積の役割が非常に重要になってくる。企業間の連関が強いハイテク産業・サービス産業の場合，近接して立地すると，技能労働者のアベイラビリティが向上すること，部品・原材料など中間投入財のまとまった需要が発生すること，ノウハウや技術に関する企業間の情報伝播が活発に行われイノベーションに結びつくことなどのメリット（集積のメリット）が生じるからである。また集積のもつ重要なメリットは，そこでは「暗黙知」が流通しやすく，それが知識労働者にとって魅力となっていることである。

このようなメリットは企業にとってマネージブルな事柄なのか。歴史的・文化的に規定されてしまい，所与の要件として考えなければならないのか。またITの進歩は集積のメリットにどういうインパクトをもたらすのか。このような点を物・財・サービスのマネージメントの視点からだけではなく知識（ナレッジ）のマネージメントの視点から研究したい。

以上のような焦点に関して，内外の文献を渉猟し，新聞雑誌などで紹介された事例を整理・分析するとともに，研究者，欧州あるいはその他海外で企業経営にたずさわった経験のある企業人，在日各国政府，地方自治体へのインタビューを行い，修士論文としてまとめたい。

## ★ 2001年入学・男性・36歳・情報通信機器商社出身

### 研究テーマ

「企業価値創造経営のための統合的な経営指標に関する研究―EVAによる事業評価と事業ポートフォリオの管理―」

### 研究目的

　昨年11月，私の勤務するA社は店頭公開を果たした。しかし資本市場に乗り出し，企業価値，株主価値の重視の看板を掲げてみたものの，事業戦略に目新しさはなく，投資家からみて未だ魅力的な実行策に乏しい。

　店頭公開により経営陣，従業員，取引先等とは利害を異にする株主ができた現在，従来のようにとりあえず利益を出し債権者や従業員にそれなりに報いていればよいという経営ではもはや十分とはいえない。公開企業として，マーケットや投資家を意識し，彼らの期待に応えていく経営が要請されているといえる。

　こうした株主価値重視の経営を実行し，モニターしていくうえで重要なのは，どのような業績指標を取り入れ，運用していくのかという点にある。

　企業のパフォーマンスは，個々の社員によるパフォーマンスの積み重ねであり，彼らのパフォーマンスは，どのような評価尺度で測られているのかにより，その成果が大きく左右されるからである。

　また，従来型業績指標である売上高や粗利，営業利益といった損益計算書重視の指標では，資本効率や株主の期待収益率の観点が盛り込まれていないため，投資家のニーズに十分に応えることができなくなってきている。

　そこで近年，花王やオリックスをはじめとして多くの先進的な日本企業で資本コストを盛り込んだEVA等の指標が注目をあびている。

　ただし，新しい経営指標を導入し事業価値が正しく測られるようになっても，企業価値そのものが自動的に向上するわけではない。多くの企業が事業の集合体であり，さまざまな種類のリスクとリターンのポートフォリオで構成されているため，経済成長期を脱し，右肩上がりの業績向上が望めない現状では，事業ポートフォリオの管理なくして継続的な企業発展をはかることは難しいからである。

そこで，企業全体の価値を高めるという観点から，資本コストを盛り込んだ経営指標の導入と並び，事業ポートフォリオの評価方法の確立は不可欠であるといえる。

わが社のような中小企業にとっても，公開企業であるからには，マーケットの要請をタイムリーかつ的確に汲み取り事業運営に反映させていかなければならない。そのためにはマーケットに連動した統一的・横断的な業績評価指標を社内に取り入れ，企業価値全体を高めていくことは急務の課題といえる。

したがって，私の研究テーマもこの点に主眼を置きたいと考えている。

### 研究計画

当研究の目的は，マーケットに連動した業績評価基準の設定と事業ポートフォリオ評価方法の確立である。

具体的には，まず，事業ポートフォリオを投資ポートフォリオによるアナロジーで捉える荒木・伊藤（1999）の見解を援用し，事業経営ではなく「企業価値の経営」という観点から，ファンドマネージャーが採用する企業評価手法を手がかりに事業ポートフォリオの評価基準を導き出したい。

また，荒木・伊藤では，社内の統一評価尺度をキャッシュフローベースで想定していたが，その後の経営指標の進展を踏まえ当研究ではキャッシュフローよりも株価との連動性が高いとされるEVA等の経済的付加価値に置き換え，新たな評価基準の設定を試みる。

また，EVAは投資家の立場からの事業評価指標であり，資本サイドしかみていないという欠点を持つため，具体的な事業プランが遂行される現場にとっては必ずしも理解しやすいものとはいえない。そこで，実効性を高めるために，具体的に何をすればEVAの向上に貢献できるのかが一般社員にもイメージしやすいよう資産サイドからの組替えを行う。

例えば，一般社員には，粗利益に加え「売掛債権管理」を目標として与えるなど，階層別に達成すべき経営指標へとEVAをブレイクダウンするといった工夫が必要となる。この点については階層間の整合性を含め今後更に検討していきたい。

最終的には当研究により，社内にEVAを中心に捉えた統一的・横断的な業績評価指標を取り入れ，企業価値向上のため会社のトップから一般社員まで同一の評価指標の下で，同じベクトルに向かって活動していくための方法論を提示したいと考えている。

(参考文献)
荒木隆司，伊藤洋「事業価値評価と戦略的リストラクチャリング」『ダイヤモンド・ハーバード・ビジネス』1999年1月

★ 2001年入学・男性・42歳・証券会社出身

**研究テーマ**

新規株式公開における価格決定手法に関する研究

**研究目的**

　私はA証券会社において，公開引受部，企業開発部に在籍し，この10年間株式公開関連の仕事に従事してきている。バブル崩壊後の不況からなかなか抜け出せない日本経済再生のため，大企業の改革だけでなくベンチャー企業を中心とした若い企業群の勃興が今強く求められている。米国において1990年代の繁栄を支えたのはマイクロソフトやインテルといった若い企業群であった。わが国においても，この数年，新興・ベンチャー企業支援のためのインフラは急速に整備されてきている。中小企業法の改正，エンジェル税制，ストックオプションの導入，公開基準の緩和，東証マザーズ・ナスダックジャパン市場の創設等である。ベンチャーキャピタルを中心に公開前の企業が資金調達をすることも容易になってきている。わが国においても「大公開時代」が幕を開けたところである。

　企業の株式公開において，発行会社，監査法人，主幹事証券会社の3者が中心となり協力して作業を行っていく。資本政策の作成・社内管理体制の整備・申請書類の作成等の作業である。そして，公開にあたっての価格の決定は証券会社の仕事である。

　公開時の公募・売出価格はブックビルディング（需要積上げ）方式により決定される。その企業と事業内容・企業規模等の類似性の高い企業を数社選び，1株当たりの利益・純資産を比較する類似会社比準方式等の手法を中心に，機関投資家等の意見も参考にして仮条件価格帯を決定する。その価格帯に対して幹事証券会社経由で投資家の申し込みを集計し公募売出価格を決定するのである。投資家が判断する時に最も重視するのは予想PER（株価収益率，1株当

たり当期純利益に対する株価の倍率）の類似会社との比較であろう。

　大量の新規公開を円滑に成し遂げるため証券会社の責任は重大である。明日の日本経済を支える新興企業に成長のための資金を，そして投資家には優良な投資案件を提供する。そのマッチングをさせる株式公開業務は証券会社の業務の中で最も意義のある仕事である。そのためにも，公募・売出価格は適正な価格でなければならない。理想的な株価推移は公募価格の1～2割高い初値がつき，その後も業績の向上に比例した右肩上りの上昇をすることである。

　しかるに実際のところ，公募価格と初値は大幅に乖離することが多く，昨今は相場環境の悪化もあり，公開後の株価が大幅に下落を続けることが多い。予想PERによる相対評価を中心とした手法に更に精度を高めるためには，どのような要素を含めるべきか，あるいはここ最近使われてきているDCF（ディスカウントキャッシュフロー）モデル（将来のキャッシュフローの合計額をすべて現時点での価値に置き直して合計する手法）による絶対評価を中心に予想PERに代わる優れた手法はないか検討したい。

　また，公開を間近に控えた企業がベンチャーキャピタル等に対し第三者割当増資を行うことが普通になってきている。その最終ファイナンスの価格が公開時の公募価格に影響を与えることもある。実際，最終ファイナンス以上の価格で無理に公募価格を決定したために，公開後の株価が急落したと思われる事例も出てきている。公開前の価格決定にもこの研究を生かしたい。

### 研究計画

　公開初値は類似会社との今期予想PER（1株当たり当期純利益に対する株価の倍率）の比較が主要な決定要因であり，その価格を基準として，業績の伸び率，業界におけるシェア，PBR（1株当たり純資産に対する株価の倍率），ベンチャーキャピタル等の公開後すぐ売却する可能性の高い株主の持株比率，一定規模以上でないと機関投資家の投資対象とならないため時価総額等を副次的決定要因として，類似会社との比較に応じて加減すること，また直近の公開市況の状況に応じて加減することによって想定することができるとの仮説をたてこれを検証していく。

（1）最近3年間の新規公開会社（1998年87社，1999年107社，2000年205社）について過去2期及び今期・来期の業績数値及び価格決定に影響を与えると考えられるデータをすべて収集する。類似会社についても同様。

（2）今期予想PERが主要な価格決定要因であるかどうか検証する。1株当た

り予想当期利益よりも営業利益，経常利益，キャッシュフローの方が信頼性が高い可能性もある。今期予想数値よりも来期予想数値の方が有用であるかもしれない。また副次的要因の中にも主要な決定要因となるものがあるかもしれない。

(3) 主要な決定要因が選定できたなら，次に副次的要因についてそれぞれ株価決定にどの程度の影響を与えているか検証をする。

(4) 発行企業固有の要素だけでなく，直近の公開市況の状況も価格決定に影響を与えると考えられる。店頭平均株価の動き及び直近公開した10銘柄程度の公募価格と初値そしてその後の株価の動きとの関係も検証する。

(5) 公開初値想定のための算式を導き出したい。

　　信頼性の高い算式が得られたならば，想定初値の10〜20％下の価格をブックビルディングの仮条件価格帯の上限として設定すればよいのである。わが国において，主幹事証券のほとんどは大手証券が占めている。米国においては得意な業種に特化することにより中小証券でも主幹事になることが多い。現在仮条件の決定方法については具体的な発表は行われておらず，大手証券のノウハウに依存している。研究の成果が，大手以外の証券会社が主幹事をできるための一助となれば幸いである。

　　わが国の新規公開市場の特徴として，公開直後においては長期保有を前提としない短期売買専門の個人投資家層の関与が大きいことがあげられる。短期的には妥当な仮条件価格，初値も長期的にみるとかなり割高であることも多い。長期的な株価推移の中で公開時の価格形成をどう位置づけるか，相対評価ではなく絶対評価の手法（DCFモデル法）を導入することはできないか検討をしたい。

# 立教大学大学院
## ビジネスデザイン研究科

★ 2002年入学・男性・28歳・出版業界出身（ビジネスデザイン専攻）

> この大学院に入学を希望するあなたが，研究科で展開予定のプログラム，あるいはチーム・プロジェクトにおいてどのように能力を発揮できるのかを述べてください。

　私が貴研究科で発揮できると思われる能力を，以下3つに分けて述べたいと思います。

1　営業力（企画力・運営能力・分析能力）

　企画力：私が現在従事しているA事業は，昨年度より開始した新規事業です。そのため，まだ売上規模も小さく，ようやく単年度黒字化に目処が立ちそうな段階ですが，私はこの事業に企画・開発段階から参画しました。現在は試験の実施・運営，試験問題などの制作，営業活動，評価・測定業務に従事しています。

　運営能力：1999年4月に，新規事業を開発することをミッションとするB部（5名）に配属されました。現在は，小・中学生の基礎学力を測定・評価する検定試験を年2回実施しています。申し込み期間前には，販売代理店の管理から，DMを使った直接営業，申し込み期間には受付業務，試験実施前には問題制作や試験資材の発送業務，試験終了後には評価・測定業務やタブロイド版ニュースの制作，プレスリリースを中心とした広報業務を行うなど，検定試験に関するすべての業務に携わっています。

　分析能力：試験結果の評価・測定の業務や，アンケート処理など分析のほとんどを担当しています。評価・測定については統計的手法を用い，アンケートについては統計処理をした上で仮説・検証をしながら分析結果をまとめています。

　以上の能力は，新規事業の立ち上げを経験し，事業全体を見渡しながら培ってきたものです。貴研究科でのカリキュラムにおいても，ビジネスをデザイン

するという点で十分に反映できると考えていますし，データ処理の能力なども，さまざまな面で応用していけると確信しています。

## 2　経営への視点

　私は，一社員としての業務以外にも，経営というものを考える立場や機会に，積極的に自分の身を置くように努めてきました。

　1998年と2000年の2年間，労働組合の執行委員として活動しました。1期目は，引き受け手がなく入社年度が若いという理由で押しつけられたのが契機でしたが，「経営」というものを考え始める出発点になったと思います。1期目は何も分からずあまり役には立てませんでしたが，副委員長を務めた2期目には，従来の2項対立的な労使関係とは一線を画して，成果主義に基づく新賃金制度の導入に際しても賛成の立場をとるなど，会社の存続・発展にプライオリティを置き，馴れ合いでない労使協調という新しい道を探るべく活動をしました。弊社は，社員数200名にも満たない小さな会社で，コーポレートガバナンスが働きにくい非上場・非公開のオーナー系企業でもあります。現場の声を率直に伝えたり，経営に対するチェック機能という面からも，ある程度の役割を果たせたのではないかと自負しています。終身雇用・年功序列の崩壊に伴って，労使関係は抜本的な見直しを迫られています。全く同一の問題について，労働者と経営サイド2つの立場から状況の把握に努め，執行部内でそれを論理的に説明したり，団交や事務折衝の場でも意見を出したことは，会社という組織を考える上で非常に有益であったと思っています。

　2000年2月からの1年間は，成果主義に基づく新人事制度導入に向けた「Cプロジェクト」のメンバーとして，他社事例・先進事例を学ぶ機会を得ました。これも，組合活動と同様，「人」に主眼を置いて，「組織」を考える良い経験であったと思います。

　個人的にも，ビジネス書（雑誌）やビジネス関係の番組に触れる以外に，外部の教育機関の公開講座などに足を運び，自己研鑽に努めてきました。特に昨秋に受講した，早稲田大学エクステンションセンターでの「12時間で学ぶMBAエッセンス」は，経営というものを科学的に考える契機になったのはもちろん，今回貴研究科で学びたいと強く思うきっかけにもなりました。

　これらの業務以外のことを通して得た知識や経験も，広い視野で物事を考える訓練の場となりましたし，貴研究科での学習においても存分に発揮できると考えています。

### 3　リーダーシップ

貴研究科カリキュラムでの特徴でもあるチームプロジェクトなどにおいては，これまでの集団での活動経験や，その中から得たものが生かせると思っています。私は，小・中学校では野球部，高校時代はラグビー部，大学時代は体育局相撲部に所属するなど，集団の中で活動する機会を多く持ってきました。さらに，高校ではラグビー部の副キャプテン，大学では体育局相撲部の主将として，集団をまとめる立場も経験してきました。

私は，組織を構成するメンバーには，リーダーとメンバーという2つのカテゴリーだけでなく，細かい役割分担が存在すると思います。意思決定する者としてのリーダー役，相談・助言・知恵袋としてリーダーを助けるサポート役，リーダーとメンバーをつなぐコーディネート役などが，組織として機能を十分に発揮するためには必要です。さまざまな集団のメンバーとして活動してきただけでなく，リーダーやサポーターとしても活動してきた私は，貴研究科におけるカリキュラムやチームプロジェクトにおいても，チームの一員として与えられた役割を積極的に果たしていけると考えています。

---

ビジネスデザイン研究科での研究・学習があなたのキャリアプランにとってどのような役割を持つか述べてください。

---

### ［目的は出版業界に構造改革を持ち込むこと］

私は，貴研究科で，「社会人としての確かな素養と幅広いビジネスの専門的・先端的な知識」を学び，それを構造改革が急がれる出版業界に持ち込み，新しいビジネスモデルの構築に生かしていきたいと考えています。そしてそれを通して，出版という文化を守ることと同時に，「国家百年の計」と言われる教育の分野に貢献していきたいと考えています。

### 〈背　景〉

私は教育系の出版社に勤務しています。現在，出版業界は大変厳しい状況にあります。従来，出版業界は「不況に強い」と言われ，実際に書籍の売上は1996年まで右肩上がりで伸びていました。このため，1990年初頭のバブル崩壊後，日本の産業界全体が競争力の維持もしくは強化のために痛みの伴うさまざまな改革に取り組んできたにもかかわらず，弊社をはじめとした出版業界は，抜本的な改革を打たないまま旧態依然とした体質を維持してきました。しかし，従来のように出版物を作れば売れる時代は終焉を迎えました。出版業界も，売

れるものを作るという他業界では至極当然のことを,早急に導入しなくてはならないのが現状です。

しかしながら,出版業界には,現状を認識しながらもその危機感があまりに希薄であったり,また理解していながらも何をどうすべきか分かる人材が決定的に不足しています。私は,貴研究科に入学しキャリアアップをすることで,問題がどこに存在し,いかにそれらを改善していくかを解決できるような,問題発見能力と問題解決能力を持つ人材になりたいと思います。

現在,出版業界が抱えている問題には,大きく以下の3つが挙げられます。

### 1 マーケットの伸び悩みなど外部要因

2000年の出版物の推定販売金額(書籍と雑誌の比率は4:6)は,前年比2.6%減の2兆3966億円と4年連続のマイナスです。1970年代と比べると,書籍の新刊点数が約270%アップしているのに対して(1973年約2万点,1998年約6.5万点),販売金額については70%アップにとどまっています。しかも,販売点数は20年前とほぼ変わっていません(1979年7億5,800万部,1996年9億1,500万部)。本の平均単価が841円から現在の1,000円台になった価格上昇分と考えると,市場規模は1970年代と比べてほとんど変わっていないと言えます。

### 2 ITなどによる環境変化

ITに代表される科学技術の進歩が,以下2つの側面で出版業界を揺るがしています。1つは,従来の紙媒体での出版という従来型ビジネスモデルの揺らぎです。これは,インターネットの普及による紙媒体そのものに対する需要の減少であり,また従来の技術では不可能であった少部数からの印刷を可能にする「オンデマンド出版」や,紙を使用しない「電子出版」という代替媒体の登場を意味しています。

もう1つは,流通の問題です。これまで大半を占めていた「出版社→取次→書店→消費者」のチャネルは,現在はかなり多様化しています。実際に,この10年間で約8,000~1万の書店が廃業したと言われ,現在の出版物売上1位はCVSの「セブン-イレブン」です。また,多くの出版社が自社サイトでインターネット直売を行っていますし,「紀伊國屋書店」などのリアル書店だけでなく,「アマゾンドットコム」などネット書店の存在感も大きくなっています。そのほか,現在急速に勢力を拡大している「ブックオフ」などの新古書店や,国語辞典さえ100円で販売する100円ショップも,既存のシステムを揺るがす大きな脅威です。

## 3　出版業界特有の問題点

　出版業界に特有なものに,「再販売価格維持制度（再販制度）」と「委託販売制度」という密接に絡み合った2つの問題があります。出版物は再販制度により,出版社が設定する定価で販売され,書店に在庫の値引き処分を認めていないため,委託販売制度がなければ,返品できないリスクを抱えた書店は,売上が期待できる出版物だけを店頭に並べてしまう可能性があります。また出版社にとっても,在庫を自社倉庫に置くより,とりあえず書店に並べて,売れなければ返品として引き取るほうにメリットがあります。そういう意味で両制度は,多数の出版社の多種多様な出版物を担保するシステムとして機能している一面を持っています。確かにこのシステムは,ある時期までは最適なものとして機能していましたが,現在では種々の弊害も見られるようになってきました。

〈出版業界の新しいビジネスモデルを構築〉

　今や出版物の返品率は40％を超えるとも言われ,現在,倒産や身売り,リストラを行う出版社・取次・書店が増えているのはこれらがためでもあります。また,公正取引委員会の「規制改革」「競争政策」に対する姿勢からも,近い将来に再販制度は,廃止の方向に向かう可能性が大きいと思われます。再販制度の廃止は,出版点数の40％以上を刊行する中小出版社が商品を市場に流せなくなる可能性を意味します。まさに,既存システムからの早急な脱却が求められているのです。

　このように,出版業界においては,新しいビジネスモデルの構築が喫緊の課題です。日本だけでなく海外の先進事例や,国内の他業種での先進事例の中には,出版業界にも持ち込むことができるものがあると思います。出版業界は構造改革が遅れているが故に,他の失敗事例などから同じ轍を踏まないようにするなど後追いの利もあるはずです。

　私は,貴研究科で,今の環境に対応するための企業分析や環境分析能力を身につけ,それを現場で生かしたいと思います。また,環境が刻々変化する中で,今最適なシステムもすぐに陳腐化する可能性があり,そうした新しい変化に適切に対処できる分析能力も身につけたいと思います。私は,「出版物を作る」という製品志向の発想から「情報を提供する」市場志向の発想へ転換し,有益な情報を消費者のニーズにあった媒体で提供するという,顧客満足に立脚したコンテンツプロバイダーとしての新しい出版社の在り方を探りたいと考えています。また,貴研究科での2年間は,人脈を広げることや,直接的に生の情報を交換する場と位置付け,自分のキャリアに結びつけていきます。

> あなたがこれまでの職業経験のなかで、とくに企業（あるいは職場）組織について感じていた長所や短所を指摘し、仮にあなたがそれを改善する、もしくはもっと良くするための権限をあたえられたとすれば、どのようなことを対象に、どのような方法、手段でそれを実行するのかを述べてください。

[人事戦略を一新し、個々の「人」の強さを「組織」の強さにつなげる]

終身雇用・年功序列の日本型経営は終わったと言われています。従来の日本型経営の長所としては、雇用の安定が確保されることで、①社員の会社に対する忠誠心が高く、社員の団結も高まる、②従業員教育を長期的スパンで考えることができる、などが挙げられるでしょう。しかし一方で、横並びであるために①社内エリートを育成しにくい、②個人の自立を促しにくい、などの短所があるのも事実です。日本でも成果主義型の人事制度を導入する企業が増えてきた背景には、こうした従来型制度の弊害を除いて、グローバル化、従業員の仕事観の多様化、人材の流動化など、時代環境に合致したシステムで自社の競争力強化につなげたいという意図があるのだと思います。

〈改善対象〉

企業の究極的目的は利益を上げることであり、少し乱暴に定義すれば、利益は「売上高ー（原価＋経費）」で表せます。しかし、この計算式には表れませんが、従業員1人あたりの労働生産性を上げることも、利益の最大化のためには大変重要ではないでしょうか。

私は、会社の強さを大きく左右する鍵を握るのは「人」にあると考えます。会社という組織を構成している従業員のモチベーションを上げ、その個々の従業員がシナジー効果を発揮できるように組織化を図っていくことが企業の競争力の源泉となります。各人がやる気を出せるシステムを整備し、能力を十分に発揮し、労働生産性を上げる施策を打ち出すことが、企業の活性化につながるのだと思います。

私が勤務する会社においても、昨年7月、成果主義に基づく新人事制度を導入しました。しかし、①年功色が残る中途半端な制度変更であった、②評価の公平性に対する疑念など、制度そのものに対する不信感と制度の運用に対する不信感があるために、成果主義のメリットを生かすどころか、一部の従業員の間にはモラールの低下さえ見られるのが現状です。そこで以下、弊社で浮上している問題点を考えながら、成果主義型人事制度の本来的利点を発揮するため

の改善方法や改善手段について考えてみたいと思います。

〈改善方法，手段〉

まずは，組織の構成員である従業員の意識改革を行い，「自己責任」意識を浸透・徹底します。そして，マズローの言う「自己実現」の図れる組織を目指して，以下の諸制度を導入したいと思います。

・FA（フリー・エージェント）制度の導入

全社員が，会社の都合で，本人の希望と離れたところで働く時代は，終身雇用が崩壊し社員の人生にまで責任を負えなくなった現代にはマッチしていません。そこで，社内FA制度を取り入れ，もちろん意欲だけでなく経験・能力なども精査した上で，基本的に本人の希望が反映され，処遇にも反映される仕組みを取り入れたいと思います。

・自己啓発の啓蒙

自己啓発プログラムを充実させ，できる限りのサポート体制を敷きます。一人一人の従業員が，自分のキャリアパスを考えながら，自己啓発により能力・スキルを高め，希望する職場でパフォーマンスを発揮する環境は，組織が活性化する大きな要因であると思います。こうして個々人の独立性が高まることにより，処遇は，年齢・勤続年数といった属人的ファクターではなくなり，成果に対する報酬も受け入れやすくすることにつながるのではないでしょうか。また，誰もが正社員として働くことを希望しているわけではなく，正社員が優秀であるという前提が崩れ始めています。こうした現状に合わせて，正社員・非正社員という出発点での処遇の差はなくしていきたいと思います。

・起業家支援制度の設置

企業内アントレプレナーを育てるべく，起業家支援制度を設けます。既存のモデルの改善，新しいビジネスモデルの構築が求められる中で，環境の変化や新しい時代のニーズに迅速に対応するためには，機動的に動ける小さな組織に分があります。

一方で，ここではあえて弱者と敗者を分けて考えますが，セーフティネットや敗者復活のチャンスも用意します。敗者が永遠に敗者であればチャレンジする風土は醸成されませんし，失敗から得ることは少なくありません。リスクにひるまずに，チャレンジできる環境を用意しておくことが肝要ではないでしょうか。起業に成功するか否かはさておき，経営的見地から物事を見られる従業員を育成できるメリットも，会社にとってはプラスに作用するでしょう。

・評価制度の再構築

上記のような動機付けと同時に、評価インフラの整備に努めます。「結果の平等」ではなく「機会の平等」を重視する環境では、「評価」の持つ役割は高まります。評価の納得性は、評価システムの透明性や合理性で担保するようにし、優秀な社員には高額な報酬で報いることができるようにします。日本でも人材の流動性は今後高まると思いますが、こうした処遇は優秀な「人財」の確保にも直結するでしょう。こうした優秀な人材が集まれば、権限と責任、予算等の必要なものを委譲することが可能ですし、それによって従業員のモラールアップや自立性の向上にもつなげたいと思います。

〈知識社会に相応しい人事戦略で強い組織を作る〉

21世紀の「知識社会」において、組織の命運は、優秀なビジネスリーダーと組織を構成する「人」、つまり従業員が握ります。現状の「個」が埋没されがちで、横並びで一律の処遇しかできない人事制度は破綻をきたしているのは明らかです。私は、強い組織を作るために、「自己責任」「多様性」「チャレンジ」をキーワードに、人材開発を含めて、従業員の仕事観の多様性や能力差に配慮した人事処遇システムを導入したいと思います。

> 近年特徴的な短期間で変動する需要（市場）に対して、供給側の企業がどのように対応することが利益の増加に繋がるか、企業の取るべき経営戦略について、あなた自身の考えを述べてください。

モノが売れない時代と言われています。日常生活に必要なモノは、すでに各家庭に揃っています。このような状況下においては、これまでにない新しい付加価値を持つ商品であったり、ウォンツまたは消費者のニーズを創出するようなニーズ提案型の商品が求められているのではないでしょうか。消費者のニーズは多様化し、商品サイクルも短くなっています。この結果、モノを作れば売れる、大量生産大量消費の時代は終焉を迎えました。企業は生き残りを賭けて、あらゆる経営資源を、少品種大量生産から多品種小量生産に適した体制へのシフトを求められています。

以下、こうした時代に企業がとるべき経営戦略について、私の考えをまとめてみます。

〈「売上」から「利益」志向の経営〉

売上至上主義はすでに破綻しています。利益額の増加、売上高利益率の改善など、利益志向、さらに言えばキャッシュフローを生み、新商品開発の投資を

積極的に進められる状況を作ることが企業の発展には必要です。
　例えば，出版社の売上は，取次に商品を卸した時点で計上されます。取次は物流だけではなく金融機関としての機能も持っており，取次は出版社から商品を仕入れた時点で，タイムラグはあるものの出版社に仕入代金を立て替えます。それがために，出版社は新刊を大量に作り，取次に商品をねじ込むような悪弊がいまだに残っています。しかし，数ヶ月間書店の店頭で売れなければ，前述の委託販売制度によって売上が計上された商品が大量に出版社に戻ってきます。消費者の手に渡らなければ最終的な売上にはならない以上，こうした発想からは一刻も早く脱却すべきだと思います。

〈ニーズの的確な把握と新商品への反映〉

　設備をはじめとする物的資本や人的資本などの生産能力に基づいたサプライサイド中心の考え方から脱却し，市場・顧客志向のニーズを確実につかむ体制を構築します。そのために，電話やファックス，電子メールやホームページなど，さまざまなチャネルを使ったCRM（カスタマー・リレーションシップ・マネジメント）を導入します。これら顧客の要望や，既存商品に対する不満などの声を吸い上げ，全社的にそれを共有することで新商品の企画立案の際に有効活用します。また，ナレッジマネジメントにより，社員の知識レベルの情報も共有できるようにしたいと思います。

　出版社が本を作る際には，マーケティングは無縁といっても過言ではなく，編集者の過去の経験則によって企画されるケースがいまだに散見されます。マーケティングに基づいて商品化する体制を確立し，40％とも言われる返品率を下げなければ，出版社は自らの体力を消耗させていくだけだと危惧されます。

〈把握したニーズに対応できる生産体制の確立〉

　材料の調達や生産，販売までをIT技術で結び，総合的に管理するSCM（サプライ・チェーン・マネジメント）を導入し，複数企業の枠を超えて情報を共有する生産物流システムの構築を目指します。需要に完全にマッチした供給をすることは，企業の理想だと思います。売れるものを売れるだけ作り，それをタイミングよく適切なチャネルで消費者に届けられる体制を作ることは，機会損失をなくし，かつ，余分な在庫や仕掛品を抱えないことで製造コストの削減にも寄与すると思います。

〈製造コストの削減〉

　デフレ基調が続く中，よほどの付加価値がない限りは販売価格を上げることが難しい現状に鑑みると，利益を上げるためには，製造コストを下げることが一番の早道だと思います。人件費は，もちろん業種により差異はありますが，

コストとして考えた場合に大きな割合を占めています。正社員だけでなく，契約社員やパートを活用すると同時に，アウトソーシングが可能なものについては積極的に外部に委ねます。また，原材料の調達などについては，安定的な供給を重視しつつも，価格の下方硬直性を招くような馴れ合い体質をなくすために，競争原理が反映できるシステムを導入したいと思います。

〈迅速な意思決定が可能な体制〉

環境の変化のスピードに対応するための要諦は，迅速な意思決定を行うことだと思います。不採算部門からの速やかな撤退，選択と集中による資源の投下などの経営判断をタイミングよく行うことが，ビジネスチャンスを最大限に生かすことにもつながると思います。そのための情報の共有化と業務の効率化という観点からも，ERP（エンタープライズ・リソース・プランニング）を導入し，個々の部署での最適化を進めてきた個別のシステムから，システムの全体最適化を推進します。

〈ブランド価値を上げる〉

消費者の不安心理が小さくない昨今，無形資産としてのブランドは，「安全」「信頼」を保証し，強い購買動機となり得るものです。また新商品の将来的な購買客というものを想定した場合，新規顧客の獲得よりは，既存顧客のほうが見込み客となり得ます。ブランドは一朝一夕に作れるものではありませんが，そういった際にも大変な力を発揮します。商品を売って終わりとするのではなく，アフターサービスなども含めた顧客満足度の向上を目指して，単なる知名度ではなく，消費者がそこに価値を見いだしてくれる企業ブランド，商品ブランドの構築を目指したいと思います。

[ITによる「効率性」と「合理性」の追求が必要である]

現在の日本のような成熟社会において，企業が利益を上げて発展を続けていくには，ITを最大限駆使した「効率性」と，科学的データに基づく「合理性」が重要であると思います。以上のように，業務プロセスを改善する手段としてITを最大限に活用するために，情報のオープン化と共有化を進めて，経営資源を最大限に有効活用します。それが，刻々と変化する環境への迅速な対応を可能にし，それが成熟社会においてさえ企業が利益を上げ発展を続けていくことを可能にするのだと考えます。

> 現在，日本企業の多くが「生き残り」のための海外展開（国際化）を迫られているといわれます。このことと国民経済としての成長に何らかの矛盾が存在するのか否か，矛盾が存在するとすれば，どのように解決すべきか，あるいは矛盾が存在しないとすればどうしてなのか，あなたの立場を明確にした上で述べてください。

[産業空洞化と経済成長とに矛盾はない]
〈産業空洞化と経済成長とを両立するためのマクロ的課題とミクロ的課題〉

　もはやグローバル化の流れは止めることができず，また，この流れは今後ますます進んでいくでしょう。日本企業は，もはや国内の企業のみならず，世界の企業と伍していかなければならなくなっています。

　購買力平価で見れば明らかですが，日本の高コスト構造は明らかです。日本の企業が，人件費が日本の20分の1とも30分の1とも言われる中国をはじめ，東南アジアなどに生産拠点を移すのは，価格競争力を維持するという観点からも必然と言えます。

　スイスのビジネススクールであるIMD（経営開発国際研究所）が毎年発表する世界競争力ランキングで，日本の総合順位は1993年まで5年連続1位であったのが，2000年は26位と急速に低下しました。成長には競争力が不可欠であり，今の日本にはこの競争力を高めることが急がれていると言えます。

　日本の企業は，負債・設備・雇用の三大過剰を解消すべく，バブル経済崩壊後の1990年からの10年間が「失われた10年」と形容されるまでに，その後遺症に苦しんできました。日本のGDP成長率を見てみると，2001年度の実績見込みが実質成長率でマイナス1.0％，名目成長率がマイナス2.4％となっています。名目成長率が前年度比マイナスとなるのは3期連続で，2002年度の実質成長率についても0.0％，名目でマイナス0.9％と予想されています。

　こうしたデータだけを見ると，日本の将来は大変暗く，悲観せざるを得なくなってしまいます。しかし，一時的な痛みを受け入れる構造改革を経れば，中長期的な持続的成長を目指すことは十分に可能です。この構造改革には，日本という国家レベルで克服しなければいけないマクロ的課題と，企業や個人レベルで克服すべきミクロ的課題の2つが存在していると私は考えます。

〈マクロ的課題―規制改革で国内の活性化を図る〉
　まず，マクロ的な課題としては，規制緩和を進め，民間の活力を最大限発揮できるようにすることが挙げられます。国が保護する分野は，採算に合わないが投資が必要であるような最小限の分野に限定すべきだと思います。これが高

いビジネスコストを是正し，海外企業の進出を促すこととなります。こうしたマネーや優秀な人材の流入は，日本の活性化にもつながるのではないでしょうか。

　規制緩和が進み，新しいサービス産業が生まれ国内が活性化すれば，将来に対する不安感の解消にもつながるはずです。国際的に見て高いと言われる貯蓄率も下がり，1,400兆円とも言われる個人資産が投資や消費に回り始めれば，「内需の拡大→企業業績の向上→所得・賃金の向上→内需拡大」という正のスパイラルが生まれると思います。

　日本は供給過剰の状態にあると言われていますが，お金を使わないのは使うお金がないのではなくて，1つには安心してお金が使えないという理由と，もう1つにはお金を使いたいと思う商品やサービスがないという2つの側面があると思います。前者の解決策は上述したマクロ的な構造改革，後者には以下のようなミクロ的な企業・個人レベルでの構造改革が必要だと思います。

〈ミクロ的課題―企業と人，それぞれが痛みを乗り越えて改革を断行する〉

　中国は今，「世界の工場」とまで言われ，世界の企業が，コスト削減のためにこぞって中国に生産拠点を移しています。同じモノを作れるのであれば，低コストで生産できる手段を選ぶのは当たり前です。比較優位の原則を考えても，日本はもはや，単なるモノ作りでこうした国々に対抗しようとしても，世界的競争の中では勝ち残れないのではないでしょうか。当初は痛みを伴うとしても高付加価値産業へとシフトしていくことこそ，中長期的な日本の競争力の向上につながり，この競争力の向上によって経済成長も望めるのだと思います。例えば，「キヤノン」は高付加価値製品に徹底的にこだわる戦略で，輸出額をこの5年で1.4倍に拡大し，日本の総輸出の約2％を占めるに至っています。

　また，これとは対照的に，「マブチモーター」のように海外生産を積極的に推し進めながらも，海外で稼いだ利益を日本に還流することで，10年で824億円の税金を納め，165億円を株主に配当する形で日本に貢献するケースもあります。重要なのは，日本の海外進出は，例えば中国市場で中国企業と対峙するのが目的ではなく，あくまで欧米の企業との世界的な競争にあり，そういう意味で，空洞化は目的ではなく手段に過ぎないということです。

　こうした企業の経営努力の一方で，従業員の自立も重要です。企業に頼るという守りの姿勢から，自ら自分の能力を高め，「労働の対価としての賃金」を得ていくという，雇用を自ら守り抜く攻めの姿勢が今まさに求められているのだと思います。

〈「構造改革なくして経済成長なし」で，空洞化と経済成長の両立を実現する〉

冒頭の国際競争力の話に戻りますが，1980年代に「ジャパン・アズ・ナンバーワン」と言われ，日本があぐらをかいている間に，アメリカはさまざまな痛みを受け入れて，1990年代はアメリカの独り勝ちと言われるまでに見事な経済成長を遂げました。日本が取り組むべき課題はゼロベースで作り上げるのではなく，既存のシステムを破壊しながら新たなものを構築するという意味で痛みが大きいのも事実です。しかし，日本に残された道は，痛みを受け入れてこうしたマクロ・ミクロ両面の改革を進めることにあると思います。このことが，日本の競争力を高め，世界での存在感を増すことにつながり，その結果として日本の経済成長も実現できるのだと考えます。

★ 2002年入学・男性・30歳・通信業界出身（ビジネスデザイン専攻）

> この大学院に入学を希望するあなたが，研究科で展開予定のプログラム，あるいはチーム・プロジェクトにおいてどのように能力を発揮できるのかを述べてください。

　大学に4年間在学し，就職してから丸7年が経とうとしている。どんな場合においても自分なりの課題を設け，課題を克服することで何か得ようと考えて行動してきた。在学中，または就職して携わった業務の中で自分が得たものは何か，または自分の長所は何か，反対に何が足りないのかを述べる。
　私は実際に自分で行動してみることを身上としている。実際に自分の目で見て，話を聞き，考えてみるのである。そして，自分の言葉に置き換え，自分ならどう行動するかを考えてみる。この行動力，発想力が私の武器である。この長所が顕著に表れたのは，大学4年時の卒業論文を書いた時のことだ。私は昭和30年代に起こった「三井三池労働争議」を卒業論文の題材に選んだ。この事件が戦後の労使関係に大きな影響を与え，日本的経営の確立の重要な基点になったと考えていたからである。三井三池労働争議がなぜ日本的経営確立の基点といわれるか，その根拠を解明するとともに，この争議では敗者と位置付けられている労働者がその後の日本的経営の発展とその特徴の一つである企業内組合についてどう考えているかを知りたかった。そこにこの労働争議の本当の意義があると考えた。その答えを得るために実際に九州まで行き，三池炭鉱の跡を歩き回り，三池の労働組合員に話を伺った。現地で「三池労働争議の意義は何だったと思われますか」と60年配の旧労働組合員に訊ねた。その労働組合員

は少し考えて、「三池労働争議とそれに続くCO炭塵事故で、日本中の企業が労働者の保護について考えてくれるようになったのかもしれない。それまでの生産一辺倒を変えてくれるきっかけだったと思う」と答えてくれた。その言葉に、私は高度経済成長を支えた労働者の誇りを感じた。こういった感想は資料の収集のみで終始していたら、感じ得なかったものである。こうした実地的な研究のおかげで、三池労働争議はなお一層自分に身近な題材として感じられており、今もなお日本における石炭産業の動向や労働問題は、私にとって興味ある問題である。

　就職後、実際にお客様と接する部署を希望し、A部署に配属になった。A部署では、顧客満足度を向上させるプロジェクトチームに参画した。このプロジェクトチームの中で若手社員の代表として、様々な意見の調整を行った。その後3年間のA部署勤務を経て、本社組織に異動した。顧客情報管理システムの構築・維持に携わる部署で、システムを構築するSE会社と、システムの改善要望を出す社内各部署の調整を行う部署である。入社してから一貫して、総括的な役割をする業務にあるが、多様な意見を調整しつつ、一つの方向性を見いだし、結論を出すという業務の経験から得た能力は私の特長の一つとなっている。

　お客様とじかに接するA部署での業務は私にCS活動について興味を持たせるきっかけにもなった。企業がマーケティング活動を行う際に、顧客重視という姿勢は不可欠であると考えるようになった。CS活動について専門的な知識を習得するために、消費生活アドバイザーの資格も取得している。消費生活アドバイザーとは企業内において製品開発・品質管理・消費者相談や広報活動など、様々な分野で消費者の側に立った提言を行い、企業と消費者との懸け橋的な役割を果たすものである。消費生活アドバイザー受験時には、消費者団体が実施する消費者問題のセミナーにも積極的に参加し、消費者の生の声を聞くようにした。企業と消費者との懸け橋になるためには、両方の声を実際に聞くことが、何よりも重要である。こういった活動は企業におけるマーケティング活動の基本であると考える。

　その一方で、この消費生活アドバイザー試験時に自分にない知識の多さに気づかされた。消費生活アドバイザーには企業経営についての一般知識も求められるのだが、経営分析の用語など、学生時代学んだことをほとんど忘れてしまっていて愕然とした。これはこれまで知識を体系的に習得していなかったことに原因があると考えている。知識そのものの不足に加え、物事を断片的にではなく体系的に考えるということも、自分にとって不足している能力だ。この課

題を克服するために，当研究科を志望したのである。
　自分の持つ行動力，発想力を糧にして，業務における調整力や消費者問題に関する知識も得てきた。業務において培われた調整能力が，ビジネスデザイン研究科のコア科目と位置付けられているビジネスシミュレーション等のグループワークにおいても，有効な回答を導く手助けになる。さらに消費生活アドバイザー試験時に得た消費者問題に関する知識もグループ研究の際には寄与できるだろう。ビジネスデザイン研究科の講義には実地的な調査・研究を要すると聞く。そこで私の持つ長所が生かせるのではと期待している。しかし，今の私にはもっと大きな視野で物事を考える構想力が不足している。その大きな視野を裏付ける知識も不足している。自分の持つ長所を生かし，さらに体系的な学習がしたいと考え，当研究科を志望する。いま自分が持っていない知識を補って，さらに新しい見地に踏み込みたい。

> ビジネスデザイン研究科での研究・学習があなたのキャリアプランにとってどのような役割を持つか述べてください。

　日頃，私が興味を持って情報収集に励んでいる事柄に，企業の消費者対応というテーマがある。私が勤務している企業を取り巻く環境の変化から，消費者の希望を実現できない企業は支持されなくなると強く思うようになった。今回，私が当研究科での研究・学習を強く志望する理由の一つは，顧客を満足させることが経営学上でどのような効果があるか体系的に習得したいからである。
　かねてからCS活動に興味を持っていた私は入社してすぐ，自ら希望してＡという部署に配属になった。当時の通信業界は，各社とも新サービス提供の最盛期であった。その一方で新しい機能を提供する新サービスは，従来サービスしか使用していなかったお客様にはわかりにくいのではと私は感じていた。業務に携わるうえで，常に心がけていたのは顧客を充分に納得させるように努めるということだ。たとえば，新サービスをお客様に提供する際は，他の受付担当者向けに販売マニュアルを作成した。マニュアルを作成する際にも，実際にマニュアルに記述した内容を家族や友人に説明し，理解できる表現に変更するといった工夫を行った。実際にマニュアル導入をしたところ，お客様からのわかりにくい説明であったという声は減り，売上も上がったのである。
　Ａ部門での業務の中で，私が実感したことはお客様を満足させるためには充分なリサーチを行い，先方が望む形で提供することが必要であるということであった。私がこの経験から得た考えは，現在の部署に異動したあとも自分の中

で大きな指針となった。お客様の立場になって考えることが，顧客満足の基本だと身をもって経験した。

　現在携わっている業務の中でも，消費者対応について深く考えさせられる問題にぶつかった。現在の部署はシステムの構築を行う部署なのだが，情報が人為的に流出したのである。この問題にぶつかり，顧客情報の管理の徹底も顧客満足度に影響を与える大きな要因であると感じた。顧客情報保護ができない企業をお客様が信用するだろうか。この問題は，今後発展が期待される電子商取引を普及させるためにも避けて通れない。

　私たちの生活の中にインターネットを利用した商取引は確実に浸透しつつある。電子商取引利用者は2000年度で約2,000万人，2005年度で約7,000万人に及ぶという試算もある。その一方で70％を超える人たちが電子商取引参入への不安の最大要因として，「自己データの漏洩」をあげている（電子商取引推進協議会調査による）。昨年3月には個人情報保護法案が政府閣議で決定された。過去に情報漏洩事件が起こった企業に勤める私にとっては，興味ある話題であり，今後勤務する企業の個人情報保護体制がどう改良されていくかに大きな課題を感じている。

　顧客情報管理体制の充実が，顧客満足につながり，更に電子商取引の発展に寄与すると考える。私の目標として，顧客情報保護体制の更なる確立と顧客情報管理ノウハウの有効活用（ビジネス化）を提言したいと考えている。個人情報保護法案の決定により，ネットを使った電子商取引はあらゆる業界に拡大し，個人情報管理を強化する動きが本格化する。今後，消費者情報の扱い如何によって企業責任が問われるケースが増加するだろう。顧客情報管理の徹底は顧客満足の基本となり，重要度は増す。ネットワーク利用の進んだ諸外国，特にアメリカの企業個人情報保護に対する反応は早く，マーク制度などを中心とした自主規制政策を打ち出している。例えばカリフォルニア州には「TRUSTe」というインターネット上の個人情報保護を目的とする団体があり，全米の事実上の標準になっている。全国のインターネットユーザの80％がその団体が付与したマークがついているサイトを利用すると言う。日本においても同様の管理体制の整備は必要である。また，顧客情報管理についてのノウハウを蓄積し，そのノウハウを他企業へ提供することで大きなビジネスチャンスを見いだすことも可能と考える。

　現在までの業務において，常に問題意識をもち，それを克服するよう努めてきた。電子商取引が普及していくための課題として情報管理体制の充実をあげているが，顧客満足の充実，特に情報管理体制の確立がビジネスとして成り立

つのか，効果的な実現方法があるかを研究したい。ビジネスデザイン研究科には，企業を取り巻くテクノトレンドや法的環境，情報通信分野をターゲットにしたサービスマーケティングなど興味ある科目も数多い。経営学を学ぶことは様々な問題を個人や組織，環境などの構成単位に分けて考えることにより，体系的な成果を出すことであると考えている。経営学を学ぶことから自分にとっての新しい概念や視点が生まれてくることを期待している。

かつて常識といわれた枠組みは崩れ，現在はさらに新しい枠組みが求められている。新しい枠組みの中で，自分の理想を実現するためには不足している知識がある。私が学びたいのは，自らの知識の不足を補い，将来を意義のあるものとしたいがためである。そのためには，1つの事項だけでなく，いくつかの事項を体系的に習得する必要があり，当研究科における研究・学習は大きく役に立つと考える。私にとって，働くことの意義は，生活の安定のためだけではない。働くうえでの責任を持ち，働きながら何かを学んでいきたい。そして，私自身が社会に貢献していると感じることができることが私の理想である。

> **あなたがこれまでの職業経験のなかで，とくに企業（あるいは職場）組織について感じていた長所や短所を指摘し，仮にあなたがそれを改善する，もしくはもっと良くするための権限をあたえられたとすれば，どのようなことを対象に，どのような方法，手段でそれを実行するのかを述べてください。**

B社に就職してすぐ，70名ほどの社員がいる大所帯の部署に配属になった。職場における第一の印象は高齢の社員が多いということであった。全社的に見ても40〜50代の社員が多いのである。しかし，初日の業務を終えて，その高齢の社員の方がことのほか丁寧に仕事を教えてくれることに，感謝したことを覚えている。

この二つの印象は，私が勤めている企業の職場における長所・短所を象徴している。長所とはアットホームな雰囲気による一体感があることである。40〜50代の世代の人はほとんどが長期間その地域で業務に携わっていて，社員同士の交流も公私にわたり，深い。業務も阿吽の呼吸で進んでいく。各担当者は長期間その仕事にかかわっているので，内容を熟知している。自分の範疇の仕事には経験に裏付けられた知識を持ち，誇りを持って仕事をしていた。だからはじめてお客様応対をする新入社員にも，丁寧に指導してくれるのである。そこには，お互いが補い合って業務を進めているという意識が感じられた。この意

識こそアットホームな雰囲気の源だろう。その一方で、業務上わからない箇所を聞きに行くと「この仕事は〇〇さんの仕事だから」と言われることも多かった。私には「自分の仕事はここまで」と線引きしてしまっているようで、やや不満に思ったことが何度かある。この不満を自分よりやや年上の先輩社員に口にした時、先輩社員は「他人の仕事をしてしまっては、その人の仕事を奪うことになる」と答えてくれた。その通りだなと思いはしたが、社員一人一人の生産性を考えれば低いと言わざるを得ない。

　全社的に見ても、「与えられた仕事をしていけば、給料は上がっていく」という意識は少なからずあった。確かにそんな安心感がアットホームな雰囲気を作り出していた一因かもしれない。アットホームな雰囲気には確かに温かみがあるが、その温かみの中に安住してしまうことには危機感を持つ。通信業界の状況は一変している。この10年の間にインターネットや携帯電話など新しいサービスが急速に広まった。音声通話からデータ通信への移行も顕著である。新しい知識が求められる状況の中で、自分の仕事の範疇はここまでと区切ってしまっては、取り残されるばかりである。

　1990年代以降、日本的経営のほころびが指摘されるようになった。日本的経営とは、日本特有の伝統的な会社組織を中心とした経営管理制度と言える。その特徴として、「終身雇用制度」「年功序列制」などがあげられる。一言で言うなら、経営管理上の諸関係において「家族的である」ということが言えないだろうか。家族的なつながりを重視する日本的経営の特色は、例えばトヨタで行っていたカンバン方式など独特な新製品開発法にもつながる。日本経済が良好であった1990年代までは、日本企業もこの経営方法は対外競争力の源泉だと自負していた。しかし、その日本的経営が構造的な変革を求められている。

　日本的経営に代わって昨今話題になるのが、米国型経営である。日本的経営が、従業員など社内重視の経営であったのに対し、米国型は社外重視、つまり株主重視の経営である。この経営方針に則り、各企業は自己の利益を最優先するため、戦略革新では生産性の低い事業から撤退し、将来性の高い事業に進出するリストラクチャリングが急速に進められ、その過程で工場の閉鎖や人員削減が行われている。日本では取り組みづらい改革を実行し、生産性をあげたために米国経済は復活した。そういった米国の成功を見て、日本でもいくつかの大企業が欧米並みのリストラクチャリングを進め、業績を向上させている。

　B社においても生産性を上げる経営改革は確かに必要である。しかし、私は米国型経営をそのまままねればよいとは思えない。日本の企業にも長い年月を経て培われてきた独自の企業文化が存在するはずである。そうしたものをすべ

て否定して米国型経営を導入することは難しい。B社の長所はアットホームな雰囲気から得る一体感である。短所は新しい仕事への消極性からくる生産性の低さである。この長所を生かし，短所を抑えるためには従業員の主体性を刺激する仕掛けを作ることが必要と考える。一例として，社員に得意な分野を申請させ，その社員がその長所を生かして何ができるのかを提言・企画させてみることが必要である。そのためには社員にも自分が得意な分野を研鑽する努力が求められる。

私が在籍していた支店には，お客様応対のエキスパートやその地域に根ざしたベテランの営業マンが多数いた。B社においても通話回線とのセット商品としてパソコンを初めて販売することになった際，それに先立って販売したパソコンのセッティングをするプロジェクトチームを作った。当初，各担当者はパソコンという新しい分野に二の足を踏んでいたが，実際には使用者が初心者ならば充分技術的な対応は可能であった。そうすると，プロジェクトチームのスキルがどんどん上がっていったのである。この成功例の原因は自分がお客様の役に立っているという自負が，プロジェクトチームの担当者の新しい知識を吸収しようというモチベーションを生んだことにある。

重要なことは個人がモチベーションを持って働ける職場を作ることである。私にはこれができるということを個人に自覚させ，積極的に実行するシステムを作る。その際に，新しい変化を恐れてはいけない。新しいアイデアを吸い上げる仕組みを作り，充分採算が取れるようなら，プロジェクトチーム，更には社内ベンチャーとして発足させる体制を作る。一体感という長所を生かしつつ，担当者にモチベーションを持たせることにより，生産性をあげていくことが可能である。10数万人規模の従業員を抱えるB社としては米国型経営的な大胆な経営改革も検討する必要があるかもしれない。しかし，それに先立って現在抱える従業員を有効に活用するために，意欲ある人材を選別し，活用する独自の仕組みを作ることも必要である。他の成功例と当社の企業文化の利点を組み合わせた経営システムを構築することが重要であると考える。

> 近年特徴的な短期間で変動する需要（市場）に対して，供給側の企業がどのように対応することが利益の増加に繋がるか，企業の取るべき経営戦略について，あなた自身の考えを述べてください。

消費の拡大が見込めない中で，商品やサービスの提供者である企業の生き残りをかけた競争はこれまで以上に激化している。消費者は物質的に豊かになり，

個々の価値観も多様化してきた。このような消費者に対して，企業は商品や販売の様々な工夫を行わなければならなくなっている。本論文では現在の市場に企業がどのように対応すべきか考察する。

　企業は変化する事業環境に適応していかなければ生き残ることはできない。市場の変化を敏感に受け止め，それに対して企業組織内に売れる仕組みを構築することが重要である。「顧客が何を求めているのか，ニーズにマッチした製品・サービスを提供するためにはどうすればいいのか」というように顧客志向の考え方が必要になっているのである。

　高度経済成長期は販売志向の時代であった。大量生産が可能となり，一方で消費者の財の保有率は高まっていくと，市場で大量生産された製品を大量に販売する努力が企業には必要となる。そのために，コスト削減によって製品の価格を消費者に買いやすい水準に下げ，強力な販売システムを作ることに関心が持たれるようになった。この販売志向の考え方は第一に「製品・サービスありき」の発想であり，企業主体の考え方によっている。つまり「作ったものは売る」という考え方である。

　だが，供給が需要を上回るようになると，販売の努力だけでは対応できなくなってきた。消費者の欲求をとらえ，消費者の望む製品を作る必要が出てきたのである。顧客志向，つまり「売れるものを提供する」という考え方である。消費者に受け入れられるような製品，価格，流通，販売促進の仕方についても工夫が求められるようになっている。しかし，企業にとっては新しい製品の開発や大幅な値下げ，新しい流通チャネルの構築は容易なことではない。近年は「日用品は節約，気に入った高級品には金を惜しまず」という傾向が顕著であるが，強力なブランドイメージを持つ高級品を提供する企業を除いて，よい品をより安く，もしくは何らかの付加価値をつけて提供することが必要だ。他企業との競争に勝つためには，単に消費者の望む製品を提供するだけではなく，顧客の満足をいかにして高めるかといった顧客中心の考え方への転換が重要な課題となっているのである。

　企業は，消費者のニーズを瞬時にそして的確に察知し，他に先駆けて消費者に提供することが戦略上求められている。そこで注目されるのが，ITのビジネス活用である。ITを活用することにより，企業と消費者は双方向の情報交流が可能になり，より消費者のニーズに近い製品・サービスを提供できるのである。

　衣料品業界において，対照的なITの活用例がある。ある中小企業の例をあげる。この企業は長野県下諏訪に本社を構えるニット製品の製造販売を営んでいる企業である。国内産ニット製品は低価格の海外生産品に押され，いまや国内

市場に出回るニット製品の95％は海外製だという。この挽回策として，オリジナルセーターのインターネットによる販売を開始した。デジタルカメラで撮影したペットの写真などをメールで送付してもらい，その写真や名前を入れた世界で一枚だけのセーターを販売するのである。新規店舗を作るよりはるかにイニシャルコストもかからないし，特別に専任者をおいているわけでもないので，セーターの需要がなくなる夏場でもコスト高になるわけではない。ホームページを見て，外国からも注文が来るそうである。インターネットでの注文は全体の比率からすればまだまだ小さいが，これまでセーターを購入してくれた人の多くがリピーターになっており，新たな顧客を紹介してくれることも多いという。ITを活用することによって，高付加価値の商品を低コストで提供する良い事例である。

　この例とは対照的に，ITを活用し商品を低価格で提供することにより，成功する例もある。良品計画は自社ホームページ上で季節物の在庫品のセール販売を行っている。販売額は通常の3〜4割引程度，総品目は300を超える。販売側にとってネットでの在庫処分は，店頭に並べるほど商品数がそろわなくてもコーナーを開設できるほか，事前準備などにも稼動がそれほどかからなくなる利点がある。旧製品のセールを店頭で長期間実施すると新製品の売れ行きに影響が出るため，在庫処分はネット販売に移すことが多くなる傾向にあるという。良品計画と同じようにSPA（＝製造小売業）で知られるユニクロも，徹底した生産管理による高品質，在庫を圧縮した直営店販売に加え，POS情報を活用して実需要に対応した生産体制を組んでいることも成功の要因の一つである。それに加え，店頭に置いていないカラーバリエーションがインターネットによる通信販売で受注できることをアピールしたことにより，消費者に色違いの同一商品を購入させることにも成功している。

　いずれの例にも共通していることは，ITを活用することによって，人手を介さないことによるコスト減を実現し，更に付加価値を提供している点である。オリジナルセーターの販売しかり，店頭よりも多いバリエーションの提供しかりである。ITの活用により，消費者のニーズにより柔軟に対応することができるのである。

　ITを活用したビジネスは今後の活力として必要不可欠なものであろう。最初に取り上げたセーターの例のように，中小企業でも新しいビジネスの切り口を開ける。とはいえ，ITも万能ではない。ITビジネスにはまだまだ基本的な課題も残っている。たとえば，クーリングオフが適用されないなど取引の基本的ルールや商慣行が未整備であることや，消費者に対し商品や事業者に関する情報

が不十分になりやすいなど基本的なものもある。ITビジネスの普及のためには，企業・行政が協力し，消費者保護のための法制度やガイドラインを整備することが求められる。企業側は消費者に正しい知識や情報を提供し，契約の適正化を遵守するなどの制度作りに取り組むことから進めていく必要があるだろう。

> 現在，日本企業の多くが「生き残り」のための海外展開（国際化）を迫られているといわれます。このことと国民経済としての成長に何らかの矛盾が存在するのか否か，矛盾が存在するとすれば，どのように解決すべきか，あるいは矛盾が存在しないとすればどうしてなのか，あなたの立場を明確にした上で述べてください。

　1985年のプラザ合意後，急速な円高に直面した日本企業はアジアに生産拠点を移し始め，中国，タイ，インドネシアなどへの進出が相次いだ。低賃金や安い土地を求めての日本離れは国内工場の閉鎖と生産規模の縮小に直結し，「産業の空洞化」が叫ばれて久しい。しかし，その一方で経済のグローバル化の中では産業空洞化は先進国の宿命であるという意見もある。本論文では製造業の海外移転は不可避であるという立場にたち，今後どう対処すべきかを述べる。

　コストの安い海外に生産をシフトする動きは近年なお顕著である。需要低迷の長期化による過剰設備解消の影響もあり，2001年には69社の上場企業が，合計124の国内工場の閉鎖・休止を打ち出している。この上場企業の工場閉鎖はそれを底辺で支える中小，零細企業の工場閉鎖も誘発している。このままでは，2010年には現在に比べ8.8兆円の国内生産と125万人の雇用が失われる危険性があるという試算もある。それではなぜ，製造業は産業空洞化の危険を察しながら海外への生産シフトへ移行しているのか。最近日本企業の進出が目覚しい中国を例に取り，日本との現状の差を比べてみたい。

　近年における中国製造業の台頭の理由は，生産コストの低さであるとよく言われる。実際に製造業1人当たりの月間人件費は，日本が3,288ドルであるのに対し，中国はわずか131ドル，約日本の25分の1である（2000年10月～12月）。1980年代から中国へ生産拠点を進出させているある製造業者によると，中国では募集人数に対して常に4～5倍の人が集まるため，よい人材を確保しやすく，作業員は職を維持することに懸命で，勤務態度はきわめてまじめだそうである。労働市場に競争原理が働いていることが，安価で良質な作業員を集めることが可能である最大の理由になっているのだ。そればかりでなく，製造業では死活的な問題である電力料金は日本の約半分であり，大都市近辺では日本と同等な

電力が安定供給されている。その他，義務教育の水準の高さ，高速道路の整備，安い空港使用料など，社会的インフラも整備されつつある。近年は地元中国の部品メーカーの技術水準も上がってきており，原材料の現地調達を今後さらに増やすことにより，生産コストはさらに引き下がる。それに加え，世界貿易機関（WTO）への加盟が刺激になって，地元部品メーカーはさらに力をつけるとみられている。

　現在の中国の姿はまさに，日本の30年前の姿である。日本の戦後の発展は製造業が担ってきた。製造業に日本経済の特色があったことは否めない事実である。しかし，日本経済自体の発展のなかで日本の人件費，または電力などインフラなどのコストは世界有数の高さになった。製造業が中国や東南アジア諸国にシフトするのは必然性があると言える。

　日本は今後どうすればいいのだろうか。1980年代までは製造業を中心とした日本経済が有利であったが，90年代以降情報通信，金融，流通などの分野でITを取り入れた米国に主導権を奪われた。米国経済の中で特に象徴的なのが，知識集約型産業と呼ばれるIT関連企業の成長である。米国の企業は製品を売ると同時に，経営にもITを積極的に導入し競争力を高めてきた。例えば創業17年で世界のパソコンの13％を売る企業になったデルコンピュータはインターネットを利用した「デルモデル」と呼ばれる受注生産方式を採用，手持ち在庫を半分の期間に圧縮し，顧客情報も正確に把握する体制を作った。それにより，先般の米国同時テロの際にもシステムを破壊された企業に以前と同じ仕様の製品を即座に納入できたそうである。デルコンピュータの例は，ITを活用し顧客満足度を上昇させた好例である。日本の製造業でもITを活用することで商品開発や販売，顧客対応などの生産性を高めれば，企業価値を高めることは充分に可能である。

　日本には研究・開発機能など行う基幹工場を残し，中国など海外を低コストの生産拠点として活用する住み分けの構図を明確にする必要もある。コスト的に海外にかなわないものは海外に生産移転し，国内の拠点を高付加価値の製品や開発に絞っていくのである。これまでの日本の製造業の強みとは，製品そのものの技術力に加え，製品を効率よく生産するためのノウハウにあった。トヨタの生産方式に代表される生産技術にかかわる進化は，現場での経験から生まれてきたものである。日本国内に生産の場が消えてしまうことは，日本の生産技術を磨く実践の場がなくなることにつながりかねない。国内に残す分野と海外に移転する分野と選別することが重要である。日本の製造業を今後も持続・発展させるためには技術開発力の保持は不可欠である。

日本の製造業の特徴は、人的資産に負うところが大きかった。製造に必要な技術を優秀な職人が暗黙知として共有し、系列と称される垂直構造が開発のスピードアップやコストダウンを可能にしてきた。今後生産性をあげるためには、技術者が持つ暗黙知を他の人が共有できるようにデータベース化しておくといったことも必要である。また、米国のシリコンバレーのように、東京・大田区や東大阪といった一大産業集積がより高回転できるように、域内を高速ネットワークで結ぶといった改善も、製造業地盤沈下を食い止める対策として求められる。そのためには高速大容量の通信網の整備など新しいインフラ整備も必要である。

日本の製造業は大きな転機に来ている。高付加価値製品へのシフトには、ITなどの新しい概念は不可欠である。産業空洞化におびえる熟練技術者に対し、行政・企業は今後、教育環境の整備など新しい環境に入っていける環境作りが求められる。しかし、それ以上に必要なことは、われわれ個人が時代の状況を見据えて、何をすべきか考えることである。製造業にしても、ただモノを作っているだけでよかった時代ではない。これからは何か付加価値で勝負する時代である。日本には今まで培ってきた経験があるため、技術者個人の対応は充分可能と考える。製造業の海外移転は避けられない過程であるが、これからの日本の役割をまず個人が認識することが重要だと考える。

## ★ 2002年入学・女性・40歳代・医療業界出身（ホスピタリティデザイン専攻）

> この大学院に入学を希望するあなたが、研究科で展開予定のプログラム、あるいはチーム・プロジェクトにおいてどのように能力を発揮できるのかを述べてください。

このテーマに関して、私が発揮できる能力は、①チームワークを取るために必要な人間関係調整能力と②管理経験から得られた問題解決技法の活用の2点である。

まず、1点目のチームワークを取るために必要な人間関係調整能力に関して述べたい。

私は、現在病院に看護師として勤務している。看護師の役割は、患者様が病気に罹患することによって生じるライフスタイルの変化（入院をすることにより、通常の自宅での生活ができなくなる状況を含める）に対して、患者様のラ

イフスタイルの再調整を自分自身の力でできるように，情緒的・手段的に支援を行うための継続的な観察や問題の予測，そして効果的な対処を継続的に実践することである。さらに，医師の指示に基づいて医療行為を行い，その反応を継続的に観察することも重要な役割の一つである。

　この2つの役割におけるキーワードは，「継続性」である。元来病院における看護者の業務は，24時間の体制で行われている。もちろん，一人の看護者が24時間看護するのではなく，数人の看護者が2交代或いは3交代制の中でケアを提供する。つまり入院療養の期間，複数の看護者が一人の患者様に対して計画に基づいたケアを提供している。

　しかし，看護者の経験によるケア提供技術の熟達程度の差は大きい（これは，医療以外の技術職でも同様のことが言える）。特に，病院では，急性期の患者様への対応が主になるため，直接的なケア量が多く，そのために熟年期の看護者は体力的についていくことができず，慢性期の病院や個人の医院に移動してしまう。一方，地方出身で技術を身につけたい若い看護者が首都圏の看護を担っている状況がある。そのため，日々の中で標準的なケアを継続的に実施していくためには，チームワークを発揮しながら実践していくしかない。経験豊かな数少ない看護師達が，経験の乏しい数多くの看護師をカバーしながら行うためには，その看護師は何ができ何を任せることができるのかなど個々の能力を査定し，チームとして最大限のグループダイナミックスを活用していくことが重要になる。経験が乏しいとは言え，専門職として育てるためには，その看護者の意見を大切にしながら，指導する私が判断した内容を説明することや共に実践することが求められる。

　また，病院の職員は専門職の集団である。治療をスムーズに行うためには，他の部門とのコラボレーションが重要になる。そのような時には，自分と相手の意見を同時に尊重できるアサーティブなコミュニケーションが必要になる。これらのことを日々業務の中で行っている。

　次に，管理経験から得られた問題解決技法の活用について述べたい。問題解決技法とは，情報収集を行い，それを分析して問題を明らかにし，計画立案，実施，さらに結果を評価するプロセスを指す。こうあってほしいという目標や理想とすることに対する現実のズレを発見し，その理由を明確化して解決していく方法である。このような技法を活用して，年間の看護部門における各病棟の業務計画を立案し，各病棟のメンバーに伝達して共に活動している。また，各委員会においても同様な方法で，委員会の活動計画を立案して活動している。さらに，日々の看護活動においても，看護計画の立案の際には，問題解決技法

を用いて組み立て実践し，結果を評価して，また計画の続行か計画の修正かを検討して再度実践に結びつける。

この技法は，ほとんどの活動に活用できる。しかし，専門分野が異なるとその活動の目標が異なり，また第一優先で考えなければならない内容が変わる。また，それらによって集める情報の内容も異なる。それ故にプロジェクトメンバーの他者の意見に耳を傾けることが重要であったり，大学院で学習する内容を生かしていく必要がある。管理の経験があるからといって，他者に自分の意見を押しつけるのではなく，他者に対して謙虚に耳を傾ける必要があることを，私は理解しているつもりである。

以上，①チームワークを取るために必要な人間関係調整能力と②管理経験から得られた問題解決技法の活用の2点が，貴大学院入学後の研究科で展開予定のプログラム，或いはチーム・プロジェクトにおいて発揮できる能力ではないかと考える点である。これらのことは特別なこととして日頃実施していることではないが，逆に日々実践している方法が，本当に他のビジネス領域においても活用できるのかという課題も含めて今回はチャレンジしたいと考えている。

> ビジネスデザイン研究科での研究・学習があなたのキャリアプランにとってどのような役割を持つか述べてください。

私が，まず貴大学院のビジネスデザイン研究科で学びたいと考えたのは，自分が専門とする領域（この専門領域とは，看護サービス全般の領域のことであり，例えば産科や内科といった医療の専門性をいっているわけではない）の仕事を組み立てる際に，ビジネス界で用いられている手法を生かして描きたいと考えたからである。

私は，今3つの病棟のナースマネージャーをしている。私には，看護係長（一般の病院では病棟婦長と同様な役割）や主任が4名おり，さらに看護職員73名の部下がいる。そのほかに3つの看護部門の委員会に所属し，そのうち2つの委員会でリーダーをしている。その他病院内の他部門との協同の委員会でも，看護部の立場で発言が求められる。このように私の立場は，管轄領域の活動目標を指針として示す立場である。

今の医療界は，数年前の"患者取り違え事件"で失った患者様の信頼を回復するために情報の公開を行うとともに，サービスとしての医療をどのように提供していくかについて遅まきながら考え始めている。もちろん，看護界も同様である。看護系の管理学会では，"看護サービス"のテーマで，ディスカッシ

ョンされることが多くなっている。病院の経営は非営利であるとは言え，赤字ばかり出てしまっていると経営は成り立たない。実際に，経営が行き詰まり，経営者が交代した病院も多く存在している。

　さらに，現内閣総理大臣の考え方は，すべての者に対して"痛み分け"を望んでいる。これは，医療界においても同様である。昨年末の国会にて，医療制度改革が議論された際，医療費の抑制を目的に，サラリーマンの窓口での自己負担が3割に引き上げられ（ただし，実施時期は必要な時とされた），また同時に診療機関に対しては，診療報酬本体の引き下げが決定された（引き下げ率は平成14年度予算編成時に検討することになる）。このように社会の動きが激しい中で，ビジョンを示していくには経営的な学習が必要である。

　私は，今まで直接看護ケアに関わる学習は深めてきたつもりである。助産婦としての資格を取った後に，社会福祉関係の専門学校で勉強をした。この進学の動機は仕事を通して，助産婦としての責任の重さを痛感したからである。児の誕生は，大変おめでたいことでありながら，障害を持って生まれてきてしまった故に家庭崩壊をきたすこともある。そのような人生の大きな節目・大切な場面に関われる助産師という職種は大変やり甲斐がある仕事である。母親をはじめとする児の家族に適切な情緒的・社会的支援を行うためには，私の持っている情報はあまりにも少なく，学習をしたいと考えた。

　さらに，大学に進学したのは，「看護」には教育の要素が重要であることに気づいたからである。当時私の看護の対象は，妊産褥婦で正常に経過することが重要であった。それ故に，妊婦さんは，月に1回或いは2週間に1回受診する以外，自宅で自己管理を行わなければならない。そのため，個人にあった生活の指導が必要になる。この指導に教育の原理を踏まえた効果的な指導が重要だと感じた。このように，自己の専門分野を深めるための実践と学習を行ってきた。

　しかし現在の立場は，今まで積んできた経験や学習では解決できなくなってきている。このジレンマを解決したくてビジネスに関する学習を行いたくなった。患者様という消費者（顧客）は，いったい何を求めているのか。正確な情報を得るために，費用対効果が最大限得られるマーケティングの方法を学習して活用したい。そして，ビジネス界では，事業決定していくときにどのような意思決定を行っているのか。また，病院のサービスと比較されるホテルのサービスは，どのような企業努力を行っているのか。もちろん，同企業間のベンチマーキングも必要であるが，他の類似している業種を学習したい。

　今の私は，専門職であるが故に他の業界の情報が見えず，狭い視野で思考し

がちである。この狭い視野を広げて、リアクティヴなビジョンではなく、プロアクティヴなビジョンで思考ができるようになりたいと考えている。そして、自分の管轄部署や委員会の事業計画に生かしていきたい。また、院内の委員会においても病院全体を視野に入れた発言が可能になるのではないだろうか。その積み重ねが、自己のキャリアの積み重ねにもなると信じている。

今回の進学の希望は、個人的な動機によるもので、学費から時間に至るまですべて自己負担である。自己への投資であるから当たり前のことである。であるから、終了すれば昇任昇格の対象になるものでもない。むしろ、学習の成果が仕事に反映され、その結果、さらに責任ある仕事を任されることを期待している。

> あなたの国のホスピタリティ産業は、経済のグローバル化、ボーダレス化にどう対応していくべきでしょうか。あなた自身の意見をまとめてください。

ホスピタリティ・ビジネスは、貴大学院パンフレットの中に"hospitalis（手厚いもてなし）"を語源として示されており、人が提供するサービスを含むビジネス概念と書かれている。ホスピタリティ産業といっても幅が広く、もちろん病院も含まれる。そこで私は、経済のグローバル化、ボーダレス化を、日々慣れ親しんでいる医療において考えてみたい。

グローバル化のキーワードは"IT化"である。デジタル通信網（ADSLや光通信等）を利用して、CTスキャン等の画像を送受信する「遠隔画像診断」や病院間の医療情報を収集・蓄積し、オンラインで提供する「医療情報データベース」の構築がなされてきている。それによって患者様は、主に通院している病院と検査を受けるために受診した病院の両方の利便性を享受できる。実際に日本医師会がネットワーク構想を打ち出しており、動向が注目されている。

また、インターネットは、欠かせない存在になってきている。多くの病院は、ホームページを作成し、診療科目・診療時間や病院までの交通手段が載せられている。病院に行かずとも、どのような病院であるかを知ることができる。医療機関の情報が世界どこにいようとも入手することができるのである。ましてや経済的にも安価である。病院としては、いかに正しい情報を魅力的にアピールできるかにかかっている。

ボーダレス化におけるキーワードは、"規制緩和"である。しかし、一般の業界に比べて医療界の規制緩和は特殊である。というのは、医療が人の生命に

関わる分野であり，すべての人が経済力の違いに関わりなく，平等にそのサービスを受けられる領域を確保する必要性が存在するからである。

ところで，医療サービスは，①患者が差別されることなく等しくサービスを享受できる「医療中核分野（診療・看護等）」と②患者が置かれた状況または，患者の選択により差別化が可能な「医療周辺分野（食事サービスやクリーニング等）」に分けられる。規制緩和という視点からすると，医療を提供する側が圧倒的な優位性を持つ「医療中核分野」においては，消費者保護のため公的規制は今後ともあまり変わらないと思われる。実際に，厚生労働省は，医療の分野全般の厳格な資格制度や許認可制度を通じて，国民医療の最低限の質的確保を図っている。また，規制が緩和することにより「市場の失敗」が発生する可能性があるため，市場のメカニズムに任せることのできない医療サービスの価格を公共料金とすることで，患者の負担軽減を図ってきた。

他方，消費者に選択の余地があり，市場原理を導入し得る「医療周辺分野」については，「自己負担」の原則のもとで規制緩和が進んできている。この分野をも公的医療保険の対象としてしまうと，相当の増税か社会保険料の大幅な引き上げが必要になってしまう。そのため，「患者ニーズの多様化に伴う選択肢の拡大」というキーワードのもとで，特定療養費（自由料金）の部分は今後も拡大することが予測される。

要するに，「医療中核分野」は，人間すべて平等という社会主義的な要素を残す一方で，「医療周辺分野」には，市場メカニズムという資本主義的な要素を導入しているわけである。例にすれば，「飛行機には，スーパーシートとレギュラーシートがあり，便が同じであれば到着時間は同じであるが，途中の快適性は全く違う。どちらのシートを選ぶかは，その人のニーズと財布の中身によって決まる」ということである。このような，規制緩和の結果，競争のメリット，効率化のメリットによって，良質でより効率的なサービスが提供されることになる。

さて，「医療周辺分野」ではどのような内容の効率化が可能であろうか。具体的には，①患者給食，②滅菌消毒，③院内物流管理，④ハウスキーピング，⑤医療事務などについては，外注化し経済合理性を導入することが可能である。一般に，病院の医業費用の約70〜80％は患者の数や収入に関係なく発生する費用であるため，健全な形で外注化が進めば，病院経営の効率化が進むことになる。そのようになると病院の常勤スタッフは減少し，医療機関によっては，医師と看護職のみが常勤職員となる所も出てくるかもしれない。

このように医療の分野においても，確実に規制緩和によって経営面の変化が

出てきている。しかし、それも政策による影響が非常に大きな領域である。それらによって、さらにボーダレス化が進む可能性を忘れてはいけないと思う。

> あなたの国のホスピタリティ産業をひとつ例にとり（具体的業種名を明記のこと）、その優位点、弱点を指摘し、あなたが考える進むべき方向をまとめて下さい。

〈医療界（医療サービス）〉

　この領域は、Dの課題エッセイでも述べたように、患者平等の原則があるが故に「規制」というキーワードによって、ビジネスが大きく左右される領域である。「規制」の存在によって優位点にもなり、弱点にもなっている。

　優位点については、医療の分野全般の厳格な資格制度や許認可制度を通じて、国民医療の最低限の質的確保が可能な点である。医療のサービスに携わる者は、単に学校を卒業するだけではなく、ほとんどの場合国家試験を受け、合格することが求められている。それによって、一定の人材の質を保つことができる。また、許認可制度の最たるものが「医療法人制度」であると考えている。医療法人とは、「医療上の規定に基づき、医師もしくは歯科医師が常時勤務する診療所又は老人保健施設を開設しようとする社団又は財団で、都道府県知事又は厚生労働大臣の許可を受けて設立される特別法人」である。国民の健康保持に寄与することを立法目的とする現医療法の下では、医療法人制度においては「非営利性の原則」が貫かれている。つまり、「営利を目的として、病院、診療所、又は助産所を開設しようとする者に対しては、前項（法定要件適合事業者に対する都道府県知事の病院等開設許可義務）の規定にかかわらず、第1項の許可（病院開設許可）を与えないことができる」と第7条4項で規定されているのに加えて、「剰余金の配当禁止」規定（同法第54条）があり、株式会社の病院は、原則禁止されている。さらに、保険医に認定されれば、病院に支払われる診療報酬は一定であり、病院間の格差はないに等しい。これら国家による保護は他の産業界の参入を遮断するための大きな堤防になっており、これが医療サービスの「優位性」であるとも言える。

　しかし、前述したことは、今現在の法律であって、政府の規制緩和推進計画の中では、検討項目として取り上げられているものもある。たとえば、「営利法人による医療機関経営」については産業界の要望が強く、検討がなされている。実際に、訪問看護ステーション事業は、営利法人の参画が認められており、入浴サービスやヘルパー訪問サービスなどが行われている。このことは、徐々

に医療界に市場の原理が導入される可能性を示唆している。

現実の問題として，医療界は，国家に保護された存在であったが故に，「医療がサービスである」というビジネスの考え方から遠い業界になってしまった。つまり，①これまでの医療界は，「売り手市場」だったので黙っていても患者は来院し，競争の必要がなかった，②そのため，病院経営やサービスなど考えなくてよかった，③その結果，優秀なマネージメントスタッフが育ってこなかったことなどによる。これらが，医療界における弱点であると私は考える。故に，今まで行われていた経営手法では，厳しい現実に対応できないと思う。

では，どのような改善策が有効なのであろうか。私は，切磋琢磨されている産業界（ビジネス界）のHow toをもっと学ぶべきであると考えている。そして，それは「顧客満足」の視点で学ぶことが重要であると考えている。一般に病院では，患者様は「ケアの対象」になり，「顧客」として扱われることは，非常に稀である。経済学的に言えば，「医療」はサービスという商品であり，そのサービスに対価を支払って購入する患者様は，サービス・プロダクトの消費者，つまり顧客である。その顧客に対して，自分の病院はどのような内容の医療サービスが提供できるかを明らかにしてマーケティングすることが必要である。そして，その結果，顧客が病院におけるブランド化（Aというサービス内容を受けることができる）とそのサービスの満足を得ることができるのではないだろうか。これらのビジネス界の「顧客満足」の考え方を学びながら，病院の経営（或いは医療サービス）を試みる必要があるだろう。

ただし，病院の最大の問題は，病院長が医師でなければならない点である（医療法10条１項）。病院長は，医師であると同時に病院管理者としてリーダーシップを発揮することが求められる。しかし，実際マネジメント教育を受けたことのある医師は少なく，病院長になって戸惑う方が多い（稀に経営手腕を発揮する医師も存在する）。そのため，トップへの情報のキーマンになるとともにチームによる意思決定機関を持ち，その上で経営の責任を明確にしていくことが生き残るための戦略として重要であると考えている。

## ★ 2002年入学・女性・20歳代・商社出身（ビジネスデザイン専攻）

> この大学院に入学を希望するあなたが，研究科で展開予定のプログラム，あるいはチーム・プロジェクトにおいてどのように能力を発揮できるのかを述べてください。

### 1 日本企業と欧米企業

　現在の仕事は，ハイテク機器の販売である。欧米で開発された最新機器を輸入し，日本のお客様へ販売している。企業規模は小さく，数名の会社であるので，仕事内容は多岐にわたる。営業はもちろんのこと，マーケティング，日本と海外のコミュニケーションや状況の把握，市場予測，在庫管理，広告作成，雑用など多面的な業務をこなしている。このように小さい企業で，一連の流れを経験し，仕事のあり方を実感できたことは，有益である。以前，日本の大企業にも勤めた経験もあるが，そこでは，部分的な仕事しか経験しなかった。その点では，２つの職場経験は，今後，比較材料や実体験に基づいた内容となり，とても有効であると思う。

　また，取引先が海外ということもあり，コミュニケーション面，常識の違い，仕事に対する認識の違いなど最初は戸惑うことも多かった。しかし，今では海外の仕事のやり方に共感し，日本企業組織にジレンマも感じている。海外企業，特に米国の企業は，仕事内容と責任が明確で，中が見えるのである。それは，転職や配置換えが多いことも起因しているかもしれないが，一緒に仕事をする上でとても効率的だと思う。また，個人の自立とグループの関係が好循環化されているのも特徴だ。個人単位で問題点を明確にし，解決する力やグループの協力体制や活発な意見交換は，見習うところが多い。グループディスカッションでは，個人の意見を尊重しつつ，共通の目的に対し，どうあるべきかを話し合い，よりよい結論へ導こうとする。それも直接的で，迅速だ。そして，やさしさ。仕事には，やさしさは不要なようにも思えるが，これが仕事で有効に働く。日本の職場では，どちらかと言うと人間関係がギクシャクしているが，私の知っている海外企業は，企業内外の人間関係をとても大切にしている。これは，仕事をする上でとても重要なことである。そして，このやさしさは，個人の強さからであり，余裕からなのだと痛感した。このように私は，転職したことによって，正反対の企業組織を経験したとも言える。この経験は，私の能力の一部となり，研究科でのプログラムやチーム・プロジェクトでよい方向に働

くであろう。

## 2 デザイン

私の前の仕事は，デザインであった。デザインは，白紙の段階から，テーマに沿って数々の段階を経て完成にいたる。完成には，時間と労力を費やし，苦労は多かった。また，完成には，個人単位の考察や研究とグループでの取り組みが必要で，両者の融合が不可欠であり，これには，個人の能力の向上とチーム力が必要とされる。また，1つの製品を消費者が購入するまでには，デザインの優位性のみならず，仕様，素材，マーケティング，営業や他部署の協力も不可欠であった。このように仕事で，デザインを経験したことは，ビジネスをデザインする上でも必ず，役立つであろうと考えている。

## 3 大学での専攻

大学において経済学を，ゼミでは統計を専攻したことは，この研究科での研究や学習においても有効であったと感じている。また，現在の仕事は，ハイテク機器であり，研究から実用段階までの多様なマーケティングが必要であり，動向や判断が難しいが，統計を専攻していたこともあり，得意分野の一つでもある。また，昨年まで心理学も学んでいた。きっかけは，退職後数ヶ月間，スポーツ関係のコーチをしていたことからである。コーチは，指導力はさることながら，対人関係にあり，伝え方や相手の状況の把握や対応が重要であった。このようなことからも心理学の必要性を感じ通信教育ではあったが，大学で心理学を学んだ。心理学では，基本的な理論と個の確立をテーマに，個人のあり方や自己の認識，またそれを周囲が認め合うことを中心に学んだ。このような経験や心理学も研究科できっと重要であると感じている。

## 4 まとめ

今まで経験したことは，ムダではないと自負している。必要であると感じたことややりたいと思ったことを実践してきたが，今までの私は，場に振り回されていたように思える。それは，周囲に気を取られて，自分自身についてあまり考えてこなかったからだと感じている。しかし，この研究科をインターネットで見つけ，「これをやりたい」と強く感じた。仕事とは，自分とは，を模索し，転職を経験したが，結果として，自分の仕事を確立したいと感じた。これには，仕事を通じて友人となった，アメリカ人女性の影響もあり，自分の10年後の姿を想像した時に彼女の姿が浮かび，私もこうなりたいと強く感じたから

である。彼女の仕事のスタイルや考え方に共感し，彼女のその背景を尋ねたところ，MBA習得と答えた。そこで，私もMBA習得を希望している。彼女のマネではなく，自分の意志で，今までの経験を生かし，さらに自分の能力を向上させることを希望している。

> ビジネスデザイン研究科での研究・学習があなたのキャリアプランにとってどのような役割を持つか述べてください。

### 1　ビジネスデザイン専攻志望理由

私の目標は"起業"である。しかし，現在の私には，実現不可能である。ノウハウがなく，おそらく起業したとしても失敗する確率の方が高い。そこで，この研究科で実践的なビジネスを学び，自分の実力とセンスを磨きたい。また，この研究科でビジネスパートナーを募ることも検討している。よりよい経営者になるために，そして，自分のあるべき姿を再確認するためにも入学を希望している。この研究科での研究や学習を私の将来に役立てたい。

### 2　キャリアプラン：ビジネスデザインを学び，最終的に起業する

（事業内容）「ライフプランとその対策」〜中，高校生向け将来へのアプローチ〜

（対　　象）15歳以上の男女（主に中学，高校の生徒および学校）と企業人事部

（目　　的）希望の仕事に就くための提案（学校，企業とのミスマッチの防止）

（方　　法）
 (1) ガイダンスの充実：職業にリンクした学校情報や入学直後からの適切な就職指導
 (2) 診断テスト：独自に開発した，自己認識・適性テスト
   →既存のテストより，内容が多岐にわたり，結果が具体的かつ対策が明確なもの
 (3) 職業意識の啓発：「なんとなく」から「やりたい」ことを仕事にするプログラム
   →具体的な必要スキルの情報，取得プログラムの提供
 (4) ソーシャルスキル教育：就職前に基本的なソーシャルスキルの取得
   →就職後の不安解消，社会的マナーの習得

⑸　企業情報提供：生徒及び学生の立場から企業を調査分析
　　　→離職を引き起こすようなミスマッチを防ぐための詳しい企業情報の提供
　⑹　企業人事の採用基準改革：既存の採用基準に対する提案，プログラムの提供
　　　→"人柄"重視採用型から"必要人材"採用型への改革，採用プログラムの提供

（概　　要）
　近年，高校生で約半数，大学生で約3割が，卒業後にフリーターとなる。そこで，このような仕事意識低下や将来への不安を解消し，自信と希望を持って次のステップに進んでいくために初期段階における「ライフプラン立案とその対策」プログラムを作成，提供する。近年，専門学校や理系志望者は増加傾向にあり，今後も一層の"就職意識型進学"が増えると推測する。このようなことからも，より個別化された，就職に直結した学校選びが必要となってくる。日本の子どもたちは，中学生までは世界のトップクラスの優秀さで学習意欲も高いが，高校進学と同時に種々の意欲が低下する。そこで，意欲向上や意思改革をこのプログラムで実現させ，未来につなげたい。結果的に，最終進学地である企業選択においてミスマッチを防ぐことが可能となるのではないか。また，一連の進学計画や準備においても目的が明確となり，目標に向かってまっすぐに進むことができるのではないか。

### 3　キャリアプランへ及ぼす研究・学習の役割

　上記が私の事業計画であるが，実際にビジネスとなるまでには，数多く検証を要するであろう。よって，研究科での研究と学習を通じて，私に不足しているものを学びたい。現状の私の能力は，この程度であるが，熱意はある。また，仮に大学院を卒業したからといって，起業や成功を約束されるわけではないことも分かっている。しかし，今の自分のためには，研究科での研究や学習が必要であり，今後の生き方にかかわる問題であると認識している。そこで，現状の能力を開示し，問題点を明確にするために現状の事業計画を作成することが必要であると思い，ここに示した。研究科の2年間で，同じ方向性を持った方々との意見交換や先生方のアドバイスなどを通して，自分のビジネスの可能性を引き出していきたい。また，それが，アイディア創造など私にとってプラスとなるであろう。今の自分に必要なことがこの研究科にあると信じている。

カリキュラムにおいても，実際に携わる機会の少ないものが多く，とても有意義であり，条件を満たしていると感じている。また，より実践的な内容となっており，社会人にとっては仕事に直結できる有効なものであると感じた。社会人になりたての頃，自分の甘さと社会の厳しさを痛感した。数年経って，今ではあたりまえに感じられるようになったことも多いが，研究科入学後もおそらく，同じ経験をすることだろう。本当のビジネスの厳しさを肌で感じ，自己を向上させ，目標に到達するために入学を希望している。また，大学で経験した受身の授業でなく，実践的で主体性のある授業は私にとって，興味深く，楽しみな面でもある。そして，大学院入学は自分への投資であり，将来の仕事のタネでもある。タネからいかに花を咲かせ，実をつけさせるかが，課題でもある。経営者としての素質や自分の役割，可能性を知り，向上するためにも研究・学習は不可欠である。また，社会人だからできること，そして，学生だからできることをしていきたい。まさにこの研究科は，私の「ライフプランとその対策」であり，私の今後に「役立つ」ものなのである。

> あなたがこれまでの職業経験のなかで，とくに企業（あるいは職場）組織について感じていた長所や短所を指摘し，仮にあなたがそれを改善する，もしくはもっと良くするための権限をあたえられたとすれば，どのようなことを対象に，どのような方法，手段でそれを実行するのかを述べてください。

### 1　「人材を活かす」

最初の職場の"短所"について述べる。この職場では，商品企画を担当していたが，個々の提案は受け入れられず，トップの意見に「従属」しなければならなかった。企画には，新しいアイディア提案が不可欠であると感じていた私には驚きであった。しかもトップの意見の大半は"経験"からであり，売上が低迷していた状況において，このスタイルは，疑問であった。部内には優秀な人材も多く，よいアイディアも多数存在したが，活かされず，決められたことを忠実に実行することが主な仕事であった。そこで「人材を活かした利潤創出」に着目し，本人の適性と仕事内容，適材適所人事の実施，社員の質の向上プログラムについて述べていきたい。

### 2　「社員能力の開示と人事」
　○対　象：全社員

○方法・手段：
　① 独自の「適性テスト」の実施：社員の適性を考察，分析
　・方　法：インターネットを用い，実施管理負担を軽減
　・内　容：既存の心理テストと適性テストを融合した"独自のテスト"により具体的な分析と対策を分かりやすく解説
　・効　果：社員の適性と希望を調査し，的確な人事の実施
　（転属等をせず，3ヶ月勤務継続ののちに再テスト／自発的「環境適応」＊をみる期間）
　② 意識調査（テスト実施直後から現在について）＋ ①と同じタイプテストの再実施
　③ 前回と今回のテスト結果から
　　　▽要変更→カウンセリング後，継続，配属または転職
　　　▽継　続→一定期間ごとに①～③を実施（全社員対象）
　④ トレーニングシステムの整備（在勤希望者対象）
　・ビジネス・スキル向上のためのプログラム
　　（ex.セールス・トレーニング，人材開発プログラム）

　＊ 「環境適応」：人間の「性格」は環境によって作られていく。また，性格には，社会によって作られる性格「社会的性格」と立場によって作られる性格「役割的性格」が存在し，環境の変化に対応できるようになっている。

○予想される結果
　本人の意志による退職は，2％前後と予想している。離職者統計によると「本人の意思による離職」は，平成13年上半期約4.0％であるが，半減またはそれ以下になるのではないかと考えた。上記プログラムを実施することで，自己の変化や適性人事がもたらした環境改善が，「働きやすい企業」と変化し，「本人の意志による退職」を減少させるのではないかと考えたからである。また，平成13年上半期統計結果は，平成12年上半期の約6.5％も減少している。これは，今日の不況下における，失業，再雇用の不安から「今のところにいたほうがよい」という意識が強く，離職をとどまったものと推測される。不況が続けば，今後も「本人の意志による離職」は，減少傾向となるものと思われる。労使関係の円滑化のためにもこのプログラムは有効であると信じている。

### 3 まとめ

リクルート社の調査でも，仕事に求めるものについて"自己の能力を活かし，さらなる向上をできる仕事"と解答する社員は多く，この点においては，社員の仕事に求める要素と企業が求める要素が一致していると言える。資本主義下において企業は，利潤追求や社会的責任を果たす役割があり，社員一人一人で成り立っている企業組織が，企業の目的を果たすためには，"仕事環境"も大きく作用してくる。また，これは仕事への"やりがい"と密接な関係があるように思える。誰しも"やりがい"を持ちたいと感じている。1日の大半を過ごす場で，社員が"やりがい"を感じられる仕事に就き，仕事に専念できる環境を創出することは，企業と社員の関係において不可欠である。また，人材の流出は，企業にとってもマイナスであり，人材の確保の側面からもこの点は大きい。"転職を考える"ということは，現状を変える必要があるからであり，"やりがい"を感じられる仕事であれば，「本人の意志による退職」をある程度とどめることができるように思う。「働きやすい企業」へと変化した場合の効果は，社員のみならず，企業にとっても有益である。

そこで，労使関係や職場環境をよりよくするために「基準となる診断」と「適性へのアプローチ」や「カウンセリング」の必要性がでてくるのではないか。社員は，自己を認識し，さらなるスキルアップをし，そして経営者は，必要な人材を投入する一方で，ムダを省き労使の良循環を生み出せる企業が，生き残れる企業となるのではないか。

---

> 近年特徴的な短期間で変動する需要（市場）に対して，供給側の企業がどのように対応することが利益の増加に繋がるか，企業の取るべき経営戦略について，あなた自身の考えを述べてください。

### 1 消費性向調査

まず，今日の消費性向の調査・分析が必要と思われたので，下記のような調査を実施した。これは，今日の消費を先導している，若い女性を対象とした消費性向調査である。抽出すべきよいデータがなかったために友人に協力してもらい，独自の調査を実施した。

〈消費性向　タイプ分類〉　　　　　　　　　　　　　（全体に占める割合）
1．流行敏感型：流行していると買わずにはいられないタイプ　（30%）
2．安いの大好き型：とにかく安い商品が好きなタイプ　　　　（8%）
3．本物志向型：高級品を好むタイプ　　　　　　　　　　　　（2%）

４．安高折衷型：高級品も低価格品も好きなタイプ　　　　　（60％）

（友人調べ　19〜35歳女性）

　いずれも各個人の収入の大きな差はなかった。表をみてわかるように消費性向は，多様化している。また，昨年のヒット商品は，100円ショップに代表されるような安くて，便利なものと健康グッズであり，お金をかけずに満足できる商品に人気が集まったようだ。一方で，高級ブランドエルメスの日本国内売上は，総売上の４割というのも実状である。この多様化された消費行動と「近年特徴的な短期間で変動する需要（市場）」には関係があると思う。しかも主体となる消費層は，20〜30歳代の女性である。この理由として，親と同居の同世代の男女が1,000万人いることや独立しても親から何らかの援助を得ている場合が多いこととの関係があるようだ。いわば，収入のほとんどが"お小遣い"となり，消費志向に拍車をかけていると思われる。

## 2　日本人の消費性向〜分析と対応〜

　まず，「流行敏感型」に注目したい。これは，情報主導型であり，同調行動タイプである。このタイプは，周囲に影響されやすく，流行に左右されやすい。よって，"流行をつくる"ことが消費につながるのである。マスメディアを使用した情報発信や販売促進を行うことで，売上を伸ばす方法である。短期間で変動する需要品目には，短期間集中の宣伝活動を行い，"流行"をアピールする。生産量も通常よりも少なめに生産することで，希少価値も生み，消費を促進させる。また，在庫減少にもなる。このように短期間で変動する需要には，短期間の集中の情報戦略が効果的である。

　次に最も多かった「安高折衷型」には，多様な対策が必要となる。高級品は，「短期間で変動する需要（市場）」とはいえないので，ここでは削除する。よって，低価格商品に関しては，コスト削減やマーケットリサーチが重要となり，まさに企業努力が必要となる。しかし，以下の方法で，ある程度解決可能であると考えた。アイスクリームを例に説明する。アイスクリームのベースは，バニラアイスであり，それにチョコレート，抹茶などの個々のエッセンスを加えることにより数十種類もの多様な展開が可能となる。これは，食品に限ったことではなく，他業種も同様ではないか。例えば，製造業のモデルチェンジをフルではなく，パートとする方法である。これにより，大規模な新規機械導入が削減される。また，問題点やデザインなどに限定して改良することで，新規よりも効率的な開発が可能となる。消費者において，使い方が類似していることや問題点のみが改善されたことは有益である。このように「短期変動需要」に

は，一部を変更することによって，時間に対応する。"少し"の違いを続けることにより，"大きな"違いとなる。これは，電化製品，自動車などに特に効果的ではないか。また，需要のスピードに追随しつつ，開発のスピードも持続できると考えている。

### 3　まとめ

　先で述べたことをまとめると販売戦略は，現ヒット商品のマネでもある程度対応可能なのではないか。日本人は，「他と少しだけ違っている」ことを好む傾向にある。これは，消費者ニーズも同様である。某婦人服メーカーは，他社新製品の発売と同時に主力商品を購入し，その時点から企画～生産に入る。従来の1年前に実施していた展示会などは行わず，他社の商品に自社ブランドのエッセンスを加え，約3週間後に市場に出す。1年先を予測することの難しさやサンプル作成などのコストを考えると婦人服のような短期間で変化する市場においては有効ではないか。もちろん，3週間といった短期間での製造は，システム整備などが必要となるが，流行に遅れることや予測ハズレを防ぐことができる。このようにベースとなる商品に若干手を加えることで，主流に外れずに多様化に対応できるのである。また，飽和状態にある市場において，パッケージの変更，特典，宣伝内容の変更などで差別化や多様性，新製品に似た新鮮な印象を与えることもできる。また，日本の技術力が先導しすぎて，実用化に至っていない場合も多く見られるので，実用化されていない部分を活性化することも今後の経営戦略となるかもしれない。

---

現在，日本企業の多くが「生き残り」のための海外展開（国際化）を迫られているといわれます。このことと国民経済としての成長に何らかの矛盾が存在するのか否か，矛盾が存在するとすれば，どのように解決すべきか，あるいは矛盾が存在しないとすればどうしてなのか，あなたの立場を明確にした上で述べてください。

---

### 1　日本企業の海外展開（国際化）と国民経済の矛盾

　海外展開（国際化）の流れは，さらに加速していくものと考える。日本企業は，コスト削減を目的に海外に生産を移転していく。中国やアジア諸国に代表される安い賃金と材料費に加え，近年向上してきた労働者の質を考慮すると海外への生産移転は避けられない。結果，国内生産の衰退や雇用喪失，そして輸出量の減少は，GDPにもマイナスの影響となり，国内産業には打撃となる。

また，海外生産の増加は，日本国内の産業空洞化を引き起こし，長期的な経済の衰退と停滞を招く。自由競争市場において，企業の海外展開は，海外進出企業や消費者にとっては，プラスに作用するが，産業・経済全体にはマイナスに作用する場合が多い。そして，実際に割高な国内生産品は，競争力を失い，国内製造業の倒産やリストラなどが起きている。このように日本企業の海外展開と国民経済の成長には，"矛盾"が生じている。

## 2　矛盾の解決（その1．国内製造業者として）

　日本人特有の器用さと勤勉さが，高い技術力を導き，以前は，世界市場をリードしていた。研究分野でも日本は高く評価されており，日本では当たり前のことが，世界ではとんでもないことというのは，今日でも現実である。そこで，この日本の有能な技術で"差別化"を図り「生き残る」ための手段としていきたい。価格の面からは海外製品に劣るが，この高い技術や品質を付加価値にすれば，海外製にもある程度対応可能である。

　製造業の場合，まず生産品目を限定することからはじめる。競争力を失った商品の製造を停止，または削減する。次に比較的販売好調の商品を抜粋し，分析する。また，他社でも大量生産が可能な商品や競合商品は，価格競争の側面から今後の成長は見込めないので，こちらも停止，または削減をする。これにより，この企業の主幹商品が明確になる。抜粋商品の分析では，商品ごとの特徴や商品構成上の優位点などを細かく分析する。そして，長所を活かした商品開発を行い，商品の差別化を図る。例えば，冠婚葬祭用などで用いられる，贈呈品が主幹商品の場合においては，高品質であれば，多少の価格差があっても選ばれる。また，冠婚葬祭用は，用途も需要も一定に限定されている。また，流行にも大きく左右されないことも有利な点である。一方で最近の多様化に対応するために，顧客のニーズに直結した，特別注文やオリジナル商品も製造～販売する。この差別化は，海外生産ではできないことを国内で製造する戦略である。このように商品を分析し，特定の商品に集中した製造～販売をすることによって，他社との「差別化」を図り，利益増加につなげたい。日本が培った高い技術は，短期間に習得できるものではなく，海外製品との「差別化」を図る上では，大きな武器となる。日本人だからできることをカタチにしていくことは，日本産業界全体に言えることかもしれない。

## 3　矛盾の解決策（その2．内需拡大～農業改革～）

　海外展開（国際化）とは，工場の海外移転だけではなく，貿易も含まれるの

で，こちらの側面から国際化を考えてみる。国民経済を時系列でみると貿易黒字傾向にある。貿易黒字は，日本企業の輸出好調を示し，日本企業の輸出が反映しているので，それ自体は悪い側面ばかりではない。一方で，貿易黒字は，輸入量が少ないことでもあり，国内消費や投資の低迷を意味する。統計でもGDP，内需ともに低迷しており，国内経済の不調がわかる。このように国際化と国民経済には，"矛盾"が生じる。

　この側面での解決策は，内需拡大である。政府の内需拡大政策は偏りや短絡的な政策が多くあまり効果が望めないので，ここに提案をする。それは，農業の抜本的な改革である。農協への依存を改め，農家を自立させる。まさに"農家の企業化"である。農業の社会主義的体質から資本主義的体質へ移行させる。現在の日本の農作物自給率低下や輸入品の横行を招いているのは，既存の農協や農業政策が要因だと思われるからだ。また，現在政府が請け負っている天災などの補償に関しては，既存の保険のような形で保険会社が行う。生活必需品である，農業のあり方を抜本的に改革することは，農業のみならず国民経済にも，国際化の面においても有効な手段ではないか。

### 4　まとめ

　このように日本企業の海外展開（国際化）と国民経済には矛盾が生じる。しかし，双方のバランスをとることで，ある程度解決可能となる。短期的な対策やその場しのぎの政策では通用しない。しかし，世界のスピードの加速や多様化も避けられない。よって，将来のビジョンを明確にし，達成のための戦略が必要不可欠となってくるのではないか。

# 早稲田大学大学院
## アジア太平洋研究科　国際経営学専攻

★　2001年入学・男性・37歳・建設業界出身

> 本研究科および専攻を志望する理由

　静かに幕を明けた21世紀。しかし表面上は静かであっても政治，経済をはじめ社会は，いつどのように変化しても不思議ではないほどに内部エネルギーを蓄積している。

　単一社会が特徴の島国・日本は，ここ数年に押し寄せたIT革命の波によって，"時間"と"距離"という座標軸を取り払われ，多様化を迫られている。地球の裏側の事件が世間話で語られ，それに対する意見を求めてくる時代なのだ。"私は知らない"，では済まされない。

　私は企業に所属する建築関係の単一分野のエンジニアである。20年前であれば，その道一筋と言って自慢もできたであろう。しかし，様々なメディアを通して日々伝わる国際社会や政治，経済の情報の荒波の中で，私の心は揺れ動き，"このままでよいのか。学び，そしてアグレッシブに行動すべきときは今ではないか"，と自身に問いかけ続けていた。

　半世紀前の焦土の中，我々の父たちは縦割り社会を確立し，欧米に追いつき追い越せと，キャッチアップで私たちの今の繁栄の礎を築いてくれた。ただひたすらに感謝である。

　しかし，時代は変わった。大量生産，大量消費，大量廃棄から，持続可能な社会への変革が急務である。父たちが築いた経済的に豊かなこの"大地"に，心豊かな"種"をまき，次世代の子供たちに引き継ぐことが，繁栄を謳歌している私たちの責務と思う。

　私が属する建設の世界では，21世紀は"フローからストック"の時代になると言われている。壊すことを前提に建てるのではなく，建物をいかに有効に，機能的にそして長く使い続けるか，まさにそれが持続可能な社会の基盤となるのである。そして，そこに携わる者として必要となるのは建築に関する単一分野の技術ではなく，建物（都市も含め）に関するプロジェクトをトータルでマ

ネジメント，コーディネイトする能力である。

このマネジメント，コーディネイトを行う能力のある者が，変化が激しい時代に即応できるビジネスリーダーになり得る資格があると言える。私はこの能力を身につけたい。

以上のことにより，私自身にとって多様化（異業種，諸外国，そして学外アクターとの交流）のチャンスに恵まれた本研究科ほど，学ぶ場として適切なところはないと考え，志望した。

### 個人的，社会的に蓄積してきたこれまでの経歴

#### 1） 会社における経歴

大学で精密機械工学を専攻し，エンジニアとしての基礎を学び，建設会社入社後は業務上の必要性と自己研鑽のため，一級建築士，技術士などの資格を取得しながら建築に関する技術を身につけた。特にここ数年は，製造工場等の建設において，顧客並びに社内に対しての技術コンサルテーション（製造設備，建築・建築設備等）の業務に従事することによって，建物を機能的，有機的に計画する経験を積んだ。

#### 2） 社会的，個人的な経歴

"Think globally, Act locally"（世界規模で考え，行動は身近なところから）を信条としている。

居住する地域（埼玉県上尾市）の第4次総合計画策定のためのボランティア活動に2年前から参加している。行政からのトップダウンの街づくりではなく，市民からの提案型のボトムアップの街づくりはできないかと，様々な立場の方々と知恵を出し合い，試行錯誤をしながらの取り組みである。

また5年ほど前より，地球環境に対して危機感を持ち，NPOに所属して活動している。

特に21世紀は化石燃料エネルギーの枯渇を迎えることから，エネルギー政策の重要性が高まると考え，研究をしている。昨年より一部実施された電力自由化も重要な政策ではあるが，日本の未来を考えると"環境税"，"自然エネルギー促進法"の検討は急務であると考えている。

### 本研究科における学習が自分の将来あるいは社会に与える影響

今日のゼロ成長時代，そして近い将来に確実に迎える少子高齢化時代は，社会も企業もより少ないエネルギー（投資も人材も含めて）で，より効率的に効果，利益を生み出す必要がある。

　また，21世紀を解くキーワードの一つに"選択と集中"がある。特に，企業は"あれも，これも"ではなく，"コアコンピタンス（中核事業）"の確立を迫られていると言える。

　さらに，現在の日本は"予算社会"と言われ，事業計画は"予算どり"まで，と捉えがちである。その事業を的確に"評価（決算）"する能力は欧米に比べ，低いと言わざるを得ない。それは政府，自治体による公共事業しかり，企業による不採算部門の評価しかりである。

　このような状況で，多様性に富む本研究科において経営システム，経営戦略等を体系的に学習し，マネジメントや事業評価能力を身に付けることによって，社会または所属企業における"時代に即した政策・戦略"の立案に参画できると確信している。

　そしてそのように私自身が行動することによって，将来，良い意味での効率的で無駄のない社会，すなわち"持続可能な社会"の構築に貢献できるのではないかと考えている。

★　2001年入学・男性・28歳・運輸業界出身

本研究科および専攻を志望する理由

　私は現在，勤務先企業で広報を担当している。広報という会社全体を俯瞰できるポジションで，新商品や経営計画，決算内容の発表を経験するうちに，情報提供を通じて企業価値を創造するプロセスに強い興味を覚えた。輸送機関である当社の動向は，常に注目の的である。特に株式上場を間近に控えた近年は，市場からも大きな関心を寄せられる傾向にある。その際に，広報担当であっても財務・会計の知識や経営分析能力を身につけていれば，開示する情報に付加価値をつけることができると考えた。さらに，情報開示も経営戦略の一部とすれば，企業の価値をより効果的に高めることが期待できる。そのためには，経営に関する高度な専門知識の習得が必要であると判断し，大学院進学を決意した。

## 第5章　合格者の研究計画書実例

> 個人的，社会的に蓄積してきたこれまでの経歴

　私は現在の会社に入社後まもなく地方支社に配属され，現業部門，企画部門をあわせて3年間営業に携わった。地方は当社で最も経営環境の厳しい地域である。マーケティング業務を通じて地方路線の維持，競合輸送機関対策など，厳しさを増す現実を知り，安定した産業と考えられがちな運輸業という分野においても，生き残りのためには，経営の効率化にとどまらず，明確な競争戦略の導入が必要であると感じた。

　昨年7月に本社の広報に異動した。私の赴任後，会社発足以来例のない大規模な運輸事故が連続して発生してしまい，会社の危機管理体制を問われる事態に直面した。非常事態にこそ情報開示，説明責任が要求される。輸送機関であれば，なおさら利用者，マスコミの関心は高い。しかしながら，迅速かつ正確な情報開示こそが事態の悪化を最小限にとどめるということを，誰もが理解していながら，なかなか実行できずにいる場面に何度も立ち会った。報道発表をめぐって，情報開示を控えたい担当部署と意見が対立することもしばしばであったが，私も広報という立場上，役員・部長クラスにも直接説得にあたった。生活に密着した，サービスを提供する当社にとって，利用者に安全・安定輸送に対する不信感を抱かせてしまうことは，企業価値の大変な損失である。日常の安全管理体制，事故後の対応などは，やはりディスクローズしなければならない。幹部による謝罪記者会見のアレンジ，報道機関からの厳しい問い合わせへの回答，お客様からの苦情対応など，非常事態に矢面に立つことの辛さというものを嫌というほど味わったわけだが，こうした経験は，将来マネジャーを目指す上で貴重な財産になるものと考えている。

> 本研究科における学習が自分の将来あるいは社会に与える影響

　大学院では，まずこれまで感じていた問題意識や，広報業務を通じて習得した情報開示のノウハウを理論的に整理してみたい。さらに，実践的なカリキュラムの下で試行錯誤を繰り返すことによって，理論と実践を融合した問題解決力を身につけようと考えている。

　当社には，株式上場に伴う新しい課題が多くある。厳しい経営環境にありながら，輸送ネットワークを維持していくためには，独自の経営戦略が必要となろう。いずれにしても利用者の信頼を獲得する施策は不可欠である。特に今後は，株主という新しいステークホルダーが誕生することになる。株主を視野に

入れた経営戦略の策定，情報開示に力を発揮し，組織をリードしていきたいと考えている。

★ 2001年入学・男性・27歳・金融業界出身

本研究科および専攻を志望する理由

　ベンチャー支援に関わるマネジメント手法を体系的に学びたいと思い志望した。
　長引く日本経済低迷の中，ベンチャー企業への期待が大きい。既存の産業が次第に成熟化する中で産業の交代が叫ばれている。既に米国においてマルチメディアに絡んだ様々な企業が名乗りをあげ，好調な米国経済を牽引している。
　米国の合理主義にならえで成長してきた日本経済はベンチャー育成においても米国偏重であることは否めない。日本を中心にアジアには独特の企業文化，歴史があるため単なる米国型ベンチャーモデル支援策の輸入ではベンチャー支援にも限界があると考える。このような，米国偏重のベンチャー支援環境下においてアジア及び太平洋地域に目を向けた真のグローバリズムを重視する貴大学院の教育方針に共感を覚え，貴大学院で学びたく出願した。
　今日まで約4年間，私は都市銀行において融資業務を担当してきた。この間，以下の3点について関心を持ち，それらを解明することで日本におけるベンチャー市場活性化に繋がるものと考えた。
① 地域の活性化とベンチャー企業の関係に関する研究。
　地域のベンチャー企業と地域社会は密接な関係を持っており，地域の発展のためには地域企業の変革による活性化とベンチャー創造が重要であるとの認識のもと，地域の政策とベンチャー企業の戦略ネットワークとの関係を解明すること。
② 上記①に関連するが，既存の中小企業が変革しベンチャー化していくプロセス。新たな事業が創造され，企業化されていくプロセス。そして，これらのプロセスにおける支援策の解明。
③ ベンチャーを育成・支援していく中で，それを支えるベンチャーキャピタリスト，高度なマネジメント能力を持った経営者が不在である。そのようなベンチャー創出に携わる人材を育成していくシステムの解明。
以上3点をテーマに研究を進めていく中で，アジア発，日本発のベンチャー

モデル創出策を検討していきたいと考える。

そのためには産官学のネットワークを創造，企業活動に関する知見が極めて必要になってくる。貴大学院のアジア太平洋地域にまたがるネットワーク，独自のトライアングルメソッドを十分に活用し，日本活性化に向けた研究を進めていく。

### 個人的，社会的に蓄積してきたこれまでの経歴

大学3年の冬に学外ゼミで中国・香港に進出した日系企業の現地法人を訪問したことが，私の価値観形成に大きな影響を与えた。

当時，日本ではまだ無名だった，その日系企業の中国進出により，中国山地に位置する当社の工場周辺には小さな町が形成されていた。しかも，工場設立5年の間にである。

この頃より，企業成長による経済効果・雇用創出に関心を持ち始め，卒業後は希望していた都市銀行のA部に就くことができた。入行時より一貫して融資業務に携わり，幅広く業界を担当してきた。1，2年目には主に新規取引先に対する融資案件審査，企業財務分析を行う。ここでは，マーケットの調査・資金使途の妥当性を検証し，優良企業の発掘・支援を担当する。その後，現在の大口貸出先に対する事業再生を担当。業績低迷中の企業に対し，債権回収に専念するだけでなく必要に応じ支援し，事業計画作成等，総合的な企業審査に従事する。

全くゼロからの出発であったが，4年かけて企業の事業検証，コンサルティングを行えるレベルに達した。

### 本研究科における学習が自分の将来あるいは社会に与える影響

私はこれまでの実務経験を生かし財務分析に強みを持つゼネラリストを目指す。私なりに企業のどの分野でも通用するゼネラリストに必要な能力を分析すると，マーケティング・会計・ファイナンス・統計・経営関連科目（経営組織論・戦略論）・法務が必須科目と考える。

貴大学院ではこれらを集中して学ぶことが可能である。職業人として問題意識と自覚を持ち，ビジネスの現場を知り，「実学」の側面を勉強する社会人になってからの大学院生活は有意義なものと考える。なにより，豊富な経験・知識を有する教授陣，多様な業界出身の学生との交流ができる極めて貴重な機会

は自分の人生に於いて最高の投資に値する。

　以上のことから，貴大学院のMBAコースで学ぶことは私にとって何にも代え難い財産になるものと考えている。

　修士課程終了後は，現職での経験を生かしコンサルティングファーム，またはベンチャーキャピタルへの就職を希望する。貴大学院で学んだこと，今までの業務経験の蓄積を社会に還元し，アジア経済活性化に貢献したい。

★　2001年入学・男性・40歳・ソフトウエアサービス業界出身

### 本研究科および専攻を志望する理由

　私が勤務しておりますA社はB社の100％出資の子会社であり，PCやUNIXサーバー等を利用したシステムの構築，販売を行っています。私はシステム部門の責任者（課長）として職務をこなすかたわら，昨年来新しいビジネスプラン（＊下記注釈）とそれを実現するための社内ベンチャー制度の立ち上げを会社に提案してきました。しかし，既存組織内のしがらみ，ビジネスプランの未熟さ，私自身の能力不足等の理由により未だ実現できておりません。

　そんな時，貴大学院での活動内容をもとに書かれたダイヤモンド社の『挑戦』という本を手に取りました。大変情熱的に新規事業の立ち上げに挑戦されている著者の姿と，それを支援する貴大学院の体制に共感し，自分のこれから目指すべき方向性を確信した次第です。特に他の大学院に比較しても貴大学院が非常に実践的な研究活動をされていることに高い関心を持たせていただいています。貴大学院での研究活動を通してより次元の高いビジネスプランの構築と実践を行い，社内外での起業家を目指したく志願させて頂きました。

　一般的には40歳を前にしてMBA取得には遅いかもしれませんが，"人生において勉強し直すのに遅すぎる年齢などない"という信念を持って励みたいと思います。

注釈：様々な企業の電子商取引（以下，ECと略）用WEBサイトを無料で構築し，その利益の何割かをA社に還元する。
　　　短期間でECビジネスのノウハウをA社内に蓄積することにより，ECコンサルタント事業を立ち上げる。

## 個人的,社会的に蓄積してきたこれまでの経歴

　大学時代は勉学のかたわら3年次はホステリングクラブの部長,4年次は文化会監査委員会の委員長としてクラブと文化会の発展に貢献してきました。この時の組織の最高責任者としての経験が今日の起業家を目指したいという動機につながっていると自覚しています。

　B社に入社後,A社に出向し当時の新規事業であるUNIXワークステーションの立ち上げから,AXパソコン,大型UNIXサーバーの立ち上げ等の新規事業を担当してきました。単なるSEという立場を超え,戦略的なセミナーの企画立案,実施から営業支援,システム構築,アフターフォローまでを行うことにより,単に要求されたシステムを開発するのではなく,常に時代の流れを見据えてお客様の全社システムの方向性を提案し,お客様と一緒になって夢のあるシステム構築を実践してきました。また,オンライン情報処理技術者等公的資格や各ソフトウエアベンダー(ロータス社,マイクロソフト社,ORACLE社他)の技術者資格も常にA社の中で他のSEに先駆けて取得し,A社全社の技術力向上に貢献してきました。

　約2年前より新しい組織(SEの技術サポート部隊)を会社に提案し,現在はその責任者として2名からスタートした組織を15名に拡大しています。常に新規事業,新技術に挑戦し様々な形で実践してきました。

## 本研究科における学習が自分の将来あるいは社会に与える影響

　近年急速に増加するベンチャーキャピタル(以下,VCと略)や株式公開基準の緩和等,ここ数年起業を実現する環境が急速に整備されつつありますが,一般のサラリーマンにとって自ら起業家を目指すことは,まだまだ金銭的に大きなリスクを伴うことです。また独立起業することや転職することは,元の職場との間に大きな亀裂を残すことも少なくありません。このような理由により,多くの起業家予備軍ともいえるサラリーマンが,その情熱とエネルギーを社内で不完全燃焼させ,気がつけば定年を迎えるというのが現状であると考えられます。

　私自身が陥りかねない,いや既に陥りつつあるかも知れないこの現状を打破するために,私は以下の展開を考えています。
　(1)　起業家を目指すために,貴大学院で2年間研究活動を行う。
　(2)　卒業後会社に復帰し,社内ベンチャー制度を立ち上げ,その第1ケー

スとして自ら社内ベンチャーを立ち上げる。
(3) 社内ベンチャーをもとに，A社や他のVCから出資を集め，あるいは個人で出資し，独立法人として名実共に起業する。

もちろん，このようにすべて順調に事が進むとは考えていません。

ただ，このような展開で所属企業と共存しながら起業することが実現できるとしたら，多くのサラリーマンにとって比較的小さなリスクで起業家を目指せる，『日本的起業モデル』が確立されていくのではないでしょうか？　また，企業の中にも新しいビジネスプランを考え実践していく風土が育ち，既存の事業の活性化を導くこともできるものと考えられます。

貴大学院での研究活動を通して，このような「日本的起業モデル」を創出し，実践していきたいと考えています。

★　2001年入学・男性・28歳・保険業界出身

本研究科および専攻を志望する理由

### 1　MBA学位取得を目指す理由

私は高校時代に，父親が交通事故に巻き込まれた際，損害保険の意義を人一倍強く感じた経験があり，大学卒業後，M株式会社に入社した。入社後，5年間にわたる営業経験を通じ，規制緩和による保険市場のグローバル化，及び，外資系保険会社や異業種企業の市場参入といった，保険業界の劇的な環境変化を目の当たりにしてきた。そして，業界各社における，規制に守られた横並びの経営戦略に大きな問題意識を抱くとともに，国内だけでなく，グローバルな保険市場を視座した経営戦略を再構築する必要性を痛感するようになった。

私は，自身の業務遂行能力向上を目的とし，そのキャリアゴールを「日本の損害保険会社の経営におけるグローバル化と国際競争力向上のための理論構築」に置いた。そして，このゴール達成のためには，「顧客満足」「株主満足」「従業員満足」の3つの要素を統合的に向上させ，企業価値を高めることが必要だと考えている。

つまり，現在までに培った営業部門での業務経験を礎とし，貴学にてMBAプログラムを研鑽，その結果として，MBA学位を取得，また，その過程を通じて企業価値を高める経営施策を身につけ，実践することがキャリアゴール必達の要であると決意している。

### 2　貴学アジア太平洋研究科国際経営学専攻を志望する理由

　貴学を志望する理由は，自身の希望するグローバルかつ実務に即した研究を行う上で，貴学のMBAプログラムが最適と考えているからである。

　貴学にはアジア太平洋地域の留学生が多く，海外協定校との単位互換制度や国際関係学のカリキュラム充実により，グローバルな視点からの研究ができると考えている。また，教授陣については，実務経験豊和な方が多いと聞いており，実務への応用を志向する自身の研究テーマ研鑽に最適と考えている。

### 3　研究テーマ選定の動機と研究方針

　研究テーマ選定にあたり，「日本における損害保険会社のM&A戦略」を中核に位置づけたい。その理由は，今後，世界の保険・金融業界の再編がさらに加速する中で，グローバルな経営戦略を策定するにあたり，M&A戦略が重要な役割を担うと考えるからである。

　研究方針としては，規制緩和が先行している欧米の保険会社，及び，国内他業種企業のM&A戦略の事例研究をもとに，単なる規模の追求ではなく，企業価値を高めるM&A戦略を実務的に研究することを考えている。

## 個人的，社会的に蓄積してきたこれまでの経歴

　私は，社内・社外から信頼されるビジネスマンを目指し，知識・スキルの向上に努めてきた。

　知識面においては，実践での応用を目指し，保険，英語に重点を置いた学習を進めてきた。保険については，大学在学以来，損害保険論を継続的に学習，入社後も，損害保険講座に1年間通学し，150人中3位の成績を収めた。また，周辺知識の強化として，証券外務員資格，ファイナンシャルプランナーの資格を取得している。英語については，英会話学校への通学により，リスニング力向上に努め，TOEIC770点をマークしている。

　スキル面においては，機械メーカー，外食産業，銀行等，各業種の顧客を開拓・担当する中で，効果的な保険プランの提案を行い，プレゼンテーション能力，企画書作成能力を向上させてきた。また，従前の保険内容の見直しや企業の福利厚生制度構築の実施により，問題発見・解決能力，および，関係各部門との折衝能力を習得してきた。

### 本研究科における学習が自分の将来あるいは社会に与える影響

　貴学でMBAプログラムを研鑽することにより，自身の知識・スキルをさらにブラッシュアップできると確信している。そして，キャリアゴール達成のため，派遣元企業に戻り，経営戦略構築及び社内業務改革に携わる部署で，「顧客満足」「株主満足」「従業員満足」を視座し，実践活躍を希望している。自身がブラッシュアップした成果を是非とも，組織に還元していきたい。
　上記3要素の中でも，特に「株主満足」の向上に力を発揮したいと考えている。「株主満足」の向上は，日本の損害保険業界において，最も馴染みが薄く，困難な課題であり，経営のグローバル化の第一歩と考えるからである。
　将来的には，派遣元企業が世界トップの保険・金融グループへ成長していくことに貢献したいと決意している。

　（参考文献）
・「戦略管理会計」西山茂著　ダイヤモンド社
・「日本の競争戦略」マイケル・E・ポーター，竹内弘高共著　ダイヤモンド社
・「図解　M&Aのすべて」西野武彦著　PHP研究所
・「グローバル・スタンダード経営」村沢義久著　ダイヤモンド社
・「金融業　勝者の戦略」アンダーセンコンサルティング金融ビッグバン戦略本部著　東洋経済新報社

★　2001年入学・男性・30歳・製造業出身

### 本研究科および専攻を志望する理由

　私は海外市場を見据えた新しいキャラクタービジネスモデルを構築したいと考えている。そのために大学院で特にマーケティング論，経営戦略論を研究していきたいと考えている。
　キャラクタービジネスはドラえもんやハローキティ，ミッキーマウスなどのキャラクター付加価値を利用して，癒しや友人とのコミュニケーション手段の提供など，サービスを供給するものである。キャラクター番組登場アイテムを商品化しての販売，映画化，ビデオ化による映像ビジネスなどがあり，最近で

は携帯電話のiモードサービスがある。特徴としては，ユーザーがキャラクターに付加価値を感じている時のみ有効なビジネスであることから，商品サイクルが早くトレンドに左右されやすい。市場規模は国内で2兆700億円，世界規模だと5兆円前後に達するとみられる（『キャラクターライセンシング白書2000』）。

　日本の市場が拡大しているだけでなく，キャラクタービジネスは質的にも大きな転換をとげた。最大の変化はキャラクター発祥元であるメディアが多様化したことである。従来キャラクターはコミック誌から誕生した。今はコンピューターゲームが主要な輩出源であり，その典型はポケモンである。ポケモンはキャラクターを作りメディアミックスによるキャラクターを訴求，版権も制限した。商品化についても短期的に制限し長期的に計画した。そこで，日本ではキャラクター展開，版権管理，商品化，販売促進において成功例といえるポケモンのキャラクタービジネスモデルに着目し，同時期のたまごっちと比較した上で，ポケモンのビジネスモデルの優れた点を明確にしたい。その上で，海外市場における展開を考えたい。

　アニメーションの現状をみれば，アジア，アメリカ，ヨーロッパで日本制作のアニメーションが，受け入れられている。これはキャラクタービジネスモデルを展開できることを意味している。特にアジア市場は日本で流行した商品等が，流行しやすい土壌が構築されており，現に各玩具メーカーの売上高も年々上昇している。貴大学院はアジアと深く結びつきを持ち，アジアからの留学生も多数在籍している。今回の研究で一番核となるであろうアジア市場を深く探求する上で，留学生との交流など，通常の授業以外にも得るものが多いと考え出願した。なかでも，アプローチ手法として仮説検証だけではなく，仮説創造を取り入れているマーケティング戦略の研究プロジェクトを自らの研究手法として取り入れたく，魅力を感じている。

### 個人的，社会的に蓄積してきたこれまでの経歴

　大学時代は商学部経営学科に在学し，国際貿易論のゼミを専攻した。卒論ではゴルバチョフ政権時におけるロシア市場経済導入について考察した。学生時代に調査，仮説，分析，検証を学んだマーケティング論が，現在担当するコンビニエンスストアの営業に役立っている。

　私はA社に入社し，キャラクター商品の営業に携わってきた。A社は公には玩具メーカーであるが，むしろ総合キャラクターメーカーとしての位置付けの

方が正しい。

　私が実際に携わってきた営業内容としては，第1にB事業部において女児，幼児玩具を百貨店に営業し，第2にC事業部でレトルト等加工食品の開発営業を担当した。そして，第3に現職のD事業部で，玩具菓子の営業をコンビニエンスストア，量販店向けに担当している。実績としては今期担当したE社で仮説検証を繰り返した結果，玩具菓子を一つのカテゴリーとして認知させることができ，対前年比200%UPを達成した。

　私の趣味は海外一人旅である。これまでアジアから中東のイスラム圏を中心に15カ国旅してきた。旅行中にどの国に行っても日本とのギャップを感じることが必ずある。それは自国の文化に対する誇りと価値である。外国人から見れば，まだまだ日本文化イコール相撲，能などの古典芸能と受け取られるかもしれない。しかし，海外市場では着実に日本のマンガが売られ，TVでは日本のアニメの吹き替え版が放送されているのも事実である。海外市場及び外国人にこれだけ影響を与え，受け入れられていることを考えれば，マンガやアニメから輩出されるキャラクターを日本文化の一つとして考えてもいいのではないだろうか。私は旅行を通じて，このことを学ぶことができたし，またこうした日本文化を世界に発信していきたいと考えるようになった。

## 本研究科における学習が自分の将来あるいは社会に与える影響

　マーケティング研究は数多くあるものの，キャラクター商品に焦点を当てた研究はこれまで，ほとんどなされていない。私の研究を通して，キャラクター産業の特徴にかなった新しいマーケティング手法を見つけることができるのではないかと期待している。

　大学院で研究するマーケティング論，経営戦略論などに加えて，日本で成功したポケモンのビジネスモデルを応用し，独自のキャラクタービジネスモデルを構築できると考えている。課程修了後は，マーケティング研究を継続するとともに，キャラクターの立ち上げ時点から携わり，商品化計画，版権管理，メディアミックス等の販売促進，店頭販促もふまえて，日本を含めたアジア，アメリカ，ヨーロッパと，キャラクターを同時展開できる仕組みをつくり，活用していきたい。

**（参考文献）**
・嶋口充輝，竹内弘高，片平秀貴，石井淳蔵，共著『マーケティング革新の時

代1顧客創造』有斐閣　1998年
・電通キャラクタービジネス研究会著『キャラクタービジネス』電通出版事業部　1994年
・アル・ライズ，ジャック・トラウト，共著『売れるもマーケ当たるもマーケ』東急エージェンシー出版部　2000年
・土屋新太郎著『キャラクタービジネス』キネマ旬報社　1995年

★　2001年入学・男性・31歳・製造業出身

本研究科および専攻を志望する理由

　　志願者は，現在の所属であるA株式会社において，環境及びエネルギーを主たる事業分野とする部門（以下「当部門」といいます）に所属し，主として放射性廃棄物処分の事業化に関する業務を担当しております。
　　志願者は技術系の出身であり，担当業務にも技術的立場の人間として携わってきました。しかしながら，事業化検討においては技術的な検討のみならず，経済性評価の実施，制度化の検討等が不可欠であります。志願者は独学や講習会への参加により最低限必要な知識を取得してきましたが，専門家ではないという理由等により，顧客の要求に満足に応えられない場面も多々ありました。このことから志願者は，事業化計画，経営戦略等を検討するための幅広い知識はもちろんのこと，経営管理の専門家としての立場が必要であることを痛感いたしました。逆にいえば，専門知識と学位の取得により，より積極的な提案型の業務体制を構築できると考えておりました。
　　この度，貴研究科及び専攻を志望した目的は，上記した経営管理に関する知識及び学位を取得することにあります。また，特に貴研究科及び専攻を志望する理由としては，貴研究科が提供する教育プログラムが有する，以下の特徴が挙げられます。
　①　経営管理の中でも，志望者が特に学習の中核に置きたいと考えている起業論，経営戦略論の分野に力を入れていると拝察される。
　②　理論面の教育はもちろんのこと，現場を重視した教育を実践していると拝察される。
　③　併設されている国際関係学専攻の教育科目の履修により，志望者が必要性を感じている経済政策等の分野に関する知識も同時に取得できる。

以上のことから，志願者は貴研究科及び専攻を志望いたします。貴研究科及び専攻における学習により，志望者の求める学習分野における知見を幅広く取得し，同時に深く追究できるものと考えています。

### 個人的，社会的に蓄積してきたこれまでの経歴

志望者は，1988年にB大学工学部応用原子核工学科に入学後，1994年に同大学院工学研究科応用原子核工学専攻修士課程を卒業するまで，原子力発電により発生する"高レベル放射性廃棄物（使用済原子燃料を再処理した後に残る放射性廃棄物）"の地下処分を対象として，処分場の性能評価（特に，処分場の周囲を取り巻く天然バリア―岩石―の構造解明，バリアとしての性能評価に関する基礎的検討）に関する研究に携わりました。

現在の所属であるA株式会社入社後1年間は，C研究所に配属となり，大学・大学院時代の研究と同様，処分場，特に天然バリア（岩石）の構造解明及び特性評価に関する研究や，これら研究に必要となる画像解析技術の開発に携わりました。また，配属された研究室の主要研究テーマである地熱発電に関しても，その仕組みを学び，発電に必要な蒸気を搬送する配管における性能評価計算，実際の発電所における性能評価に必要な試料（蒸気）採取の補助等を経験しました。当部門配属後1996年からは，高レベル放射性廃棄物を含めた種々の放射性廃棄物（TRU廃棄物，研究所・医療機関等から発生する廃棄物等）に関する主として以下の業務に従事してきました。

・施設概念の検討
・処分費用の積算
・経済性評価（事業体制，制度化等の検討を含む）
・安全評価
・上記検討結果のデータベース化，システム化

昨年度の主な実績としては，2000年10月より事業開始の運びとなった高レベル放射性廃棄物の処分事業における費用積算，経済性評価を実施するシステムの構築が挙げられます。本システムは，2001年度より事業主体において運用されるものと思われます。

### 本研究科における学習が自分の将来あるいは社会に与える影響

志望者はこれまでの経験を通じて，環境負荷の少ない，資源循環型社会の実

現を目指す様々な取り組みに非常に興味を持つようになりました。そして，その実現には適用技術の開発のみならず，開発した技術を事業として成功させるための事業化戦略が非常に重要であると考えています。

　貴研究科における学習により，志望者は「志望理由」のところで述べた事業化検討における提案型の業務体制を構築することができると考えています。さらに，当部門が開発を進めているリサイクル，新エネルギー等の技術を当部門主導のもとで事業化するための事業化戦略の立案に積極的に携わり，これを成功させたいと考えています。

　廃棄物処分事業の円滑な推進や，当部門が主体となって推進する環境，リサイクル，新エネルギー等の事業の成功は，地球環境を保持しつつ，要求されるエネルギー需要に対応しうる資源循環型社会インフラの整備に貢献するものと考えています。また，日本国内におけるこれら事業の成功をアジアを含めた他諸国への進出の足がかりとし，世界規模での資源循環型社会の実現につなげたいと考えています。

## ★　2002年入学・男性・31歳・小売業出身

本大学院における貴方の研究計画をテーマ，アプローチ方法などに言及した上で具体的に述べてください。

### ■研究テーマ
　「情報社会の発展に伴い，百貨店やファッションストアが考えるべき，今後の情報発信と電子商取引について」

### ■テーマの選定
　研究計画のテーマを考えるうえで，今後情報インフラの整備により百貨店の主要顧客にも，より身近にインターネットが普及し，近い将来本格的に電子商取引や新たな情報発信に弊社も取り組んでいく必要性を感じたことと，企業が販促活動と情報発信や電子商取引の事業領域を融合させていくことの重要性を考え，選定しました。

### ■アプローチ方法
　① 今後のマルチメディアの発展と可能性の考察

今後，情報インフラの整備が進むことでテレビなどのより身近な家電を通じて手軽にインターネットにアクセスできることにより，一部の消費者に限られていた情報提供や電子商取引が，より広い消費者（百貨店の主要顧客にも）へ広がっていくことで起こり得る，マルチメディア社会の発展による消費者のニーズや行動の変化や可能性を考察していきます。

② 店舗販売と電子商取引の共存について

小売業が電子商取引を考える時，必ず直面するのが店舗販売と電子商取引との共存です。電子商取引という新たな販売チャンネルを持っても，店舗と電子商取引との相乗効果を得にくいという現象は小売業にとって深刻な問題です。

効果的な共存方法について，単にインターネットで販売できる「モノ」を考えるのではなく，新しい技術や電子商取引が消費者にもたらす現象を観察・分析することを通じて検証していきます。

このアプローチ方法においては，インターンシップ制度に積極的に参加し，電子商取引の現状分析も行っていきます。

③ マルチメディア社会における企業ブランド価値の保全について

インターネットの普及により，企業は顧客や潜在顧客との接点を増やすことが可能となりますが，同時に企業にとってコントロール不能な情報の氾濫という新たなリスクも出現します。このような状況下で企業ブランドの一貫性を維持するために i）社外におけるブランド価値低下要因の排除のためのリスクマネジメント体制づくり。ii）社内における顧客とのやりとりや情報発信のルール化とその徹底を行い，社内を統制する。といった2方向からの有効な取組み方について検証します。

④ 電子商取引上のセキュリティーについて

企業ブランドを構築していくにあたり，顧客が安心して企業とインターネット上でコミュニケーションを行うために必要最低限の環境を維持・管理していく必要性があることから，情報技術の発展による顧客情報の管理や電子認証などのセキュリティー面についても検証していきます。

以上，①～④のアプローチ方法により「情報社会の発展に伴い，百貨店やファッションストアが考えるべき，今後の情報発信と電子商取引について」を研究していきます。

---

あなたの人生のこの時期に本研究科の修士課程へ出願した理由は何ですか？

去年の4月に係長に昇格し，今まで以上の権限と責任を会社から与えられ，問題点に対して判断をし，解決策を講じ，成果を求められる機会が増えました。その際に，自分の経験範囲，もしくはA社という限られた範囲でしか物事を考えきれておらず，自分の判断力・問題解決力に限界を感じました。

　企業を取り巻く外部環境はもちろんのこと，消費者の生活様式や価値観，産業構造といった社会全体が従来より速いスピードで変化していく状況下で，変化を的確に捉え，従来の発想にとらわれない革新的なリーダーシップと専門性を身につけていきたいと考えました。

　また，リーダーシップや専門性といった資質は，社内で業務を遂行しながらでも身につけることは可能ですが，日ごろの業務やA社から離れ，社外で学ぶことで従来の発想にとらわれず習得することができると考えます。

　以上の理由から，産業界にも密接な関わりを持ったカリキュラムで構成されている早稲田大学大学院で，理論と実務に裏付けされた高度な専門性を習得することにより，グローバルな視点に基づき環境の変化にも柔軟に対応して判断し，問題解決を行い，A社への自分の貢献度をさらに上げていくことを目的とし，出願しました。

> あなたのキャリアゴールを具体的に設定してください。それをどのように達成しますか。本大学院の修士号がその中でどのような意味を持ちますか。

　私が考える自分自身のキャリアゴールは「今後の情報社会の発展に伴う，A社やファッションストアの情報発信を，企業のブランド価値の向上に繋げる専門家になること」とします。

　販促の広告業務では，A社の商品・サービスを顧客にとって見やすく，わかりやすくA社らしさを表現したカタログ・DM制作の専門性を身につけてきました。そして，企業の情報発信を担う広告は，単に商品やサービスを顧客に伝えるのではなく，A社という企業・ブランドをも顧客に同時に伝えているわけですが「○○のA社」という企業イメージを伝え続けることの重要性と難しさを感じることができました。

　そして，現状の自分の専門性を発展させキャリアゴールを達成するためには，今後の情報社会がどのように発展し，それにより消費者の価値観や行動様式がどのように変化していくかを予測し，変化に適切に対応しながら企業の情報発信を行っていく能力を身につける必要性があります。

　そのためにも修士課程で「マルチメディアと情報社会」の分野を学ぶことが，

自分自身の専門性を将来に向けて発展させていく上で大きな意味を持ちます。

> MBAで学んだことを今後のあなたのキャリアでどう生かすか

　今後の情報社会の発展により，人々が四六時中インターネットに接続できる状況下では，情報が今まで以上に氾濫し，顧客は自分の生活や趣味に則したメッセージのみを選別して受け入れるようになり，自分の生活にふさわしいメッセージを求め続けるでしょう。従って，これらの消費者のニーズに応えるべく，常にメッセージを洗練させていく企業，そして特定のカテゴリーにおいて「第一想起されるブランド」がIT革命で勝ち残れると考えます。
　また，企業にとって顧客に接する機会と媒体が増えることで，企業イメージも今後は商品やサービスだけでなく，消費者とのインターネット上の接し方でも企業の「ブランド価値」を決める要素になると予想されます。つまり，来店した顧客が，商品や販売サービスなどからその店のイメージを決定するのと同様に，インターネットを通じた企業の情報発信に対しても顧客はその企業のイメージを決めていくのではないでしょうか。
　今後，マルチメディア社会や電子商取引が本格化していく中で，企業が考えていかなくてはいけない課題においては企業の情報発信（顧客が欲しいモノ・コトの情報を，欲しい時に，見やすく，わかりやすく，企業イメージに載せて発信する）が今まで以上に重要な役割を担うと考えます。
　A社においても，インターネットという媒体が拡大していく中で現状の主力である紙媒体と同様にインターネット上でも「○○のA社」を一貫性を持って，わかりやすく顧客へ発信していくことが，A社ブランドを継続的に形成していく上で重要であると思います。

　A社の販促で広告を学んだ見地から，今後のマルチメディア社会の発展が広告にどのような変化をもたらすのかを考えたとき，自分が身につけるべき専門性について理解できます。
　インターネットの更なる発展で，顧客を取り巻く情報量が増大していく状況では，今まで以上にA社の情報を顧客に到達させるのが困難になっていくと思います。よって，今後のA社の情報発信ツールとして広告を考えたとき，インターネットや通信と放送の融合化を意識した中長期的な視野に基づいて考え，戦略を構築していく必要性を感じます。
　また，自分自身を考えてもインターネットを介した情報発信や媒体が増大し

第5章　合格者の研究計画書実例

ていく将来には，現状の紙媒体での広告の専門性だけでは不十分で，A社の情報発信の領域で総合的に貢献していく上で今後のマルチメディア社会の専門知識を身につける必要性を感じました。

販促で得た広告の専門知識を，将来に向けてさらに発展させていくためにも，マルチメディア社会の今後の可能性や変化といった領域を学び，将来の変化に対応し得る情報発信分野の専門性を身に付け，A社へ貢献していきたいと考えます。

★　2002年入学・男性・35歳・製薬業界出身

> 本大学院における貴方の研究計画をテーマ，アプローチ方法などに言及した上で具体的に述べてください。

A社は，OTC（大衆薬）の最大手メーカーであり，松下電器・資生堂などと同様，販売店系列を構築したことにより流通体系を築き，今日に至る。

生活者の購買行動の変化は，セルフ販売を主力とするドラッグストア業態へ主力の販売形態を変化させ，それは独自の商品政策・マーケティングを指向し，メーカーの主導権がかつてほどとれていない。最近では，量販店同士が競合し，低価格と品揃えだけでは生活者のニーズに応えきれず，統一ブランド戦略のような小売業と一部メーカーとの関係性マーケティング・パラダイムの進行，業務提携による仕入原価低減などの動きなど収益確保の企業連合の動きも見られる。いわゆる第三次流通革命ともいえるトレードオンの関係である。

今後メーカーとして新たなチャネル対応と個店管理が必要となってくる。

第一のチャネル対応とは，生活者の購買行動に着目しながら，自社商品をどの業態でどう販売すれば効果的か判断すること，その判断基準の明確化と統一である。特に中小薬局薬店に強みを発揮していたメーカーとして，量販店や新チャネルに対する成功事例の不足やインストアシェアの低迷がある。上位有力企業が全社的に力を入れるチャネルであるという認識のもと，クラス別の対応を急いでいるが，その全社統一的なチャネル対応のより効率的な組織体制や対応フォーマット構築と，メーカーの目だけでなく，小売店の目，生活者の目，この3つの目に精通することでシェアを獲得できる。

第二の個店管理では，店頭管理をすることが販売機会の損失を回避し，売れるべき物を売り損じしない営業の最大の役割であると同時に，商談時における

主導権を握るための方策として店頭管理は重要な意味を持っている。量販店の一つ一つの個店をチャネルとして独立的に捉え，そこで需要を創造し販売効率を高めることが店頭管理の最終的目標であるといえる。そのためには，個店の考えていること，抱えている問題点を正確に把握して，その上で個店の立場に立った企画提案をする必要がある。

他業界を含む企業のマーケティング・営業活動の再点検からスタートし，各事例を検証する。我が社は，OTC業界を代表するブランドを擁しており，このブランドパワーをどう生かしていくかを踏まえて，各チャネルとの取引から取り組みへ，チャネル戦略の具体的な代替案を構築する。

### あなたの人生のこの時期に本研究科の修士課程へ出願した理由は何ですか？

現在のセルフメディケーション業界の現状は，第一に健康に対する意識の向上や価格と価値に対する感度の形成という生活者の変化，第二にデフレトレンドの中での小売価格の下落による一般小売店の客数・売上・利益減少，大手小売業の市場シェア伸長とその企業連合による収益確保の動きという流通変化に加えて，医薬品規制緩和による販売チャネルの拡大が挙げられ，今までのチャネル戦略だけでは不十分であろう。今後の消費財メーカーのそれは，供給者より生活者論理に基づくやり方，ブランド力のアップ，チャネル別の対応が一層求められるはずである。

現在まで日常行っている現場レベルでの成功事例の積み重ねを行ってきたが，社内，業界内のレベルにとどまらず，他業界を含む企業の各事例の再点検から始め，事実を掌握し，仮説をたて，検証し，最終的には具体的な代替案を構築することで，構築確固たる信念に築き上げ，社内や対企業折衝での自分のスキルを高めることが，21世紀の自分に必要なことであり，その結果として，我が社のマーケットリーダーとしての地位を維持・発展させていく力の一部としたい。

### あなたのキャリアゴールを具体的に設定してください。それをどのように達成しますか。本大学院の修士号がその中でどのような意味を持ちますか。

A社の営業部門は，売上に対する責任を持つとともに，流通の川上に位置するメーカーとして，全国各地の各チャネルを営業マンが担当し，提案，実行，店頭消化の検証，更なる修正といった営業活動を実行し，そこから生まれる情

報の共有，つまり店頭で消費者に密着した営業成功事例が紹介され，それをまた全社で実行する（インターナルベンチマーキング）ということを行ってきた。

供給側が主導権を握ってきた時代に，営業の販売力でマーケットシェアを取ってきた我が社も，生活者にそれが移行してきている状況で新たな方策を確立しなくてはならない。そのなかでこれから必要なことは，社内のOJTだけでなく，幅広い分野の成功事例の検証と実行である。

どんなに最新技術が発達しようと，そのモノ・サービスに関して，何をどこでいくらでどういう策で売るか，という分野はなくならない。その分野に関するプロフェッショナルが自分のキャリアゴールであり，流通の第一線で経験したことに加えて，フィールドサーベイやプロジェクト参加による仮説創造と，現実を説明できるロジックを構築することで，学問的に体系づけることが，修士号取得の意味である。

> 学業・職業・地域社会等において表彰されたことなどこの願書の中に記述されなかったものを挙げてください。また，アドミッションズ・オフィスに注目して欲しい意義のある業績を挙げ，その理由を述べてください。

13年間で，3度の社長賞受賞，あるいはイーグルアワードというA社の営業部門においては最高の栄誉である賞も受賞した。これは日頃の営業活動の成果であろう。

しかし，そのことよりも意義のあることは，いうまでもなく企業活動というのは利潤追求の現場であり，いままで自分がA社というOTC最大手の直販メーカーで，第一線での営業活動と管理職としての部下との対話を行い，系列店システムという，日本企業の成功要因の一つとされ，そして今変革しつつある流通システムの中に身を置いてきたという事実である。販売系列網の形成は「メーカー・代理店・小売店の共存共栄」ということには貢献してきた。しかし，生活者の利益には必ずしもそのまま合致しなかった面もあるというなかで生じた問題意識，これが実際の授業で討論するにあたり私の論述の根拠になり，改めて研究を進めてみたいと考えた原点である。

### 参考文献
1　嶋口充輝『顧客満足型マーケティングの構図』有斐閣　1998年　174頁
2　日本経済新聞朝刊　2001年6月28日
3　嶋口充輝『マーケティングパラダイム』有斐閣　2000年　71頁　203頁

| | | |
|---|---|---|
| 4 | 住谷　宏『大転換期のチャネル戦略』同文社　1992年　62頁 | |
| 5 | 嶋口充輝『マーケティングパラダイム』有斐閣　2000年　97頁 | |
| 6 | 住谷　宏『大転換期のチャネル戦略』同文社　1992年　74頁 | |
| 7 | 住谷　宏『大転換期のチャネル戦略』同文社　1992年　76頁 | |
| 8 | 恩蔵直人『競争優位のブランド戦略』日本経済新聞社　1998年　85頁 | |

★　2002年入学・女性・36歳・投資顧問会社出身

> 本大学院におけるあなたの研究計画をテーマ，アプローチ方法などに言及した上で，具体的に述べてください。

研究計画：「確定拠出年金ビジネスへの金融機関の参入形態と今後の方向性に関する一考察」

　本年6月，確定拠出年金法が成立し，10月より同法に基づく新制度が導入される。確定拠出年金（日本版401k）とは，企業・加入者の掛金額があらかじめ決定している一方，老後の受取年金額が運用成果に応じて変動する新たな老後生活保証手段である。これは，老後の年金受取額はあらかじめ決められている確定給付型年金と異なり，加入者が年金資産の運用に関し，原則として自ら指示を行うという自己責任型年金となる。
　この新たな年金制度を取り巻くビジネスとして，以下の6項目が挙げられる。
① 企業における確定拠出年金導入への企画立案・準備へのサポートビジネス
② 年金に関する商品提示・情報提供といった運用関連ビジネス
③ 各加入者の年金をレコードキーピングする記録関連ビジネス
④ 年金資産管理ビジネス
⑤ 年金資産運用ビジネス
⑥ 確定拠出年金を導入した企業に対して，第三者として年金評価を行うコンサルティングビジネス

　このうち，③のビジネスに対しては，すでに大手金融機関の間で戦略的提携が始まっており，今後は地域金融機関，系統系金融機関にまで拡大する可能性もある。また，この年金マーケットに対して本邦および外資系金融機関が各社の競争優位性に基づき差別化を図りながら様々な形で参入してくることが考えられる。この年金ビジネスに関して以下の3点について検証し，一考察として

まとめる。

(1) 我が国の確定拠出年金をめぐる金融業界の動向

確定拠出型年金ビジネスに対する本邦および外資系金融機関の経営戦略と参入形態を明らかにする。

(2) 米国年金ビジネスの動向

私は現在，米系投資顧問会社のマーケティング部に所属し，米国の年金マーケットについて過去の経緯や最新の情報を入手し業務上活用していることから，米国における年金ビジネスと我が国の年金ビジネスを様々な角度から比較する。

(3) 上記を踏まえた今後の我が国の確定拠出年金ビジネスの方向性検討

特に，米国において浸透している年金資産の運用評価を行うコンサルティングビジネスの日本における将来性や発展性について研究を行う。

★ 2002年入学・男性・28歳・エレクトロニクス業界出身

> 本大学院におけるあなたの研究計画をテーマ，アプローチ方法などに言及した上で，具体的に述べてください。

テーマ：ベンチャー企業にみる商社の今後のビジネス創出

製造業を中心に展開されつつあるSCMやe-コマース等により，商社という存在が危機に面しており，また実際に中抜きも多く見られるようになってきた。その一方でITの進化，グローバル化の浸透，高齢化社会の出現等，企業環境が急激に変化していく中で，高収益を上げているベンチャー企業が数多く見られるのもまた事実である。当社（商社）がこのような時代の中で今後生き抜いていくにはどうすればよいのか？

これまでの当社（商社）の競合は同一業界の商社であったが，SCMの出現により競合がメーカーの営業や顧客の購買となり，またe-コマースの出現により他業界の商社までもが競合となってしまい，限られたパイを様々な業界が食い尽くすようになった。これらに対抗すべく現状のシェアをキープする方法もあるが，私は限られたパイから外れ，事業領域を広げる，もしくは他にそれを求めることを考えたい。これは一般的には多角化と言われるものであるが，専門商社にとっての多角化とは言い換えれば社内ベンチャーである。そこで，成功している多角化事例と成功ベンチャー企業の事例を研究・考察することによ

り，それぞれの成功要件を見いだし，社内ベンチャーへと導き出す。

そのためには，商社の重要要素である「人・物流・金・情報」を軸に，①新規事業開発のメカニズム（多角化について），②ベンチャー企業の成功要因（経営目標・業績等），③企業の倒産要因の分析とその回避方法，を明確にしアルゴリズムを構築する。

以上のことより私は，ベンチャー企業の成功要件と多角化の成功要件とをMIXすることによって，社内ベンチャーの成功要件を導き出せると考える。

そして最終的には当社（商社）によるベンチャービジネスの創出に結びつき，ひいては勝ち組み企業として君臨できるのではないかと考える。

---

## 行政書士・長江博仁が
## 起業家をトータルサポート！

起業家サポートのエキスパート行政書士・長江博仁が会社設立手続きから運営手続きまでトータルにサポート致します。

新しく起業する方向けに事務所HP上にて資本金1円株式会社・有限会社設立マニュアル（http://www.office-nagae.com/1yen_00.html）を公開しております。また，無料相談を行っておりますのでお気軽にどうぞ。

### 行政書士　長江博仁事務所

代表：長江博仁（地方入国管理局長承認 入国在留審査関係 申請取次者）
　　　　　　　（NPO早稲田留学生人材サポートセンター監事）

住所：東京都世田谷区代田2-20-6-302　　電話/FAX：03-5486-0691
URL：http://www.office-nagae.com/　　　E-mail：info@office-nagae.com

# 推薦図書

## 第6章

　本章では，これからMBAに入学する皆さんが入学前に読んでおいたほうがよいと思われる書籍を紹介する。本章で紹介する書籍は，研究計画書作成上も役に立つものである。これらをすべて読む必要はないが，最低限，自分の研究テーマに関する分野だけは読んでおこう。ここでは，第2章で用いた7つのカテゴリーごとに推薦図書を紹介していく。

　また，本章で紹介する書籍は，MBA入学準備には最適であるので，合格決定後から入学までの期間に一通り読んでおくと，入学後の授業理解度はかなり向上する。

## 1 組織行動学・組織論

　この分野の基本的なことを理解したいと考える方には，高橋俊介氏の本がお薦めである。高橋氏の本は，日本の人材マネジメント上の問題点やその解決策などを，具体的なケースを用いて論理的で読みやすく解説している。以下の順に読むといいだろう。

## 第6章　推薦図書

① **高橋俊介（1998）『人材マネジメント論』東洋経済新報社**
　　変化する経営環境の中で，組織行動や組織はどうあるべきか，という点を日本と欧米のこれまでの歴史的経緯を踏まえて解説している。

② **高橋俊介（1998）『知的資本のマネジメント』ダイヤモンド社**
　　企業価値創造の源泉として，人的資本（ヒューマンキャピタル）を取り上げ，人的資本を有効に機能させるためには，どのような人材マネジメントが行われるべきか，について解説している。

③ **高橋俊介（1999）『成果主義』東洋経済新報社**
　　成果主義の導入が日本企業でも進んでいるが，成果主義の導入は，本当に効果を上げているのか，問題点は何か，といった点を富士通やベネッセなどのケースを使って解説している。

④ **桑田耕太郎，田尾雅夫（1998）『組織論』有斐閣アルマ**
　　組織と環境，組織構造と組織文化，モチベーションとコンフリクトなどに関して，過去の著名な文献から理論を引用しまとめあげている。組織論を体系的に学びたいという方には適した本である。また，参考文献もしっかりしており，研究の準備として読むには最適である。

⑤ **Robbins, S.P. (1997), *Organizational Behavior*, 5th ed.（高木晴夫監訳（1997）『組織行動のマネジメント』ダイヤモンド社）**
　　組織行動学に関するアカデミックな内容の本である。翻訳本であるため，日本語が理解しにくい点に問題があるが，日本語の組織行動学の教科書としては，同書の右に出るものはない。組織行動学の分野で研究計画書を書こうとしている方にとっては，必読書であろう。

⑥ **Daft, R.L. (2001), *Organization Theory & Design*, 2nd ed.（高木晴夫訳（2002）『組織の経営学』ダイヤモンド社）**
　　上記の本同様，慶應ビジネススクールの高木先生による翻訳本である。

こちらは，組織論に関するアカデミックな内容の本である。組織はどのような原理で動くのか，自社のビジネスにふさわしい組織をいかに作るか，という点を同書は教えてくれる。組織論の分野で研究計画書を書こうとしている方にとっては，必読書であろう。

# 2 マーケティング

① 沼上幹（2000）『わかりやすいマーケティング戦略』有斐閣アルマ

　　初心者向けの良書。マーケティング理論を本格的に学ぶにはまだ早いという人にとっては，非常にわかりやすい。アカデミックな教科書は，内容が広範で決して読みやすくはないが，本書は押さえるべきとことだけをピンポイントで解説したコンテンツとなっている。MBAを志し始めのビジネスマンには，是非読んでいただきたい。

② グロービス（1997）『MBAマーケティング』ダイヤモンド社

　　マーケティングの基本を学びたいと考えている方に最適な1冊である。セグメントやポジショニング，プロダクトライフサイクルなどの基本的知識を，ケースを使って非常にわかりやすく解説している。初心者から中級者には最適な本である。

③ Kotler, P. (1999), *Kotler on Marketing*（木村達也訳（2000）『コトラーの戦略的マーケティング』ダイヤモンド社）

　　コトラーといえば，MBAでのテキスト「マーケティングマネジメント」が有名だが，同書は，コトラーが企業の管理職向けに書いた実践的なテキストである。①を読んだ後に読むと，理解が深まる。『マーケティングマネジメント』（プレジデント社）は入学後に読めばよいと筆者は思う。しかし，入学前にどうしても読みたいという方は，ぜひチャレンジしていただきたい。

第6章　推薦図書

④　嶋口光輝，石井淳蔵（1995）『現代マーケティング［新版］』有斐閣
　　①②③と比較すると，相対的にアカデミックな色彩は強いが，マーケティングの基本的なアカデミック理論を理解するには最適な教科書である。

⑤　嶋口光輝（1986）『統合マーケティング』日本経済新聞社
　　慶應ビジネススクールの嶋口先生の名著である。日本のMBAでは，ほとんどの学生が読んでいるのではないだろうか。筆者の通った早稲田MBAでも必読書となっていた。④は基本事項を中心とした教科書的な内容になっているが，同書は④をより深めた内容になっている。研究計画書作成のパートナーとしては，もってこいの本である。

⑥　Aaker, D. A. (1991), Managing Brand Equity, The Free Press, A Division of Macmillan, Inc., New York, U.S.A（陶山計介等訳（1994）『ブランド・エクイティ戦略』ダイヤモンド社）
　　ブランドエクイティの定義から始まり，ブランドエクイティの基礎となっている5つのファクターを提示している。ブランドエクイティの基礎をなす5つのファクターが，顧客価値，企業価値にどのような影響を与えるのか，また，その理由は何かについて，ケースを取り上げながら解説している。ブランド戦略に興味のある方には，ぜひ読んでいただきたい。

## 3　アカウンティング

①　田中靖浩（1999）『実学入門 経営が見える会計』日本経済新聞社
　　財務諸表なんてぜんぜんわからないという人は，まず，この本を読んでいただきたい。簿記で習う仕訳や勘定科目のような細部にこだわらずに，財務諸表の全体像をつかむことができる良書である。財務諸表の仕組みだけでなく，ROAやROEなどの解説も非常にわかりやすい。MBAを目指すアカウンティングの初心者には，ぜひ読んでいただきたい。

② グロービス（1996）『MBAアカウンティング』ダイヤモンド社

　　財務諸表の仕組みを理解した後は，同書を推薦する。同書はケースを多用しているため，財務諸表を実際のビジネスと関連づけて理解することができる。ダイエーとイトーヨーカ堂との比較から，両社の明暗を分けた原因を財務諸表から読み取るなど，MBAの授業さながらの内容となっている。

③ 伊藤邦雄（1994）『ゼミナール現代会計入門』日本経済新聞社

　　一橋大学商学研究科長である著者は，一橋MBAの授業でも熱弁をふるう。パワフルでダイナミックな講義とは対照的に，本書は現代会計の話題をきめ細かく解説している。会計の入門書としてお薦めである。

④ 西山茂（1998）『戦略管理会計』ダイヤモンド社

　　早稲田ビジネススクールの西山先生の著書である。同書は，早稲田ビジネススクールの「戦略的管理会計」という授業のテキストになっている。ABC（Activity Based Costing）や損益分岐点分析などが深く解説されており，②よりさらに一歩進んだ内容となっている。

⑤ Palepu, K.G., Healy, P.M., & Bernard, V.L.（2000），*Business Analysis & Valuation: Using Financial Statements*, 2nd ed., South-Western College Publishing, A Division of International Thomson Publishing Inc.（斎藤静樹監訳（2001）『企業分析入門［第2版］』東京大学出版会）

　　財務情報に基づく企業分析の手法が，豊富な事例とともに紹介されており，この1冊でアカウンティングとファイナンス両方の手法が学べる。また，各章に練習問題が付いており，読後の理解度をチェックすることもできるため，MBA取得を目指す方々に最適のテキストである。

## ファイナンス

① 西山茂（2001）『企業分析シナリオ』東洋経済新報社

　早稲田大学ビジネススクールの西山先生の名著である。完全な初心者向けではないが，筆者が知る限りでは，同書がファイナンス理論を最もわかりやすく解説している。資本コスト（WACC）はどうやって計算するのか，$\beta$とは何かといったことが，ブリヂストンのケースを使ってわかりやすく解説されている。

② グロービス（1999）『MBAファイナンス』ダイヤモンド社

　①を読んだ後に読むと，比較的すんなり読める。①はファイナンスだけでなく，アカウンティングも含んでいるが，同書はファイナンスのみで構成されているため，より深く学ぶことができる。例えば，最適資本構成，配当政策，資金調達，デリバティブなども詳細に触れられている。

③ McKinsey & Company, Inc., Copeland, T., Koller, T., & Murrin, J. (2000), *Valuation: Measuring and Managing the Value of Companys*, 3rd ed., McKinsey & Company, Inc.,（マッキンゼー・コーポレート・ファイナンス・グループ訳（2002）『企業価値評価—バリュエーション：価値創造の理論と実践—』ダイヤモンド社）

　現代ファイナンス論のバイブル的1冊である。理論編と実践編の2部構成になっており，辞書のように手元に置いて，長く活用できる良書である。なお，邦訳版では日本企業の企業価値評価に関する章が補足されており，日本のビジネスパーソンにとってより実践的な内容になっている。

# 経営戦略

① **三枝匡（1991）『戦略プロフェッショナル』ダイヤモンド社**

　日本で有数の鉄鋼メーカーの社員であり，ハーバード大学のMBAを持つ広川洋一が，いきなり子会社（新日本メディカル）の常務取締役に抜擢されることからストーリーが始まる。その後，広川が戦略理論（プロダクトライフサイクルやマーケットセグメンテーションなど）を使いながら，競合企業に挑んでいくという経営戦略ストーリーを通して，戦略とは何か，を学ぶことができる画期的な戦略書である。早稲田のMBAでは，経営戦略の授業にて，必読書に指定されている本である。また，一橋MBAでは，著者が非常勤講師として本書を教科書にして学生に経営戦略を教えている。初心者の方には，特にお奨めできる内容となっている。

② **グロービス（1999）『MBA経営戦略』ダイヤモンド社**

　①で経営戦略のフレームワークの使い方を理解したら，次は同書を読むことをお勧めする。キヤノンのケースを使ったPPMや経験曲線の解説，自動車業界のケースを使った規模の経済では，精緻な定量化分析をおこなっており，フレームワークの使用の方法をより詳細に学ぶことができる。また，同書は，アーカー，コトラー，ポーターなどのMBAで学ぶ基本的なフレームワークをすべて網羅しているので，入学前のMBA対策としては最適な本である。なお，ポーターの『競争の戦略』『競争優位の戦略』（ダイヤモンド社）は入学後に読むことになるので，入学前に読む必要はないと思う。

③ **青島矢一，加藤俊彦（2003）『競争戦略論 一橋ビジネスレビューブックス』東洋経済新報社**

　競争戦略論といえば，ハーバードビジネススクールのM.E.ポーター教授の『競争の戦略』を思い浮かべる人がほとんどであるが，本書は競争戦

第6章　推薦図書

略を4つの分類（ポジショニングアプローチ，資源アプローチ，学習アプローチ，ゲーム論的アプローチ）で捉え，それぞれについて詳しく解説している。事例は非常に具体的で，心地よく読み進める。初学者にもお奨めできる新しいタイプの戦略論の教科書である。

④　**伊丹敬之（1984）『新・経営戦略の論理』日本経済新聞社**

一橋MBA伊丹先生の名著である。経営戦略は，環境，組織，経営資源とフィットしていなければならない，というストラテジックフィットをテーマに，経営戦略とはいかにあるべきかを解説している。経営戦略論のベストセラーである。

## 統計学
6

　文系出身者にとって，統計学はMBAでの最難関のうちの1つである。そのため，入学試験にはそれほど関係ないが，入学前にある程度勉強しておくことをお勧めする。文系出身者のために，基本書として，ここでは2冊紹介しておこう。

①　**鳥居泰彦（1994）『はじめての統計学』日本経済新聞社**

統計には記述統計と推測統計があるが，同書は，記述統計に関する基本書である。統計に関する書籍は多数出版されているが，どれも数式の羅列で文系出身者にはとうてい理解できないものが多い。その中でも，同書は比較的数式の少ない書であり，わかりやすさという点でも他書を引き離している。

②　**古谷野亘（1988）『数学が苦手な人のための多変量解析ガイド』川島書店**

多変量解析（推測統計）の本も多数出版されているが，こちらも数式のオンパレードで文系出身者には理解できないものが多い。しかし，同書は，

一切数式を使わずに多変量解析を説明するという離れ業をやってのけている。筆者が知る限りでは，多変量解析をここまでわかりやすく解説した本はない。筆者は，修士論文作成の際に多変量解析を用いたが，同書なくしては，修士論文は完成しなかったであろう。文科系MBA学生，必読の書である。

## 7 リサーチの方法論

　リサーチの方法論は，入学前に深く勉強する必要はないが（筑波大学大学院ビジネス科学研究科を志望する方は深く勉強する必要がある），研究計画書で方法やアプローチに関して記述しなければならないため，基本事項は押さえておく必要がある。日本語で書かれた方法論の良書は少ないため，英語の本も紹介しておく。

① **高根正昭（1979）『創造の方法学』講談社現代新書**
　　筆者が知る限りでは，日本語で書かれた方法論の唯一の良書である。仮説を経験的事実の裏付けで，いかに検証していくかの道筋を示し，理論構築法をわかりやすく解説している。方法論初心者には欠くことのできない本である。

② **中道實（1997）『社会調査方法論』恒星社厚生閣**
　　400ページ以上の分厚い本である。その厚さだけあって，内容的にもかなり充実している。しかし，表現があまりにも難解なため，方法論の初心者にはお薦めできない。入学後に，リサーチを開始する際の手引書として活用するといいだろう。

③ **Strauss, A. & Corbin, J. (1990), *Basics of Qualitative Research: Grounded Theory Procedures and Techniques*, Sage**

Publications（南裕子監訳（1999）『質的研究の基礎』医学書院）

　質的研究方法としてグランデッドセオリーの手法について書かれた基本書である。翻訳本であるため，日本語で書かれているが理解しにくい。しかし，質的方法の分析手法としてのコーディングに関して詳細に解説された本であるため，多少の読みにくさがあっても，読む価値は十分にある。

④ Yin, R. K.（1996）*Case Study Research*, 2nd ed.（近藤公彦訳（1996）『ケーススタディの方法』千倉書房）

　ケーススタディというと質的方法であるが，このケーススタディを理論のテスト（theory testing）に使用するための方法論について書いた本である。研究方法として，ケーススタディを用いようと考えている方は，ぜひ読んでみることをお勧めする。

⑤ Creswell, J. W.（1994），*Research Design: Qualitative & Quantitative Approaches*, Sage Publications

　同書は，第2章の修士論文の方法論部分で述べた質的方法と量的方法に関して解説した教科書である。①の本は，量的方法にやや重心がおかれているため，①を読んだ後は，こちらを読むことをお勧めする。英語を読むことを躊躇してはいけない。入学後は，講義は日本語だが，大量の英語の文献を読むことになる。そのための訓練を今から始めておこう。同書は，アマゾン・ドットコムで即購入可能である。

⑥ Silverman, D.（2000），*Doing Qualitative Research*, Sage Publications

　質的方法のみに焦点をあてた本である。④を読んだ後に，読んでみよう。こちらもアマゾン・ドットコムで即購入可能である。

# その他

最後に，ロジカルシンキングに関する本と国内のMBAスクールの情報を収集した本があるので，紹介しておこう。

① グロービス（2001）『MBAクリティカル・シンキング』ダイヤモンド社

　論理展開の方法として，帰納法と演繹法を取り上げ，具体例を用いて明快な解説がなされた良書である。ロジカルシンキングは，MBAでは必須であるため，研究計画書作成前に一読しておくと，論理的な研究計画書を作成することができる。

② ジャパンMBAネットワーク（2002）『国内MBAスクールガイド』東洋経済新報社

　同書は，国内MBAの現役大学院生による執筆であるため，生の情報満載である。掲載しているMBAは慶應義塾大学，早稲田大学，一橋大学，神戸大学をはじめとする12校の情報が盛りこまれている。学校別に授業内容やゼミ活動，学校からの支援体制などが学生の視点で書かれているため，国内MBAを目指す人にとっては，必読書といえる。国内MBAを目指す受験生にとっては貴重な情報源である。

## Japan MBA Networkについて

　Japan MBA Networkは主に国内ビジネススクールのメンバーが自主的に開催している人的ネットワークである。メーリングリストと定期的な会合によって人脈の構築や情報交換，勉強会を行っている。また，それだけに留まらず各メンバーが企画を持ち寄ってさまざまなプロジェクトを実行している。事実，2002年5月には，出版プロジェクトとして，『国内ビジネススクールガイド』（東洋経済新報社）を出版した。

　このネットワークの目的は，ビジネススクール卒業後にも長期にわたって大切にできる人脈をつくり，その中から日本の将来を支えるムーブメントを起こすことである。

　新しい波が時代を呑み込み，旧い秩序の崩壊が進行している現在において，新秩序構築に何らかの形でコントリビューションしたいと考えている人たちの集まり，それがJapan MBA Networkである。

参加者の所属・卒業校
　青山学院大学MBA，慶應義塾大学MBA，早稲田大学MBA，筑波大学MBA，法政大学MBA，日本大学MBA，多摩大学MBA，関西学院大学MBA，国際大学MBA，一橋大学MBA（商学，国際），立教大学MBA，神戸大学MBA他……2003年5月現在，参加校拡大中

会員数：225名（2003年5月現在）

設立時期：2001年4月

　詳細は当会ホームページ，http://www.japan-MBA.netをご参照いただきたい。

　Japan MBA Networkの活動を知りたい方，当会への参加を希望する方は上記ホームページにアクセスしていただきたい。

国内MBA特化型予備校
# ウインドミルの講座案内

# 国内MBA受験予備校業界の常識を変える！

　情報の非対称性を利用したビジネスモデルが確立している受験予備校業界に，「顧客満足」を武器に殴り込みをかけた会社，それがウインドミル・エデュケイションズ株式会社である。国内MBA受験予備校業界を予備校側の都合による「供給の論理」から，消費者主導の「顧客の論理」に移行させるために，全力をあげている。まさに"国内MBA受験予備校業界の革命児"である。国内MBA，MOTなどの経営系大学院に特化したカリキュラムにより，無駄な努力をすることなく合格できる日本一効率的な指導内容を実現した。合格者数，合格率もおそらく日本一ではないだろうか（これに関しては，競合予備校が「○○名受験して○○名合格」という形で正確な数字を公表していないため何とも言えないが）。

　ウインドミルは，これからも日本一の国内MBA，MOT予備校として，国内MBA受験予備校業界に革命を起こし続けていく。

## ★ ウインドミルの特徴 ★

☞ 1　**合否に最も影響を及ぼす研究計画書は無制限に添削指導します。**

　研究計画書の添削をウインドミルでは無制限に行っています。多くの予備校では，研究計画書指導に回数制限を設けていたり，添削指導の回数を明確に表示していない，というのが現状です。ウインドミルでは，完成するまで無制限に添削することを"公言"いたします。

☞ 2　**小論文講座で扱うテーマは，経営学にフォーカスした内容となっています。**

　国内MBAの小論文問題は，当然のことながら，経営学に関するトピックが出題されます。経営学以外のトピックの出題はまずありえません。そこで，ウインドミルでは，出題が予想される経営学のトピックのみを集めて，小論文講座を実施します。多くの予備校が行っている幅広い時事問題の知識を試すよう

な内容の講座ではありません。一般常識や時事問題の演習のために予備校に通おうと考えている方はいないはずですから。とにかく，受講生の皆様が合格することだけを考えた内容となっています。

さらに，慶應，一橋，早稲田（商），関西学院などの長文を読んだうえで解答する課題文型小論文の演習もバッチリ行っています。課題文型小論文は，慣れていないとなかなか解答しにくい傾向がありますが，ウインドミルでは，この課題文型小論文の演習もしっかり行っています。

## ☞ 3　MBAスクール別に対策講座を設けています。

国内MBAは，各学校によって傾向が異なります。そのために，各学校別にきめ細かく対応できるようなカリキュラムとなっています。国内MBAに特化したウインドミルだからこそできるきめ細やかな対応です。以下が，そのコースの一例です。

- ■　フルタイムMBA（慶應，一橋，早稲田）受験コース
- ■　筑波大学大学院ビジネス科学研究科受験コース
- ■　早稲田大学大学院商学研究科プロフェッショナルコース受験コース
- ■　神戸大学大学院経営学研究科受験コース
- ■　早稲田大学大学院ファイナンス研究科受験コース

その他，各MBAスクール別に多彩なコースを設定しております。

詳しくは，こちらのサイトで。
www.windmill-edu.com

●お問い合わせは「ウインドミル・エデュケイションズ」まで
E-mail: info@windmill-edu.com

WINDMILL educations
ウィンドミル・エデュケイションズ株式会社

［著者紹介］

飯野　一（いいの　はじめ）

2003年早稲田大学大学院アジア太平洋研究科国際経営学専攻（MBA）修了（専攻：組織行動学＆組織論）。

現在，MBA，MOT，アカウンティングスクールなどの社会人大学院受験教育を行うウインドミル・エデュケイションズ株式会社CEO。「人と違ったこと，変わったことをする」という信念を持って生きており，それが現在の成熟した日本において大きくブレイクするきっかけとなっている。

共著書に『国内MBAスクールガイド』（東洋経済新報社），『はじめての人のマーケティング入門』（かんき出版），学術論文に『上司の動機付け言語が，部下の仕事満足，仕事の成果に及ぼす効果～ベンチャー企業と大企業の比較～』（日本ベンチャー学会）がある。

佐々木信吾（ささき　しんご）

1994年青山学院大学法学部卒業，株式会社ソニー・ミュージックエンタテインメント入社，通販事業ソニー・ファミリークラブ配属，販売企画・顧客サービス・企業法務・商品開発を担当，2000年同社退社。2003年一橋大学大学院商学研究科経営学修士（MBA）コース修了（専攻：サービスマーケティング）。

現在，人的資源に関するソリューションビジネスをドメインとする株式会社インフィニティ社外取締役，ウインドミル・エデュケイションズ株式会社取締役として2社のマネジメントに従事している。

共著書に『国内MBAスクールガイド』（東洋経済新報社）がある。

## 国内MBA研究計画書の書き方
―大学院別対策と合格実例集―

| | |
|---|---|
| 2003年7月20日　第1版第1刷発行 | |
| 2018年12月10日　第1版第22刷発行 | |

| | |
|---|---|
| 著　者 | 飯　野　　　一 |
| | 佐々木　信　吾 |
| 発行者 | 山　本　　　継 |
| 発行所 | ㈱中央経済社 |
| 発売元 | ㈱中央経済グループ<br>パブリッシング |

〒101-0051　東京都千代田区神田神保町1-31-2
電　話　03（3293）3371（編集代表）
　　　　03（3293）3381（営業代表）
https://www.chuokeizai.co.jp/
印刷／㈱堀内印刷所
製本／誠　製　本　㈱

© 2003
Printed in Japan

＊頁の「欠落」や「順序違い」などがありましたらお取り替えいたしますので発売元までご送付ください。（送料小社負担）

ISBN4-502-58380-4　C2037

◆おすすめします◆

## キャリアアップのための
## 大学院進学のすすめ

河合塾ライセンススクール[監修]

森　宏之[著]

A5判・212頁

現役学生および社会人のために，さまざまな進学目的に即した大学院選びと効率的な学習法を解説しました。

───────◎───────

## 「日本版」
## MBA取得サクセスガイド

森　宏之[著]

A5判・226頁

日本のビジネス・スクールの概要や受験方法から，キャリアメイクをどう行うかという「出口」論までを論じました。

中央経済社